父母有毒
傳統父母養成的誤區

楊虹（美國）

2014年5月於華盛頓州・西雅圖市

此書獻給

恩師

艾略特・歐翰納博士

Dr. Elliott Ohannes

目錄

Contents

父母有毒　傳統父母養成的誤區

第五章 走向成熟、健康的父母之愛

推薦序 一

　　楊虹勇於從社會科學家、學者和專業治療師甚少討論的角度，探究人際關係的實質；即，承諾不是靠個人努力掙得的，也不是來自恐懼和負疚感的控制。楊虹是一位受歡迎的專業輔導師，她巧妙地在人際關係的每一個方面及每一個層面，探測了無條件的愛的邏輯含義和力量。她的寫作得到大眾和專業人士的讚許。任何閱讀本書的人都會被挑戰去再思考自己對於（人際）關係的理念。

艾略特・歐翰納博士（Dr. Elliott Ohannes）：

華盛頓大學東方研究學院（University of Washington School of Middle and Near Eastern Studies）哲學博士

西雅圖大學（Seattle University School of Law）法學博士

目前已退休，退休前是西雅圖 Trinity Lutheran College 教授和圖書館館長

推薦序 二

　　身為一位對亞洲文化做過深入研究的學者與從業人士，我大力推薦這本書給那些希望學會以更加平衡、系統的途徑戰勝東方家庭生活中極度不平衡之「紊亂的和諧」。這本書不是尋求從東方文化轉到西方家庭生活中不平衡的「功能紊亂的個人主義」，而是希望尋求一種意識，即需要獲取一種有效的平衡，來戰勝文化對家庭和人的發展之盲目的、功能紊亂的影響。

　　作為一位主修專業輔導的人力資源博士和教牧心理輔導學博士，婚姻家庭治療師、精神健康治療師、高級成癮治療師，我希望那些閱讀本書的人，會認真地審視吸取文化精華的需要，而非不帶批判性、全面地接受東方或者西方在家庭動態和人的發展方面的優點與錯誤。這本書喚醒人們，在獲得平衡的家庭發展、人的成長與發展方面，有更多探索的方面。我希望讀者在體驗這本書的過程中，讓自己接受成長的挑戰。

詹姆士·特雷博士

（James E. Tille: PhD, DMin, LMFT, LMHC, MAC）

June 21, 2014

推薦序 三

　　楊虹在她的文化裡提供了清醒看待傳統育兒實踐的觀察。楊博士用她重要的研究回答了當前的育兒和「修復傳統文化運動」問題。她認同華人家庭的長處，並且希望她的研究可以在這個基礎上，建立正面的價值觀，增加來自心理學研究和對他人關愛的見解，尤其是父母給予孩子的愛。我希望每一個華人父母都能閱讀這本有思想性的書。

羅賓・斯圖爾特（Robin Stewart）
《慈祥與殘酷》博士論文技術編輯，擁有護理學學士、教育學碩士與神學碩士學位

推薦序 四

2013年感恩節前，我在文學城網站（www.wenxuecity.com）拜讀作者楊虹的博客系列《醫治中國文化：反思中國式父母之愛》，被其題材內容深深套牢了。我驚喜自語道：Oh My God! 天哪！這不是我們中國人自己的《脫亞論》嗎？我當即默許了聖誕夢想：

如果《反思中國式父母之愛》能成書出版，必定會幫助海內外華人讀者客觀冷靜地回顧自己成長的家庭及社區環境，認識自己個性思維發展及人際溝通技巧的來龍去脈，增強自己的職場生存能力（公司架構變化適應力、改良創新求變能力、觀察分析捕獲商機能力、人際親合團隊組織領導能力），和提高自己為人父母的能力（夫妻默契、家庭和諧、孩子的教育學業婚姻）。

如果海峽兩岸三地，加上僑居歐美亞澳的 14 億華人群體中有 1% 的人閱讀《反思中國式父母之愛》，每個華人讀者在提高自己能力的同時，直接或間接地影響周圍 2% 的親朋好友及其孩子孫子，給我們華人群體3-5代人30-75年時間，將有成千上萬的華人實業家、商人、政客、戰略家，華人創新發明者、探險家，華人改革者、管理家……華人群體的思想現代化將悄然而至！

我推薦《反思中國式父母之愛》的激情，來自於我本人1989年至今 25 年間在英、美、日、韓、印、新（加坡）、中國

的實地見聞、觀察、對照和思索反省。生於中國南方,我在文革
中(1966-1976)度過童年、小學、初中。感恩偉人鄧小平的改
革開放,我沒被上山下鄉、插隊落戶。碩士畢業後於1989年春
赴英留學。之前我想,能出牛頓、瓦特的英國,一定是土地肥
沃、物產豐富。到英國後驚訝發現,英倫三島陰雨天氣居多,
土地肥力及天氣資源遠遠不如中國長江流域及南方。

我開始對照思索,究竟是什麼使第一次工業革命起源於英
國,造就了日不落大英帝國?而土地及天氣資源相對優越的中
國,從清朝康乾盛世(1684-1799)以來一直衰落:是生活習
俗、食物構成(稀飯包子vs.牛奶烤肉),是社會資源分配、管
理制度,是人種智商、文化歷史,是民族性格、思維方式,還
是其他別的因素?

帶著這些問題和好奇的心,我1992年秋飛越大西洋到美國
東部 Boston,體驗哈佛布朗迪斯(Brandeis)的教學氛圍和科
研實踐。1995年夏到美國中部辛辛那提(Cincinnati)開始我人
生多項第一:工作、車子、房子、孩子。感恩寶僑(P&G)的培
養激勵,我從技術研究轉向管理專案分配資源,組織團隊培養
新人。我非常驚訝發現,美國的大公司有很多方面比中國大陸
有更多的社會主義元素。

我繼續觀察思索,究竟是什麼使美國領導第二次工業革
命,第三次工業(資訊)革命,熱戰取勝英國、德國、日本,冷
戰拖垮蘇聯?康乾盛世中國四倍於歐洲的經濟增長,為什麼中
國沒有發生工業革命?是華夏文化不如歐美文化,是華夏民族
不如歐美民族,還是其他別的因素?

	中國清朝	整個歐洲
1700年經濟總量GDP占全球GDP比重	23.1%	23.3%
1700-1820年中國經濟增長率四倍於歐洲	0.85%	0.21%
1820年經濟總量GDP占全球GDP比重	32.4%	26.6%

帶著越來越多的迷惑和更加好奇的心，2000年，我全家年搬到美國東岸康奈狄克州。輝瑞的全球業務要求我經常出差到美國東岸、中部、西岸及英國、日本、印度、中國。2008-2013公司外派我到中國上海、武漢，挑選聘用本土 IT 人才，以擴大團隊，支持公司在亞太、歐美的新藥研究及臨床實驗資料傳輸資訊處理。期間我經常出差到新加坡、日本、美國，借道走訪韓國、香港、越南、柬埔寨。我萬萬沒想到，極為震驚的發現是：在飲食文化、文字書法，待人接物、民俗習慣，廟宇殿堂、建築風格，照顧孕殘、尊老愛幼方面，日本、韓國、新加坡、比中國大陸有更多的唐宋元明清元素，保留更多的華夏文明精華。

我繼續觀察對照思索，究竟是為什麼日本得以推行明治維新（1868-1912）？為什麼日本及韓台港新（亞洲四小龍）設計製造的汽車、電器、精密機械、光學電子產品，比歐美同類產品更有競爭力，更高的性能價格比？為什麼歐美公司在學習應用日韓台港新企業的管理實踐和理論？為什麼在歐美百姓政客實業家的心目中，日韓台港新（加坡）才代表真正的華夏文化，而不是中國大陸？

為什麼華人群體普遍缺乏同情心及挑戰意識？為什麼華人群體常見過客心態、從眾心態、看熱鬧心態、官本位心態、狗苟心態、例外心態、奴性心態、美言心態？為什麼華人在歐美公司低中高管理層鳳毛麟角，整體比率遠遠低於印度同事？為什麼中國父母會那麼累？

　　為什麼華人群體40-50歲後一切以兒女為中心，而歐美人群體40-65歲是創業的黃金時代？以35歲為技能決策自信最佳點推算，就挑戰意識創業心態而言，華人群體的事業顛峰期平均為15年（35-50歲），歐美人群體平均為30年（35-65歲）。換言之，歐美人群體一代人為社會創造的物質財富和給子女的精神財富Role Model大約為華人群體兩代人創造的財富之總合。

　　眾多評論家、大眾媒體將責任歸之於社會制度、政黨政府、教育體系。比起歐美人，國人科技素質差，職業修養低；比起日韓台港新（加坡），大陸地方太大不好管理；比起印度人，華人技術好、功夫強。社會制度只是發展結果，年輕人素質差、修養低只是表面現象，生活習俗、食物構成只是敷衍托詞。真正的答案是責任在於我們自己：每一個華人，每一個華人家庭，每一個華人社區，每一個華人群體。我們個人性格思維和群體性格思維，決定了我們華人個人－家庭－社會－群體在當今全球化經濟市場，地緣政治文化，軟硬實力博弈格局中的行為表現、判斷選擇，和發展前途。

　　我們華人的自身性格思維方式，群體性格思維取向，源於我們的家庭啟蒙和父母言傳身教，學校教育和社會環境只不過

是家庭教育理念的延伸強化放大。父母之愛是我們華人家庭教育的基因－基石－基礎。

《反思中國式父母之愛》幫助我們每個華人讀者診斷認識自己性格思維中，父母之愛中好的和不好的愛基因，將好的愛基因發揚倍增，與家人同事同學親朋好友分享，教給我們的孩子，傳給他們的孩子。復興華夏文化，重要的不是文化復古，而是文化更新優化。不是以傳統替代現代文化，而是以傳統輔助現代文化，創造與全球經濟化俱進的華夏現代文化。

尊敬親愛的讀者，無論您現生活在海峽兩岸三地（臺灣大陸港澳），還是亞洲太平洋兩岸，還是歐洲澳新大洋洲，印度非洲南美洲，南極洲或北極圈，讀完《反思中國式父母之愛》後，希望您和我一樣激動：Thanks to God!! 天地顯靈，這的確是我們中國人自己的《脫亞論》！！

Mr. Li Su, MBA, PhD；蘇　藜博士
Connecticut, USA; 2014 年 6 月於美國康乃狄克州

推薦序 五

　　家庭，是個人最早接觸也是接觸最久的地方，父母則是兒女人格形成的最大影響因素。父母是孩子的「重要他人」，也是「模倣」、「認同」的對象。

　　家庭教育既是如此重要，但一般父母並未能深切體認。宗教改革者馬丁路德（Martin Luther）早在 16 世紀就認為：多數父母不知教育孩子的重要；即使知其重要，也不知該如何指導子女。很不幸地，這種情形到現今還是沒有多大的改善。

　　楊虹女士在本書中直指中國父母因受傳統「孝文化」觀念的影響，用苛責多於鼓勵的權威方式，以錯誤和自我「無知」與「無心」的觀念，在看似慈祥卻是殘酷的教養方法下，導致兒女無所適從，最終造成無法彌補的傷害。

　　楊虹以自己的經驗、專業和歷練，由淺入深層層剖析中國傳統家庭教育及思維的迷區及盲點，提出建設性的改善方案，不厭其煩以傳道授業解惑的精神大聲疾呼，是一本當今父母教養兒女的寶典和指南。

　　我認識楊虹已有數十年，她是一位具專業素養的學者並深愛自己的傳統文化，但對文化中的弊病和沉痾卻能一針見血，見他人之所未見，言他人之所不敢言者。相信為人父母者在看完此書後，定會對教養兒女有重新的思考與認識，能有更宏觀的視野與態度。

西雅圖西華報編輯　張靜宜

推薦序 六

　　認識楊虹女士始於文學城博客，其中許多啟迪性的博文展示了博主悲天憫人的情懷和跨越中西的視野。楊女士寫的這本書，讓我們進一步對中國傳統文化進行思考，我們決不能因其來自老祖宗，而對其中糟粕視而不見。楊虹女士敏銳地指出「中國式父母之愛」的許多盲點，從文化的角度對其進行剖析，並提出可行性建議，對其進行醫治……真是時候救救我們的孩子了。我們再不能拿「孝」字當擋箭牌，做無知因而有毒的父母，孩子活力的保持在於我們做父母的不斷反省和學習，才能斬斷悲劇輪迴，讓下一代有健康幸福的一生！

李笑春
瑞士巴塞爾大學生物中心　研究員

鳴 謝

　　我要感謝我的恩師 Elliott Ohannes 近二十年的栽培。他塑造了我的思想體系，讓我對生活有了完全不同的認識、理解與實踐。書中對愛的見解來自他平日裡一點一滴的啟發與教誨；我在生活中的不斷成長，離不開恩師的幫助和鼓勵。另一個要感謝的是我的博士導師 James Tille 博士，他為我打開了生活的另一扇窗，讓我看到生活中長久被人視而不見的異常現象，並給我提供了探索的工具。這本書的完成應該歸功於兩位老師。他們兩位的教導都激發了我要尋求答案的決心。我還要感謝我的碩士研究生導師 James Gibson 博士，在心理輔導方面給我打下了一個很好的基礎。

　　張靜宜女士、Bill Engstrom 先生，常年做我的華文文字編輯和英文文字編輯，他們對本書的修改提出了不少的寶貴意見。Robin Stewart 為本書的英文論文部分做了詳細的編輯。感謝王嘉理先生、楊秋娟女士等參與閱讀初稿，並提出寶貴意見。感謝王德予博士、伍太太等西雅圖臺灣社區朋友們的大力支持。感謝北美文學城華文網站的讀者心境、生物學民工給予

我的支援，他們和眾多網上的讀者，在閱讀初稿的過程中，給我發來大量的評語以及他們對自己生活的分享，人數眾多，無法一一列出名字。這些評語和感受給了我極大的靈感。我特別要感謝蘇黎先生在我遭遇困難，處在黑暗中的時候給予我的理解，以及為出版這本書付出的努力。

　　我的丈夫曾約翰，是我最大的支持者。他總是以仁慈和關愛，鼓勵我做我感興趣的事情，並且陪伴和幫助我度過這幾年沒有週末和假期的日子，最後完成這本書的寫作。

楊　虹

前 言

　　有句俗話，叫做「天下沒有不愛孩子的父母」。然而，不是天下所有的父母都有能力愛自己的孩子，父母之愛有的時候可以造成對孩子的情感虐待。這個主題顯然具有挑戰性，不當的、甚至扭曲的父母之愛，除了父母自身的因素之外，譬如父母自身不成熟、性格缺陷等，還有一個很大的因素，就是來自中國傳統文化的誤導。中國傳統文化有許多優秀的方面，譬如講究家庭和諧、注重道德等；然而，它對於父母之愛的意義，扭曲了父母之愛的實質，使得父母之愛損害了孩子在心理上、情感上以及心靈上的正常成長發育，影響到孩子成人以後的生活品質，甚至造成許許多多個人和社會悲劇的發生。

　　這個主題恐怕不會令人容易接受，原因是我們對父母之愛的看法與認識，一直是一個盲點。這個盲點就是幾千年來，中國傳統文化的教導：第一，父母對孩子的愛是本能，不管父母對孩子怎麼做，都是為了孩子好。第二，任何對父母負面的想法，都被看做是「不孝」的行為；而「不孝」被指是「禽獸不如」，「會遭天譴」。人們在生活中出了問題，會譴責社會、指責自己、批評他人，卻從來不會想到跟父母之愛有什麼關聯。結果，人們不敢、也沒有能力在現實生活中，看到父母之愛的負面影響；更加沒有意識到不健康的父母之愛，對兒女成長造成危害的嚴重性。

探索中國的傳統文化如何形成父母之愛的誤區，誤導父母之愛形成對孩子的情感虐待，損害孩子的成長發育，造成孩子成年後在生活上遭遇困難與失敗，甚至不幸，造成社會悲劇；在對傳統文化的理解中，對科學和真理的認識中，找到更好的父母之愛，就是本書的主題。

　　為什麼要探索這個主題？因為一個人從嬰兒到少年，再到成人，他這段時期的日常生活，會給他的未來留下永不磨滅的痕跡或者烙印，影響到他成人以後的生活。現代心理學和醫學的研究，發現童年時代的身體健康，是一個人一生健康的基礎。良好的成長環境，會使兒童的整個生理系統得到良好發育；而良好的身體健康有助於大腦的健康發育，從而為一個人的學習能力打下良好的基礎，為成年以後的身體健康奠定良好的基礎。除了身體健康之外，人有許多能力是從小培養的，譬如人如何跟他人相處，如何應對生活中遇到的困難；如何經營婚姻關係、建立家庭、應對生活的挑戰等等。如果一個人童年時代沒有奠定好這些基礎，成人之後就會以各種不良症狀反映出來。他可以是一個「智商」很高的人，然而他卻會是一個情感和性格都有缺陷的人。這不僅會影響到他的事業保持成功，更會影響他生活的幸福品質；同時他沒有能力愛自己的孩子。結果，不成熟的性格與低能劣等的親子關係就這樣惡性循環，讓生活的「魔咒」一代傳一代。

　　許許多多的研究證明，一個人的病態心理症狀，從小在不適當的家庭環境中就已經形成和發展的了。「聰明人辦傻事」就是一個最常見的現象。其悲劇絕不是「一時衝動」、「一念之差」，或者「一時想不開」造成的，而是跟他小時候與父母，或者養大他的人形成不健康的依戀關係密不可分。這樣的孩子，心理與情感發育進程受到阻礙；長大以後，如果沒有辦法解決小時候遺留下來的情感問題，就會在生活上出現症狀。最終遇到導火線的那一天，就會導致「火山爆發」。

　　上海的一項研究指出，在中國，年齡在七～十二歲之間的小學生中，心理疾患已經成為一個嚴重的問題。在這些心理疾患中，神經質的比率占百分之四十二。小學生表現出厭倦學校功課、試圖自殺、打架等 [1]。研究者認為這些非正常的行為都跟來自父母的心理壓力有關。學生在學業上承受太多的壓力，很少有時間給自己，他們沒有能力與別人交流和溝通，或者成為團隊的一員。他們孤單、冷漠，難以適應環境。並且因為學生在情感和心理上受到控制，他們缺乏創造的能力和想像力，自信心很低 [2]。

　　成年人的生活也以各種悲劇，展現出兒童時代家庭教育的後遺症。八零後和九零後這兩代人，生於中國開始實行一個小孩政策

1. http://www.langlang.com.cn/c4967/c5240/c5243/w10047639.asp
2. Lu, xiaoping: Http//xl.39.net/rjxl/105/14/1282791.html

之後的年代。他們被老一代人稱為「不可思議」的一代，不少中國的媒體描寫他們自私、冷漠、我行我素、瘋狂等。隨著八零後和九零後進入成年，中國正面臨著巨大的、各式各樣的問題和麻煩。暴力行為、「小三問題」、過勞死、憂鬱症、「剩女」、「閃婚閃離」、啃老族等都成為當今中國的熱門話題。中國社會越來越多地受到家庭和社會悲劇的困擾。

很多人尋求恢復傳統文化，相信這是解決問題的答案。《養心教育》一書的作者提出：「拿什麼拯救我們的孩子？用優秀的傳統文化來塑造孩子民族的精神。祖宗的智慧、思想、行為習慣、生活方式就構成了我們的傳統文化，優秀傳統文化就是我們民族秉性的養分，是我們的根之所繫。根深才能葉茂。」[3] 中國傳統文化的確有不少的「養分」，但是其中也不乏許多「毒素」；而正是那些參雜在「養分」裡面的「毒素」，害苦一代又一代的中國人——它讓中國的父母走進愛的誤區，造成對孩子情感、心理和心靈上的傷害；它保護和助長了父母以愛之名對孩子的情感和精神傷害，並使人們對扭曲的父母之愛產生盲點，看不到其負面影響。如果人們想要找出這些「毒素」，那就必須瞭解它、認識它；準確地說，人們需要把被集體視為「精髓」的傳統文化放在科學的顯微鏡下，看看這個文化的實質究竟是如何扭

3. 高傑，養心教育——告訴你教子成器的18個祕密（北京：中國三峽出版社，2011）。

曲了父母之愛，從而把父母之愛變成了對孩子的情感虐待。

中國傳統文化正面臨著前所未有的挑戰，需要變革，需要得到醫治。

本書的主題圍繞著以下幾個方面：

第一，中國傳統文化中的一些因素扭曲了父母之愛的意義，帶父母走入誤區，在愛的名義下，造成對孩子的情感虐待。

第二，對中華文化的盲目崇拜給人們製造了錯誤的幻覺，造成看待父母之愛的盲點。

第三，對父母之愛認識的盲點，阻礙了人們看清現實，帶來的是自我欺騙。

第四，這個自我欺騙的結果，就是看不到孩子在成長發育過程中所造成的心理與情感創傷，以及代代相傳的魔咒。

也許人們很難相信，扭曲的父母之愛如何會導致暴力、憂鬱症、猝死、做「小三」，以及婚姻和家庭關係不幸福等等問題。雖然扭曲的父母之愛不是生活悲劇的唯一根源，但科學研究證實，這是主要的原因。這就好比古時的人，來到現代社會，發現裹小腳是多麼愚昧，不過當時人們堅信那才是美。當人們把傳統文化中的父母之愛放在科學的顯微鏡下，便不難看到它的內涵：

中國式的父母之愛，其最終目的是「回報父母的養育之恩」。得到父母的愛是有條件的——即討父母喜歡、滿足父母的願望。子女在「回報情結」中糾結，於是負疚感便成為子女的生活方式。於

是人們的生活被套上枷鎖，遠離自由與幸福，甚至造成悲劇。

如果父母真正愛孩子，就會願意探索扭曲的父母之愛對育兒產生的負面影響，就不會願意繼續停留在文化造成的無知和愚昧當中；就會願意反省和糾正扭曲的父母之愛，而不願意讓自己的無知和愚昧繼續造成對孩子心理健康的傷害，並且把這種參雜著毒素的文化一代一代地傳下去。

父母之愛的意義重大。因為它不僅關乎到父母的育兒之道，同時又影響到兒女如何回應父母之愛，以及如何傳承愛的思想。這

對於中國人是一個嶄新的課題。勾畫出父母之愛的誤區，並非要人們為負面的「壞消息」痛恨自己，或者拋棄中國傳統文化，而是要帶給人們父母之愛的「好消息」。這本書展示和描述了三種愛的模式——中國式的父母之愛、心理學對父母之愛的研究與發現，以及神學對父母之愛的論述：

- ·父母之愛的概念
- ·父母之愛的實質
- ·父母之愛的價值
- ·父母之愛的運用
- ·父母之愛的結果

　　當我們從科學研究的發現中，重新給父母之愛定位的時候，我們會發現這個「好消息」對於個人、家庭、社會及中華文化都有益處。人們可以認識真理、開拓視野、改變思想、放棄無知，用新的態度對待孩子以及孩子的孩子。老人可以建立與成年子女之間健康的關係；中年人可以看到自己的性格特徵，並且掌握如何從過去的心理創傷中得到醫治；做父母的更是懂得如何真正愛自己正在成長中的孩子，讓他們的心身發育都健康成長。而且，健康的父母之愛不僅阻止了傳統文化繼續在「一代不如一代」中淪落，更為繼承和發揚中國傳統文化帶來了深遠的眼光和希望。

第一章介紹現代心理學的研究與發現，結合當今中國社會令人關注和擔憂的現象，說明人的生長過程中，最需要的要素——愛，以及缺少愛對於人的心身發育造成的影響。這種愛的定義與中國傳統文化中的父母之愛相差甚遠甚至背道而馳，中國的父母之愛往往是一種情感，而心理學對愛的定義是基於「愛」的結果。

第二章裡列舉出在中國父母中常見的、被認為是正確的，並且受到中國大眾媒體追捧的育兒理念和實踐。雖然這些理念和實踐在中華文化中非常普遍，人們也積非成是，習以為然，但實際上，這些理念在心理學的研究和發現中，卻恰恰證明了是一個個的誤區，導致父母耗費了極大的熱情和心血愛孩子，到頭來卻傷害到孩子的情感和心理發育。

第三章是關於中國傳統文化的討論。儘管中國傳統文化中有許多優秀的「養分」，但是它對父母之愛的理念和信仰卻不符合科學，因為它違背了人的發展規律。從根本上說，中國的傳統文化給人們注入了太多的負疚感和懼怕感，使得許許多多的人因為覺得無法報答父母的養育之恩，懷著對父母及其兄弟姐妹的愧疚，讓負疚感成為人們的生活方式。結果，情感和活力得不到釋放，婚姻關係受到重創，孩子也因此被忽視。它的「優秀」之下，是一團「功能紊亂的合諧」。

第四章介紹什麼是真正的父母之愛，並給出父母之愛的定義，或者說一個清晰可見的愛的框架，讓父母有一個具體的參照對比，知道自己是不是在這個框架內，什麼時候出了這個框架。

　　第五章在反思中國式父母之愛的內涵，以及對於孩子成長的負面影響之後，探討如何在文化上打開眼界，並提出具體的步驟，幫助父母走向健康成熟的父母之愛。

　　本書的目的可以總結如下：如果用導彈的發射，來比喻孩子從嬰兒到少年的發育過程，那麼父母就是導彈從發射跳板到天體目標的總指揮人。孩子從出生到成年的這段時間裡，正如導彈的有效載荷從發射跳板到天體目標，父母有責任從開始就為孩子的發射跳板營造了一個「安全的基地」，並隨時疏通「運行通道」，使孩子順利從跳板到達天體目標。如果發現父母之愛是扭曲的，不利於孩子的心身發育，不利於文化的進步，人們就要修正它；而要想修正扭曲的父母之愛，傳統文化中的「毒素」不可忽視，並且還要勇敢地去除這些「毒素」，接受和擁抱符合科學和神聖啟示的愛。這才是真正愛孩子、真正讓傳統文化進步和發展的關鍵所在。

　　毫無疑問，在通往愛的路上，我們會遇到挑戰和各種各樣的阻礙。然而，還有什麼比這件事情更有價值、更重要的呢？

第一章
父母的愛如何變成了禍害？

反思中國式父母之愛

　　父母之愛曾經在中西方文化中，不論是以文學、詩歌或以音樂的形式，都是得到最廣泛讚頌、並且不會受到任何異議的主題。二次世界大戰後，隨著精神科學、臨床心理學的發展，西方世界開始衝破傳統文化與宗教的禁錮，對父母之愛做科學的研究和探討，以科學的眼光認識和理解父母之愛，找尋有利於孩子身心靈發育成熟的、健康的父母之愛。尤其是在過去三十年裡，發展認知神經學集合了心理學、生物學、神經科學和醫學的研究，更加清楚地認識到孩子早年如何從父母之愛的體驗中，形成日後的悲觀或者樂觀情感，對世界是威脅還是友善的反應，以及對自信心的概念；認識到父母給與孩子早年的愛，塑造了孩子未來成為一個什麼樣的人。為了有能力使用新的知識給予孩子更好的愛，父母和將要成為父母的人，需要反思中國式父母之愛，是否為孩子的身心靈健康發育打下了一個堅實的基礎。

　　蘇格拉底有一句名言：「認識自己」。每一個做父母的，都希望知道怎樣愛孩子，都希望知道如何成為一個「稱職」、「合格」

的父母，也竭盡全力希望給孩子世界上最好的父母之愛。好父母不是天生的，偉大的蘇格拉底原則在啟發父母：成熟的父母之愛不是父母在無知中進入愛孩子的誤區，而是父母願不願意、有沒有勇氣和能力評估做好父母自身的限制？

三個母親的對話：

有一天，三個母親在一起聊天。母親甲說：我為孩子訂立的目標就是要考到國外的名校，拿到博士的學位，這樣才能在社會上有競爭力。母親乙說：學得好不如嫁的好，我的目標是把女兒培養成一個有魅力的女人，將來嫁給一個有錢的人家，不受貧窮之苦，過上人上人的生活。母親丙說：孩子盡力就行啦！

這三位母親對孩子的愛有三種不同的理解。而不同的理解會使母親對待孩子的養育方式不盡所同。當然，養育孩子的結果也不一樣。

也許我們覺得自己做得很成功，但這樣的感覺並不夠。假如孩子在父母的安排之下，勤學苦練英語，然後得以到國外的一流學校讀書；可是，當孩子來到名校，在一個完全陌生的語言、文化環境中，面對著眾多優秀的人才，和更富有的家庭，他學到了什麼？他會如何應對？也許，孩子最終讀出個功成名就，拿到名校的畢業證，找到一份高收入的工作，最後順利結婚生子。這個孩子算是成功了嗎？他可能永遠也不會真的成功。因為他的天賦可能不在他所學的專業上，反而有一種隱隱的缺憾留在心中。他難以辨別自己所在的領域，並在該領域裡有創造性的發展；更可悲的是，他不會享

受他做的工作，對生活不會滿意。誰說他是成功的呢？也許，孩子有十分的天賦，但是因為父母的能力限制了他們健康地愛孩子，結果孩子的天賦並沒有得到完全的開發，或許僅僅得到一半的開發。不論是哪一種情況，都將給孩子一生留下缺憾，也給父母與子女的關係留下缺憾。兒女成「器」、成「材」固然很好，但是父母何不誠實地問問自己的心：在我決定送孩子到國外之前，我真的評估了孩子的能力、天賦和性格了嗎？我的孩子生活得幸福嗎？

美國心理學家，《情商》一書的作者丹尼爾‧戈爾曼（Daniel Goleman）博士寫到：「智商高跟情感生活沒有關係。最聰明的人可以發飆撒野，控制不住衝動。高智商的人可以是把握不住自己生活的人。」如果說，實施暴力犯罪，淪為殺人凶手是極端的例子，而且也不是每個罹患憂鬱症的人最後都以自取性命的方式，讓父母一輩子傷心痛苦，或者成為「剩女」、「啃老族」等讓父母為他們擔憂，但戈爾曼博士所講的，是許許多多無法進入和管理自己的親密關係，無法應對突如其來的壓力，或者不會處理自己的情感問題，或者無法解決生活問題的所謂「高智商、低情商」、生活缺乏品質的人。

為人父母需要對父母之愛進行反思。明白父母對待孩子的養育態度和方式究竟對孩子的成年生活有什麼影響：

·父母希望把孩子養育成什麼樣的人？

·父母如何知道他們給予孩子的愛是健康的？還是不利於孩子
成長的？

·父母有沒有能力和力量給與孩子健康成長所需要的愛？

·父母對自己付給孩子的愛有何期望？

第一，反思父母之愛可以讓人們形成對父母之愛的見解，明白
做父母不僅僅是一種體驗，在經歷了這種體驗之後，人們應當至少
對父母之愛有一個定義。

第二，反思父母之愛意味著人們對父母親養育的回應態度。是負
疚還是自由？是真愛還是忍受？是歡喜還是無奈？是孝順還是啃老？

第三，反思父母之愛能夠幫助人們理解與父母的關係，和其他
生活關係的次序。

第四，反思父母之愛能夠使人認識到父母之愛的意義和實質，
不在父母養育的過程中，而是在這個過程中的關係。

第五，反思父母之愛能夠幫助父母親認識到，父母之愛是創
造、是藝術，需要懂得理論，需要很多很多的實驗。不論一個人的
天賦如何高，要成為藝術家需要付出孜孜不倦的努力。

第六，反思父母之愛，是為了書寫更好的父母之愛。父母親相
信自己愛孩子沒有用，把父母之愛理想化更沒有用。關鍵是父母有
沒有能力愛孩子，該如何獲得真正愛孩子的能力？

第七，反思父母之愛，更是反思中華文化。因為影響父母之愛的很多因素來自文化。並非所有的傳統文化都是「精髓」和「營養」，有些方面已經無法回答現代人的需要，有些方面則是一直沒有被識別的「毒素」。而正是這些「毒素」，毀了中國的下一代。

哈佛大學兒童發展問題研究的報告中，指父母養育孩子的能力包括幾個方面：

（1）時間與承諾（包括與孩子在一起的時間品質是為了孩子好）。

（2）資源。包括財政（購買食品和服務的經濟能力），心理、情感和社會方面（身體、情感健康與養育方式）。

（3）技能與知識（透過教育、訓練、與育兒專業人員的互動、個人經驗）。

具備了這幾種能力的父母，才能夠給予孩子成熟的、健康的愛，才是真正地愛孩子，使孩子的身心靈都得到健康發展。探索和追求成熟的、健康的父母之愛，是每一個真正愛孩子的父母願意努力的方向。

反思父母之愛，就是朝向掌握成熟健康父母之愛的第一步。

童年：一生健康的基石

三歲的寶寶在遊樂場跟小朋友們一塊玩。他的媽媽和其他的媽媽們坐在一旁，一邊觀看著孩子們玩耍，一邊聊天。突然間，寶寶

從滑梯上滑到了地上，寶寶哭了起來。寶寶的媽媽走過來把寶寶抱起來，幫寶寶揉揉屁股，擦擦眼淚，然後望著寶寶的眼睛，輕輕地說：「寶寶，摔痛了嗎？」「寶寶，現在感覺怎樣？」「寶寶，你害怕嗎？」寶寶眨了眨眼睛，對媽媽說：「我還要去和小朋友們玩兒。」說完，他從媽媽懷裡跳下來，高高興興跑開了。

寶寶的媽媽看到兒子摔倒，馬上回應了寶寶的哭聲，不過她的回應裡沒有緊張、焦慮，也沒有命令和指責。她首先檢查寶寶有沒有受傷，同時回應寶寶的情感需要。她這樣的舉動，會讓寶寶感受到媽媽跟他有交流，雖然他不小心摔倒了，媽媽沒有大驚小怪的，還是一樣愛他、鼓勵他。他感覺到媽媽是可以信賴的。因此他會對這段經歷留下美好的記憶：在愛中成長，給他的成年心理健康打下一個堅固的基礎。

中國有句老話：「三歲看大，七歲看老。」這句話說明了兒童時代對一個人性格的形成和生活能力的發展關係重大。這是中華文化在實踐中得出的觀察結論，反映出中華文化對兒童身心發展方面古老的智慧。不過中華文化沒有解釋為什麼小時候的經歷會對成年以後的性格形成和生活能力有重要影響，也沒有說明這段經歷如何影響一個人的未來。現代社會最傑出的成就之一，就是驗證了早期經歷對於人性格的形成與生活能力的重要影響。

第一個以科學的方式探討早期生活經歷的影響，並將之運用到成人生活的問題和神經質當中的人是佛洛伊德（Freud）。後世在對

人和嬰兒動物的研究中，肯定和支持了他的說法。儘管後人對此理論已經做了很大的改變，也修正了佛洛伊德的觀點，對於兒童心理創傷的觀點卻始終一致：許多成年後的問題，來源於一個人早年不幸的、具有毀滅性的事件，即心理學家稱之為的「心理創傷」。

所謂「不幸的、具有毀滅性的事件」，並非僅僅指孩子被打得遍體鱗傷；更多的時候，是不明顯的、甚至是以愛為名，對孩子的身心發育造成的負面影響事件，都會一輩子對這個孩子的生理和精神健康產生重大影響，包括憂鬱症。

近年來，憂鬱症在中國成為一個常見的辭彙。每年有不少的人因憂鬱症失去生命，這些人中包括政府官員、大學生、商人、演員等，有年輕的，也有年長的。許多網上的資料認為，憂鬱症正在成為中國第二大醫療負擔。罹患憂鬱症的原因是多方面的，有一些原因卻被人完全忽視。譬如，失去了「根」的後果。

2011 年 10 月 3 日下午，年僅二十五歲的美麗歌手許陽麗，被父親發現在家中地下停車場內她的車裡燒炭自殺身亡。有些評論認為，她是害怕贏不到即將開始的歌唱大賽而憂鬱，有人說是因為始終不能大紫大紅，覺得前途渺茫，讓心懷遠大夢想的許陽麗倍感落寞，繼而對生活失去了信心，而罹患憂鬱症。

許陽麗在八個月大的時候，遭親生母親拋棄。雖然繼母對她如同親生，精心呵護，但她心中仍然儲存著被拋棄、失去母親的情感。這就是她的心理創傷。瑞士醫生和心理學家屯尼爾（Paul

Tournier）醫生把這種情況稱之為「人格解體」現象，意思是這個人沒有了根。一個孩子早早地失去母親，而父親再婚後，要求孩子把繼母叫做「媽媽」。從心理學上講，這個孩子的「根」被拔起來了。屯尼爾醫生說：「這樣做當然是出於好意，但是，它觸動了人性最深層的本能元素。孩子只能有一個媽媽，叫孩子把這個名字讓給養母是在解體這個孩子的人格。」

這並不是說，養母或者養父不愛孩子，他們往往為孩子傾注了全部的心血。然而，光有愛是不夠的。失去親生父母，或者遭遇父母離婚等家庭變故，對於幼小的孩子就是一個重大的心理創傷。現代醫學的發展解釋了經歷與環境影響如何「進入到皮膚之下」，與基因遺傳互相作用，並且改變大腦的結構，重新塑造大腦的線路圖模式；進而導致各種不同的生理適應和裂變，重新設置敏感機械的水準。所以，那些有過類似心理創傷的人，身體的壓力系統變得異常敏感，因而對周圍環境的壓力往往反應過激。一個小小的壓力也會引發壓力荷爾蒙的爆發，而這些荷爾蒙返過來在大腦的不同區域，產生憂鬱的行為狀態——睡眠不好、認知障礙，或者對生活失去興趣等。它們會推動大腦的恐懼中心超強度運作，大量生產出增加憂鬱和焦慮的負面情緒。

許陽麗自殺前寫下一些字條，其中有：「我們為什麼活著？在一切變糟前，離去。」「我是一個罪人。我知道最後沒有人會喜歡我。」「爸爸媽媽，我知道我對你們不夠好。我很差、我很糟。」

「好可怕，好可怕，我的家人，我快對不起你們了。」

這些字條顯露出纏繞著她思想的東西：她渴望被愛。她覺得自己不夠好。她帶著負疚的情感。她對生活感到迷惘。她的困惑，跟其他有著同樣結局的明星一樣，那就是他們都有一個非常不幸的童年經歷。但是，誰也沒有試圖深入理解，這樣的經歷與現在已經成功的他們之間，有著怎樣的關聯。

心理學的研究發現，如果一個人沒有了「根」，不管他是否意識到這一點，他一輩子都會尋找他曾經失去的。或許有一首中國的歌曲能更好表達尋根的感情：

千萬里我追尋著你
可是你卻並不在意　你不像是在我夢裡
在夢裡你是我的唯一
……
我今生看來註定要獨行，熱情已被你耗盡
我已經變的不再是我，可是你卻依然是你

這首歌也是一個凱麗女孩的生活寫照。凱麗的母親生下凱麗的時候，還是個未婚少女。所以凱麗一生下來，就被母親送到孤兒院。在六個月大的時候，一對好心的夫婦收養了她。大學畢業後，高挑漂亮的凱麗成了一名歷史學家，並且有了一份不錯的工作。後來她得知親

身母親早已移民國外。為了圓她心中的夢想，凱麗想盡辦法，也嫁到國外。但當她向母親提出探訪的要求時，才得知母親為了新家庭的安定，不願意見她。但凱麗仍不死心，乾脆直接飛到母親居住的城市，在母親的家門口，遭拒絕了三次，絕望之際的凱麗吞下了整整一瓶安眠藥。之後，凱麗在一年中因憂鬱症試圖自殺而入院三次。儘管她的丈夫對她極盡關心和愛護，凱麗再也無法正常的工作和與家人交往。她整天喃喃自語一句話：「為什麼媽媽不想要我？」

凱麗的憂鬱症因為試圖自殺，對生命構成了威脅。但是另外一位女孩珍妮的母親因為吸毒販毒判刑，小珍妮被一對好心的夫婦收養。十六歲那年，珍妮開始吸毒。她對養父母說：「我想知道為什麼毒品那麼有吸引力，可以讓母親為此拋棄我。」

雖然不是每一個有憂鬱症的人，最終都會以自殺結束生命，情感創傷會留下永久的傷痕，導致受害人發展不健康的性格，成人後難以維持好婚姻關係、戀人關係、朋友和同事之間的關係等。他們生活的品質大打折扣。

從小失去父母的劉穎穎是跟著爺爺奶奶長大的。爺爺奶奶對她嚴加管教，不聽話就要挨打。因為害怕挨打，學會了服從，也學會了洗衣做飯、打理家務。長大以後，穎穎形成了心理學所講的「邊緣性人格障礙」。她對別人的話反應激烈，動不動就覺得自己受到傷害，並且總是期望著別人施予安慰和關愛，不斷地抱怨丈夫不愛她，還會因為一點小事整日整夜傷心痛哭。當然，她根本顧不上孩

子如何感受。她不可預測的脾氣和情感，使得她無法跟丈夫形成親密的關係，夫妻兩人打打鬧鬧，湊合著過了一輩子。在丈夫的葬禮上，劉穎穎嘆道：「我這一輩子，怎麼過的啊？！」

許陽麗自殺身亡以後，她的師兄廖健哥說道：「不應該啊！妳這是不孝，妳想過父母，妹妹，他們怎麼辦？妳可是家裡的重心啊！看著爸爸聲嘶力竭的哭喊！妳真的太狠心！」這篇刊登在《華西都市報》的文章認為這位師兄「說得好」。

但是，有誰聽見許陽麗的哭喊呢？

繼佛洛伊德之後，著名的英國心理學家、精神病醫生和心理分析師約翰・鮑爾比（John Bowlby）對兒童發展做了深入的研究，並且創立了依戀理論。這是專門用來描述孩子對父母情感關係的術語。譬如，當孩子還在搖籃裡的時候，哭聲會讓父母立刻抱起他、親吻他，看著他的眼睛，溫暖地跟他說話，給他餵奶等等，以此建立與父母或養育者之間一種強健的、正面的紐帶。有安全依戀關係的嬰兒會在小時候表現出更加正面的情感、較少的焦慮，更容易與老師和同伴相處。孩子長大以後，他的大腦裡會有安全感，他會相信當有需要的時候，能夠得到幫助。依戀模式建立在人最早的幾年，但會影響到整個童年和成年的精神健康與心理功能。

現在的科學家用「發球與接球」的互動來比喻這種親子關係。哈佛大學兒童發展的研究報告指出，經歷了安全感關係的孩子，當感到難過或者害怕的時候，更能夠控制壓力荷爾蒙反應。這就是

說，他們能夠探索世界，接受挑戰，積極處理問題。相較之下，沒有得到安全感的孩子，有一點點害怕的時候，就展現出更高的荷爾蒙水準。這種增高的結果會改變大腦線路的發育，造成一些孩子長大之後難以有效地應對壓力。

在托兒所就能看到這樣的情形：有些媽媽會輕鬆將孩子交給照看的老師，孩子跟媽媽說聲再見，看到母親離開，也沒有任何焦躁不安，或者哭鬧，而是愉快地挑選喜歡的玩具，或者與其他的小朋友以及托兒班的老師玩笑。這些孩子把所處的環境看作是安全、可愛、溫暖的地方。有些孩子還未等媽媽把他放下來，就開始大哭起來，表現出極度的緊張、焦慮、害怕；有些媽媽往往還沒跨進托兒班的門，就急忙告訴托兒班的老師：「我的孩子恐怕不會讓我離開。」媽媽的話音還未落，孩子已經開始扯著媽媽的衣服哭鬧。這些媽媽的孩子，對同一環境感到不安全和害怕。

在兒童遊樂場往往也能看到這樣的情形：一個孩子開心玩耍，另一個孩子則不停叫喚媽媽關注他的動作：「媽媽看！快看我！」別小看這些微不足道的事情，這兩個孩子，長大以後會成為兩種不同性格的人：前者跟媽媽有著健康的依戀關係，後者與媽媽已經建立起不健康的依戀關係。他們兩人的生活也將有很大的不同。

阿爾弗雷德·阿德勒（Alfred Adler）以研究早期經歷對人性格的形成和生活能力的影響而享譽世界，也是世界上最著名的心理治療師之一，個人心理學的創建人。他在關於現代精神病的論述中說：

（精神病學）第一個偉大的發現是這個：靈魂生活結構最重要的決定因素，是從很小的時候就產生了……一個有著焦慮性格的病人，腦子充滿了懷疑和不信任，總是努力想與社會隔離開來，其實在三四歲的時候就已經表現出同樣的性格特點和心理運動了。

　　現代科學研究顯示，兒童的負面經歷積累，會造成一個人成年後的身體健康和心理、精神健康受到損害。身體方面的健康問題包括心血管疾病、慢性肺病、癌症、憂鬱症、酗酒、吸毒等。在大腦的結構方面，更進一步驗證和詳細展示了早期生活與人的一生發展的密切關係。科學家發現，從孕期到六歲的年齡，對大腦的健康發育非常重要。這好比是建房子，開始的時候奠定一個好基礎，以後房間、電線系統都好設置了。而這個基礎，除了健康、合適的營養，以及安全、沒有毒素的生活環境之外，孩子需要跟父母或養育他的人建立一個穩定、有回應的關係。因為愛的關係可以讓孩子學習控制情感，應對壓力。

　　屯尼爾醫生引用希伯來《舊約聖經》中所羅門王的話「萬物皆有定時」（傳道書：3: 1），來描述兒童的發育過程：在父母的呵護下有時，離開父母有時。這個過程猶如「生命的韻律」：成功完成一個階段的生命，預備好下一個階段的生命。而前一步失敗，跟著會有更大的失敗。「樹葉有發芽的時候，也有落下的時候。但只有那些在春天裡長成的葉子，才會在秋天落下來。」沒有一個滿足豐盛的童年，也不會有一個成熟幸福的成年。

在屯尼爾醫生的心理學裡，如果孩子該在父母的呵護下的時候，沒有得到愛，或者沒有得到正確的愛，那麼，孩子的心裡就會覺得自己被排除掉了、被忽視了。這個結果就是，他一輩子帶著這份不斷增加、不滿足的「懷舊之情」，再也沒有辦法與別人建立真正的關係。他與別人的接觸僅僅是表面上、禮儀上的。他的腦子裡面儲存著對過去的怨恨，而這份怨恨又讓他錯誤地看待未來。他只看到世界對他不公平。他既不能愛，也不相信愛；他也沒有能力接受愛。不管怎樣想擺脫過去的記憶，他仍然是過去生活的犯人。屯尼爾醫生強調，「在一個健康、和諧的家庭中長大的孩子，生活對於他，就是選擇；而對於一個沒得到愛的孩子來說，生活就是尋找。」他們的生活，就像耶穌說的那樣：「凡有的，還要加給他，叫他有餘；凡沒有的，連他所有的，也要奪去。」（馬太福音：13: 12）

十一年前，兒子患了白血病，卻找不到可配型骨髓。離婚女教師為救兒命，乞求前夫捐精與她再生一子。她為此丟了工作。但付出終於獲得了回報：小兒子的骨髓與大兒子的骨髓配對成功，大兒子得救了！可是誰也想不到，十一年後，年幼的弟弟竟然對哥哥拔刀相向！他的話尤其讓媽媽震驚：「妳不是我媽，他也不是我哥！妳生我只是為了救妳兒子！妳真自私，妳們都是自私鬼……」為兩個兒子操勞大半生的女教師泣血叩問：「老天，我錯在哪裡？」

這是在 2009 年 1 月 2 日早晨，發生在中國瀋陽市瀋河區大南街的一幢血案。那個叫做林玉的母親耗盡了心血愛孩子，忍辱負重生

下弟弟救哥哥，結果卻導致兄弟殘殺。這篇報導的編後語寫到：林玉的這個選擇沒有錯。錯的是接下來的善後工作遠遠不夠。用什麼善後呢？用愛。

用什麼樣的愛呢？難道林玉不愛自己的小兒子嗎？顯然不是，但是她對孩子愛的結果，在孩子還未到達成年的時候，已經以悲劇落幕。

英國精神科醫生安·達利（Ann Dally）列出好母親應具有的三項條件：第一，對孩子的需要必須敏感，並且有能力滿足孩子的需要；知道自己的不足，不在孩子的身上滿足自己的需要，有能力在其他地方讓自己的需要得到滿足；第二，必須持續、無條件愛自己的孩子。無條件的愛，是媽媽不按照自己的願望，塑造孩子成為她想要成為的人，或者期望孩子達到什麼樣的成就。第三，必須知道界限在哪裡，什麼時候該「放手」；她不擁有她的孩子。

這樣看來，林玉作為母親，對小兒子從一開始就沒有給予公平的待遇。她一味地考慮到大兒子作為病人的需求，從不理會小兒子的情感。最關鍵的，小兒子連降世為人都是有目標的：要救哥哥的命。

心理學早已證明，愛是從母愛開始的。美國的心理學家瑪格麗特·馬勒（Margaret Mahler）解釋人的頭一個三年，包含著一個人的出生，從與母親的共生關係，到與母親的分離關係。一個人能夠成功完成這個分離過程，是一個人未來成熟的基礎。在馬勒博士看來，孩子正常的發育過程，就是孩子得到作為一個人的尊重；孩子

需要在情感上有一個得到尊重、可以被容忍的環境，這樣孩子在該分離的階段，就可以完成從與父母的共生階段，朝向自主階段。如果孩子沒有得到愛，他的需要沒有得到滿足，孩子的內心就會受到傷害，那就會令他終身期盼著那沒有滿足的愛。而他的身體將以各種方式回應著這份扭曲、缺乏的愛。

這種情況也在阿雷身上得到驗證：

阿雷的父母都是有著社會地位的人，但夫妻二人感情不好，「為了孩子」，他們在表面上仍然「維持著一個完整的家」，但是他們貌合神離。起初，阿雷努力想讓父母和好；漸漸地，他倒向母親這一邊，後來意識到母親需要在他身上補償情感的空缺。於是他變成媽媽的「小情人」。在外人看來阿雷表現得「很黏媽媽」，不太與父親在一起。有的時候甚至公然表示對父親的敵意。

其後，父母還是離了婚。讓本來已經心裡緊張的孩子增加了焦慮。他覺得看著母親的處境卻不能幫助她，感到非常無助。他對學習不感興趣，也沒有朋友。後來阿雷進了大學，好不容易挨到畢業，但不停換工作。他總是覺得沒有能力集中精力做事。日子就這樣一天天過下去，最後一事無成。

美國的雷・何飛醫生（Ray E. Helfer）描繪孩子從嬰兒到少年的發育過程，好比一枚導彈，它的有效載荷從發射跳板開始，通過彈道的運行，到達天體中的目標。這個發射跳板就是人的出生，天體目標就是人到成年。那些指揮導彈從發射跳板到天體目標的人，必須時刻

在場，並且受過良好的訓練，才能從一開始就擺正導彈的位置，並且隨時修正導彈在運行的整個過程中，出現意想不到的嚴重問題。

　　一個孩子的發育過程就像是發射一枚導彈。父母、家庭成員、老師和其他與孩子有關聯的人在這段重要的年歲裡，必須在這段導航系統中負責。孩子最初來到這個世上的時候，如果得到所需要的愛，孩子的大腦裡對外界的記錄是「一切正常」。這樣，他的發射跳板對於他就是一個「安全的基地」：從跳板到天體目標這一路的旅途會是愉快的；會欣賞到許多美麗的風景，並且安穩到達目的地。

父母之愛與情感虐待

　　根據人的發展需要，孩子在出生以後，需要父母的愛。但父母給孩子的愛，並非是由父母如何感覺，或者父母怎樣相信決定的，也不是傳統道德的教導決定的；它是由孩子最後結出什麼樣的「果子」來界定的。正如美國兒童情感虐待專家詹姆斯·加伯利諾（James Garbarino）指出，是心理上的結果決定行為是不是虐待。也就是說，當父母沒有能夠給予孩子所需要的愛，或者愛的不當，造成孩子在成長發育過程中，受到心理或者情感創傷，這種「愛」就變成了「情感虐待」。

　　人們相信「天下沒有不愛孩子的父母」，但是人們卻缺乏勇氣承認，不是天下所有的父母都有能力愛自己的孩子，讓孩子的身心發展健康成長。很多時候，父母之愛會變成對孩子的情感虐待。

　　一位媽媽跟朋友談話，孩子就在旁邊：「這孩子跟他父親一樣，性格頑固得很。一句話聽不進去。」這位媽媽倒是發洩了自己對孩子父親的不滿，但是對孩子有什麼影響？首先，孩子發現父母之間並不合諧。第二，孩子會考慮他必須做什麼讓父母和好。第三，孩子的腦子裡會種下「我不如別人，我不是一個好孩子」的念頭。這樣的念頭很容易滋生孩子對自己能力的懷疑，這就會影響到孩子的性格成長。

　　你能從以下的情形裡，識別出你自己的經歷，或者你的孩子的經歷嗎？

　　「你要到外面去的話，會有狼把你吃掉。」

　　「你要是不聽話，媽媽就不愛你了／不要你了。」

　　「我真後悔，當初就不該把你生下來。」

　　「你不聽話，將來會後悔的。」

　　「你不聽話，把你丟出去給野狗吃。」

　　「沒看見爸爸在忙嗎？別在這搗亂。」

　　「誰讓我有這麼一個不爭氣的孩子！人家會這麼說我？！」

　　「我當初為了你，吃了多少苦頭啊！」

　　「可千萬不要辜負父母對你的殷切希望啊！」

　　……

　　沒有得到愛，或者沒有得到正確的愛，結果就是留下深深的、看不見的心理創傷。過去，心理學家發現了這個「深深的、看不見的心理創傷」，會讓人停留在人最初的叫做「口腔期」的性發展階段，或

影響了人的基本信任能力，或阻礙了與人親密交往的能力、孩子學習的技能，或讓孩子獲得不健康的生活觀和自我觀念等。心理神經免疫學是過去二十年裡出現的一個新的學科，展示了許多疾病，譬如糖尿病、心臟病、慢性疼痛等，都與兒童時代經歷的壓力事件有關。它損害正在發育的大腦建築結構的模式，損害正在開始形成的學習和與人相處的能力，預示著成年後在精神和身體方面出現問題。

美國國家精神衛生研究院（American National Institute of Mental Health）發表了由威斯康辛州大學賽斯‧波拉克（Seth D. Pollak）領導的研究報告。這項研究指出，童年的負面經歷，除了對精神心理健康不利外，還會降低人的免疫力和對抗壓力的能力，並且對身體健康有長期持久的影響。

美國的一些研究人員對兩萬三千人做了多達二十六個項目的聯合分析，並在 2011 年 8 月 15 日發表了這項研究成果。這些研究人員發現，一個人童年有過壓力和不幸，生活艱難，或者曾被虐待等，都會引起這個人成年後罹患慢性疾病的可能；當中憂鬱症的發病率要高於正常生活的兒童兩倍，而且對藥物治療和心理治療的效果較差，不容易康復。

美國「負面的兒童經歷研究」（ACE）[4] 是一家主要研究兒童的機構。他們的研究發現，一個人的負面童年經歷與他的健康有密

4. http://www.acestudy.org/files/Gold_into_Lead-_Germany1-02_c_Graphs.pdf

切的關係。許多在童年被虐待，或者目睹過家庭不合的人，比其他人健康狀況要差，諸如自殺、心臟病、中風、慢性肺病、糖尿病、酗酒、肝炎等多種疾病的發病率，高於在正常家庭中成長的孩子。

「過勞死」就是另一個鮮為人知的例子。據中國健康網的報導，從 2010 年 1 月至 7 月之間，中國有十九位成功的商人因病逝世，讓猝死和健康問題成為中國社會，和新聞媒體關心的一個熱門話題。

看到那些經過多年辛苦打拚，最後終於功成名就的人過早地離世，不禁令人難過。門寧格醫生在《愛對恨》一書中寫到：

經過奮發圖強，努力打拚，終於出人頭地，擁有財富、權力和影響的成功人士，最後卻以悲劇收場。成功之後，他們試圖退休，享受愉悅的生活，可他們在身體上或者心理上生了病，常常導致猝死。再也沒有比這種現象更能說明，工作不光是為了經濟的原因，更要關注心理上的需要。

「過勞死」成了導致人們在「正值當年」失去生命的罪魁禍首。但這是指表面現象。對於頻頻發生的精英猝死現象，大眾媒體號召人們「不要透支健康，不論工作怎樣忙，也要定期運動」。當然，超負荷工作對健康不利。但是走進這些人的生活背景，就不難看見，他們短暫的生命為什麼會缺乏運動和工作過於操勞，那是他們兒時沒有得到解決的心理創傷在他們身後做「推手」，使他們成為拚命三郎，停不下來。這才是導致他們生病和死亡的原因。

這些過早離世的「精英」們有一個共同的特點：大多數人生長在一個極其貧窮的家庭。他們在小的時候，曾經歷過生活的艱難。他們的父母往往掙扎在沮喪和絕望當中，也沒有精力和能力關注和回應孩子的情感需要。而其中總有一個孩子被「選中」來分擔家庭的重任。這個孩子很容易從母親的眼淚裡，從父親的嘆息中，甚至從父母之間的衝突和對孩子的懲罰當中，讀懂父母的心思：「家裡就全靠你了。」於是孩子在心裡暗暗發誓：「我一定要成功。」「我發誓要讓父母過得好。」這個孩子日後往往成為精英，但他在幼小的年紀，身心發育正值敏感階段的時候，他的大腦和身體器官都接受了過多的負面資訊，影響到大腦和身體發育的基因調節功能，為數年後發病埋下隱患，最終為自己的成功付出健康的代價。

　　世界知名心理分析家愛麗絲・米勒博士（Alice Miller）透過研究和分析了許多世界著名的作家和藝術家的身世，以及她工作中遇到的案例之後發現，當一個孩子在年幼時受到虐待的時候，他會感到非常的無助。如果這個孩子在長大的過程中，壓抑了孩童時代被虐待過的情感創傷、嘲弄和憤怒，這種記憶就會轉入到他的無意識裡面，以後就以嚴重的健康問題表現出來。米勒博士的結論是，從小受到虐待的後果導致日後的疾病及過早死亡。

　　當社會大眾媒體指責工作過量是猝死的原因時，還是應當聽聽身體的哭喊。

陳曉旭是中國家喻戶曉的演員。她因為扮演《紅樓夢》裡的悲劇人物林黛玉，並有著「林妹妹」的悲劇性格而出名。後來她又成為一位成功的商人。在被診斷出罹患乳腺癌之後，陳曉旭放棄一切，削髮為尼。2007 年 5 月 13 日，陳曉旭病逝，時年四十二歲。至今，人們還在深深地懷念她，也沒有人能夠替代她演過的林黛玉的角色。

陳曉旭有一個非常愛她的父親。陳的父親曾用「孤獨」和「內向」來描繪她的性格。他向媒體介紹女兒時說，當陳曉旭還是個小女孩時，做父親的就很擔心女兒「性格不好」，所以堅持要為女兒安排所有的生活，一心想要為女兒塑造一個父親認可的性格。小的時候，性格內向、喜歡安靜的陳曉旭遵照父親的旨意，「招待他的朋友們」，「與人交往」；長大以後仍然如此，甚至在面試演員的穿著上也聽從父親的安排。她向電影導演毛遂自薦，成為中國最紅的電影明星之一；日後又在商業大展拳腳，使得她終於能夠以行動向父親證明：爸爸您看，我能夠達到您的期望。陳曉旭在一次採訪中解釋她成功的原因：「無論我在這個世界上如何奮鬥，只要我想起父親的愛，我就感到我還是父親永遠長不大的小女孩。」當她在因自己的治療與父親的想法不一致時，她向父親道歉說：「對不起，我不孝。」

陳曉旭的詩則反映出她在兒童時代就已經有的情感分離機能。她十四歲的時候，寫了一首〈柳絮〉的詩：

我是一朵柳絮，
長大在美麗的春天裡；
因為父母過早地將我遺棄，
我便和春風結成了知己。

在她的另一首詩〈夢裡三年已是秋〉裡，描寫對父親的恐懼：

因為怕你在鮮豔的人群中把我迷失
所以我變得如此蒼白柔弱
因為我想對你低訴的話語太多太多
所以我只能靜默
因為每一條苦澀的泉
正在我的胸中婉轉流成愛河
所以我的淚水也日漸乾涸

十七歲的時候她曾寫到：「我忽然想起，一個淡忘已久的角落，滾滾紅塵淹沒的足跡，塵封在書架上的十七歲和錯過的花季。陽光裡灑著被雨淋濕的記憶。也許不該拿出來曬。讓它永遠沉浸在心裡。」**(5)** 她的詩反映出內心的掙扎、迷茫和她對沒有得到過的愛

5. http://blog.sina.com.cn/s/blog_5e8e92e90100gyus.html

的追求。但是她永遠也沒能理解,父親的愛如何影響了她的一生。為了得到父親的愛,她接受了父親對她的「性格打造」,硬是把一個本來恬靜的自己打造成了另一個成功的「她」。在付出昂貴的代價之後,她還是以遁入佛門、放棄生意回歸自我,希望能夠在那裡找到真理、找到自己。然而,她所缺乏的愛,以及對愛的誤解,對傳統道德的順服,對現實的情感防衛,都在她所扮演的林黛玉臨終前的一首歌中回應著:「天盡頭,何處有香丘?」

這首歌不只是為她一個人所唱。

《靈魂謀殺》是紐約大學醫學院臨床心理學教授倫納德・盛歌德博士(Dr. Leonard Shengold)寫的一本關於兒童情感虐待的書。盛歌德博士用這個詞語,描述了情感虐待對孩子情感發展長期持久的負面影響:在孩子成人後,沒有了作為一個獨立的個體,感受喜樂和愛的能力。他們可以在學術界做得很好,也可以在其他領域獲得成功,但是他們的心理發育癱瘓了。他們不是幸福的人。他們內心的痛苦、悲傷、孤獨和無助,在他們的不良行為,或者疾病中,甚至暴力行為中,展現出來。

2004 年 2 月 23 日一位出身農村,中國《南方人物週刊》稱為「早熟的寒門弟子」,學習成績優秀的大學生馬加爵,因瑣事與同學積怨,在一次打牌時與室友發生口角後,產生報復殺人的惡念。經周密策劃和準備,先後殘忍殺害四名同學,殺人後將被害人屍體藏匿,並畏罪潛逃,數日後遭緝拿歸案。5月4日,馬加爵被雲南省

高級法院判處死刑。

　　馬加爵歸案之後，當時許多社會公眾，包括一些媒體，對馬加爵表現出了同情，把其殺人動機歸結於他的貧困和在學校裡受到的「歧視」，而對社會產生的仇恨。甚至認為，這是當前社會問題和不公平的結果，社會應對此悲劇負主要責任，對馬加爵的量刑應予從寬。馬加爵被捕以後，中國人民公安大學犯罪心理學教授李玫瑾採訪了身在獄中的馬加爵，進行心理測試，之後寫了上萬字的《馬加爵殺人的心理分析報告》[6]。李教授認為，將「貧窮」歸結於馬加爵犯罪動機起點的歸因並不全面，也並非真實的問題起點。真正決定馬加爵犯罪的心理問題，是強烈、壓抑的情緒特點，是扭曲的人生觀，還有「自我為中心」的性格缺陷。

　　馬加爵「強烈、壓抑的情緒」、「扭曲的人生觀」以及「自我為中心的性格缺陷」的形成，與其童年的家庭環境分不開，是父母的行為塑造了他的「性格缺陷」。十五歲那年，馬加爵在日記裡這樣記錄父母吵架的經歷：「我想殺人……我真是太氣憤了，真想一刀殺了他……我無奈……」

　　瑞士醫生和心理學家保羅‧屯尼爾（Dr. Paul Tournier）寫了一本書《給你預備的地方》。他在書中指出：

6. http://bbs.tiexue.net/post_5029001_1.html

父母之間不和諧的關係，總是會對孩子產生惡劣的影響，尤其是這個家庭有著很高的道德標準，更增添了孩子的焦慮，以至於在暴力與家長所宣稱的信念之間，形成顯著的標誌。

很多父母意識不到他們在孩子面前爭執、吵架或者冷戰等，都是在實行暴力。對於小孩子，父母這樣的行為，無疑是在孩子的心中種下仇恨的種子；而這樣一旦入了心，它就會漸漸發芽、長大，最後以暴力的形式再展現給父母。愛麗絲・米勒博士（Dr. Alice Miller）對兒童虐待做了多年的研究，發現孩子的行為是依靠模仿成人，而不是來自這個孩子長大以後，得到多麼好的教育。挖苦、羞辱、批評、諷刺，經歷或者目睹了殘忍和家庭暴力、父母不和，沒有得到父母親足夠的關愛、承載著父母親的期望等等，常常會有一個好的名字「都是為你好」。如果這個時候孩子沒有辦法表達意見，或者表露情感，孩子會無所適從，不知道該怎樣得到父母的愛，也不知道該怎樣在家裡表現。這個孩子就變得無助、絕望，只有壓抑著情感和仇恨。他們在別人的眼裡變得「順從、安靜、怕羞、內向、上進、孝順」。後來，他們將自己的毀滅性行為都傾倒在無辜的受害人身上。正如米勒博士指出：

每一個殘酷的行為，不論是多麼殘忍和令人震驚，都可以追索到兇手的過去……被虐待過的孩子將總會尋找機會在替罪羊身上進行報復，發洩他們在身心和大腦中壓抑的情感。

暴力繼續向中國社會訴說著它自己的故事。2010 年 10 月 20 日

的晚上，西安音樂學院的高年級學生藥家鑫，在街上開車途中撞到了一位婦女。這個年輕人下了車，發現這位受傷的婦女躺在地上呻吟，於是他便拿出一把刀子，往傷者身上捅了數刀，直到傷者死亡。在他被捉住之前，還撞到了另一位行人。2011 年 3 月 23 日，藥家鑫被中國陝西省西安法院以故意殺人罪判處死刑。

這個案例再一次在社會引起極大的震動。人們感到很吃驚，為什麼一個前途無量的年輕學生會將無辜的受害人刺死？

米勒博士在《遺忘的往事》一書中，這樣描述兒童受到虐待的後果：「每一件出自非自衛的、對無辜人的謀殺，都是殺手內心強迫性的表達，是一種對童年時代遭受虐待、忽視和迷茫的復仇，是用一種強迫意念表達被壓抑的情感。」藥家鑫父母對他的期望、對他的暴力教育，正是問題的答案。藥家鑫的母親在接受記者採訪時說：「家鑫他爸是從農村出來的，也是通過學習躍過農門的，我和家鑫他爸就一直希望兒子能成龍。家鑫四歲時，我們就給他買了鋼琴。」很明顯，這對父母給予孩子很高的期望，但是他們並不知道，這樣做的結果對兒子的心理和情感發育有什麼樣的負面影響。藥家鑫小的時候，父親曾告訴他：「你很醜，沒有人會喜歡你。」毫無疑問，他的父親非常喜歡自己的兒子，父親這樣說，無非是出於好意，想激勵兒子不斷努力，達到父親期望的目標。除了言語上的侮辱，父親還把他關在地下室，除了吃喝，不允許他到外面。可以想像，一個小孩子被單獨鎖在地下室，他會是怎樣的不開心。但

是他必須一個人孤獨地、默默地忍受和壓抑自己的痛苦，因為他知道，父親會為「都是為你好」來做辯解。而他的母親，還會用皮帶打他。藥家鑫在法庭上回憶他童年的這段經歷時說：「我覺得我看不到希望，天天壓力特別大，我經常想自殺。」最終，他雖然沒有自殺，但卻因為殺人斷送了自己的前程，更讓父母的夢想破滅。

但是，他的童年經歷，卻在他的情感上留下了永久的「傷疤」，而沒有得到過醫治。大概藥家鑫看到傷者躺在地上的時候，他無意識中回想起自己童年所遭受過的虐待。而此時此刻，他不再是一個軟弱、被動、絕望的孩子，他成了一個「巨無霸」！

屯尼爾醫生多年前在《內在的暴力》一書中回答了這個問題：

（人）不敢公開表達自童年時期就開始折磨內心的痛苦。他忍受了一切，但是他什麼也沒有忘記。一個強大的心理力量被堵住了。他不敢有任何外在的流露，或者面對生活中的衝突。這種心理力量轉向內在地毀掉這個人。

馬加爵和藥家鑫一樣，有著許多相似的童年生活：兩個人在童年都經常曾遭虐待、羞辱。他們都經歷或者目睹了殘忍。他們都沒有得到父母親足夠的關愛。他們都承載著父母親的期望。他們都壓抑著情感和仇恨。他們在別人的眼裡都變得「順從、安靜、怕羞、內向」。後來，他們將自己的毀滅性行為都傾到在無辜的受害人身上。屯尼爾醫生寫到：

暴力就像一個意外事件，以一種長期被壓抑的進攻性、無意識的、意想不到的形式出現，沒有人認為自己應該對此負責。一條大河可以常年靜靜地流水，沒有一絲漣漪，那間平靜的水面上可以波濤洶湧，逐浪翻滾。那就是人生的真理。有教養、有理性、溫柔得像綿羊一樣仁慈的人，可以突然間在言語、思想或者行為上變得殘暴起來——羊突然間變成了狼。

　　「馬加爵事件」、「藥家鑫事件」，以及因被嫌醜而殺害同學的高考狀元曾世傑，到 2014 年 2 月復旦大學林森浩對同學投毒致死案等，都曾轟動中國。中國社會科學院發表的「2010 年法制藍皮書」[7] 指出：「中國的謀殺案，尤其是滅門慘案、反社會的報復行為，以及自殺案，成為中國社會最大的問題。」僅在 2010 年，四十天內就發生過五十起校園謀殺案。家庭滅門慘案是這一年的另一大暴力案件。暴力謀殺案件有增無減，成為社會的一大困擾。不僅是各大媒體頭版頭條關注的重點，此話題也被列為微博熱門排行榜前列。

　　中國的大眾媒體指責社會不公平、貧窮導致窮富之間的衝突，使得人們產生心理危機引起殺人或自殺等，把暴力犯罪的動機歸結於「我們的教育不能記得教書，卻忘了育人」，「是大學對生命教育、心理教育的缺失」。林森浩的父親在接受《新聞 1+1》採訪對

7. http://www.wyzxsx.com/Article/Class4/201002/133562.html

記者說：「人家家裡面把孩子送到你學校，學校應該對孩子負起責任。」或者認為這些殺人犯是因貧困和受到周圍人的「歧視」，對社會產生仇恨。甚至認為，這是當前社會衝突和不公平的結果，社會應對此悲劇負主要責任。中國社會科學院的法律藍皮書也這樣寫道：「經濟環境差使得犯罪分子性情更加暴烈。」

誠然，教育、社會環境需要改善和提高，因為貧窮受到歧視會影響到一個人的心理狀態，社會衝突和不公平也會為一個人的暴力行為添加不穩定的因素。然而，沒有羊會突然間變成狼。「冰凍三尺，非一日之寒」。沒有誰會因為「一時衝動」、「一個錯誤的念頭」，而淪為殺人兇手。一個人的暴力種子，往往是在童年的時候就已經種下了。而種下這個種子的，往往是他們相信愛他們的父母。成年之後的暴力犯罪，只不過是他們壓抑的情感，在那一刻以不同的形式跳出來罷了。是他們童年在情感上被虐待留下的「傷疤」，沒有得到醫治，在他們成年後，將他們推進暴力和毀滅的行為。在面對突發事件時，「他們為了從自身痛苦的歷史中逃出來，只好求助於兒時學來的辦法：毀滅或者被毀滅，不惜任何代價保持茫然不知。」

暴力犯罪人最終還是為自己的暴力行徑付出代價。問題在於，當年輕的殺人犯面對法律制裁的時候，人們只會對「突然間羊變成狼」感到難過、遺憾，或者憤怒嗎？米勒博士指出：「法庭只懲罰那最後一刻的行為。而那一刻往往連接著施虐者根本意識不到的，罪犯整個早年的傷心史。」

美國知名精神科醫生卡爾‧門寧格（Karl Menninger）呼籲：「如果罪犯受到法律制裁，我們必須先問問：他怎麼會成為一名罪犯的？他的母親是什麼樣的人？」

　　他的父母可能並沒有意識到，漫長的歲月如何一點點地積澱了一個「巨無霸」的形成。許多研究記載，如果一個孩子對動物殘忍，或者玩耍的時候，爆發出猛烈的動作，毀壞玩具，不管是不是故意的，這就是一個嚴重的、心理愁苦的信號，若不干預，日後就會出現很多問題，尤其是犯罪行為等。中國的父母會描述「這孩子很猛」，那是他們看不到，當孩子無法以適當的途徑表達憤怒、焦慮時，他就會以傷害動物，或者毀壞玩具的行為，來作為洩憤的管道。

　　美國心理學家多羅塔‧埃瓦尼（Dorota Iwaniec）教授在小學生中的調查發現，有些年齡在五至十歲的小學生中，學習成績不好，至少有一門或者多門功課落後於其他學生。這些孩子與同伴的相處能力很差。他們尋求別人的關注，但是他們卻與其他同伴合不來。他們行為上具有進攻性和破壞性。為了補償遭到同伴拒絕，不惹人愛的情感，這些孩子便特別會靠近老師，或者幫助大人們做事情。這種行為在現代心理學的研究中，被識別出是與兒童情感虐待有關聯的性格發展缺陷。這樣的孩子會被大人們稱讚為「懂事」、「乖巧」、「成熟」。很多這些孩子的父母還會為此感到自豪和驕傲。

　　但在德盛歌德博士等心理學家看來，他們就是「靈魂被謀殺了的人」；屯尼爾醫生稱他們是「被打敗的人」。這些人因為童年時

期沒有得到愛，或者沒有得到正確的愛，除了在成年後身體罹患疾病，或者成為暴力犯罪者之外，心理健康同樣受到影響。

　　美國心理學家理查‧奧康納（Richard O' Connor）博士寫了一本書《消除長期的壓力》。這本書談到了憂鬱症、焦慮症與二十一世紀的疾病之間的關聯。奧康納博士展示了那些有成癮問題的成年人，大多有一個在情感上對他冷漠的父親或者母親。童年的情感創傷，不僅對身體健康不利，而且損害一個人大腦本身的結構，因此，這個人長大以後的體驗和控制情感的能力，擁有自信和穩定的自我概念的能力、身體不受心理壓力的能力、發展良好人際關係的能力、以及自我控制的能力都受到損害。他們在生活中，也會以各種各樣的形式展示出病態人格，影響人際關係，讓生活品質大打折扣。越是被忽視，越是沒有得到愛的孩子，成年以後，越是會轉向父母，或者能夠代替父母的其他人，尋求他們曾經缺少的那份愛。這些人非常容易因受到別人的批評和譴責擊敗，甚至會被別人的理解和仁慈擊敗。他們對別人的話非常敏感，非常介意，非常情緒化。有些人還因遭到來自配偶或者戀人的拒絕、分離，產生憂鬱，試圖以自殺來威脅他人，這樣的人會說：「我不想活了，我的生命裡不能沒有她／他。我太愛她／他了。」美國精神科醫生史考特‧佩克（Scott Peck）醫生寫到：「當你需要別的人你才能生存的時候，你就是那個人身上的寄生蟲。這不是愛，只是需要。」

　　喬治‧博伊德（George A. Boyd）寫了一篇〈功能紊亂的家庭〉，

描繪童年時受到情感虐待的人，成年以後表現出的各種面孔：

（1）幹將。只知道照顧別人的人。這種人若是跟不負責任的人結婚後，很能擔當對方的問題。對方賭博欠了一屁股債，或者因為酒後駕車撞了人，不論對方闖了什麼禍，出了什麼問題，「幹將」都能將它擺平，絕不讓配偶有麻煩。「幹將」也會對不負責任的配偶懷有怨恨，但是「幹將」不會袖手旁觀，而是覺得日子還要過嘛，忍不住要越俎代庖。這類人在照顧別人的同時，往往會付出跟壓力有關的疾病。他們的需要從來得不到滿足，他們就是家庭的「殉道者」。

（2）英雄。這一類人特別有責任感、事業心。他們獲取的成就給了家庭驕傲和自信的源泉，使得家庭能夠掩蓋「功能紊亂的和諧」，繼續運作下去。但是，在他們的內心裡，有著說不出的負疚感，總覺得自己做得不夠，沒有能夠解決家庭的問題，他們心裡那種要成功的強烈動力，往往驅動著他們工作像拚命三郎，也患上跟壓力有關的疾病。他們對父母的孝心，得到外界的稱讚，成為孝順的典範。他們的內心感覺孤獨：沒有辦法表達自己真實的感受，也沒有辦法體驗親密的關係。但他們是家庭的「靠山」。

（3）替罪羊。這類人的特點是，在家人看來，他們是不聽話，麻煩不斷的人。他們內心其實很受傷：他被父母忽視了！家

人並不關注他，也不看重他。譬如，父母喜歡男孩子，或者把注意力都放在家裡那個成績好、讓父母得到榮耀的孩子身上。他們沒有能夠像「英雄」一樣，討父母喜歡。結果，他們破罐子破摔——反正我不好！做盡讓家人傷腦筋的事情，以叛逆的行為，成為家裡數落的對象。「本來這個家庭挺好的，就是這個傢伙搞得全家不得安寧！」這類人在外面倒是很有領袖才能，他們的聰明能控制別人，也討人喜愛；但他們往往被視為家庭的「頭痛」。

（4）沒人要的孩子。這類孩子的特點是害羞、安靜、孤獨。他們完全被父母和家人忽視，所以他們覺得自己是外人。他們要不是到外面找朋友，就是生活在自我想像的世界裡。他們不善與人溝通，也不會跟人親密，但他們的身體卻會用生病來吸引父母的關注。長大以後他們也難以交到朋友，難找對象。

（5）開心果。他們的「小丑」或者「多動」表現讓大家都開心。他們可能被溺愛，但是內心有很多焦慮和恐懼，長大了也不會成熟。遇到問題不會解決，而是裝瘋賣傻，或者改換主題。他們會讓朋友們開懷大笑，但是他們容不得別人的批評和拒絕。他們表現出的狂熱的社交活動，其實是一種抵抗內心焦慮和緊張的防衛性機能。

（6）小情人。視孩子為「小情人」可以用文化習俗當「擋箭

牌」，但這是家庭情感和心理一種極度的不健康表現。心理學家叫這種情況為「情感亂倫」：孩子成了父親或者母親情感上的依賴對象。這個後果是，孩子為了滿足父親或者母親的情感需要，犧牲了童年，因為這個孩子必須隨時為父親或者母親提供情感服務。

（7）能人。這一類人以他們的才幹，養活著一大家子人。他們有超強的責任心，夾雜著負疚感，總認為做得不夠。為了家庭，他們可謂付出一切，往往讓自己精疲力竭。家人對他們的付出並不是太感恩，有點理所當然的味道。他們就成了工作狂，並且試圖從工作中和家庭之外，滿足自己情感需要、自我尊重的需要、愛的需要、所屬感、自信心和實現自我的需要。

過去，一個家庭大多有幾個孩子，每個孩子擔當一個角色。而現在，出生在不健康家庭的獨生子女，不得不擔當以上所有的角色；同時扮演這些角色，或者輪換著扮演這些角色。而他們做了父母之後，又將他們自己扮演過的角色統統傳給下一代！這可以是一個永無止息的「家庭發展缺乏症」的惡性循環：一代傳一代，一代不如一代。

兒童所遭受的情感虐待，是一個怎樣的過程？美國心理學家查理斯·懷特菲爾德博士（Dr. Charles Whitefield）、米勒博士等人的研究可以總結為以下圖表：

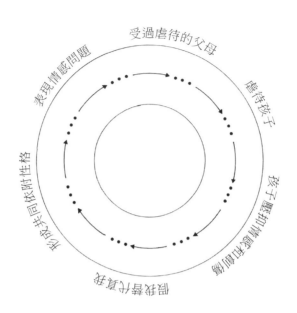

（1）父母自己受過傷害，感覺沒有足夠的能力，沒有得到滿足。

（2）於是，受過傷的父母不是去滿足孩子的需要，而是通過虐待孩子來彌補和滿足自己的需要。這不是說，父母不愛他們的孩子；他們想要愛孩子，但是父母自己在童年也沒有體驗過愛；不管他們如何聰明，不論他們的動機如何為孩子好，他們沒有辦法給孩子自己沒有得到過的。

虐待孩子的方式可以是溺愛；也可以是把期望寄託在孩子身上，來完成自己未能完成的夢想；或者讓孩子擔當大人該當的責任；或者通過懲罰、不理睬，以及控制的手段，將

恐懼植於孩子的心中。

（3） 這些愛的方式對孩子是一個痛苦的經歷。但是，孩子害怕失去父母的愛，為了安穩父母，得以生存，於是孩子學會了討父母的喜歡，壓抑自己的情感。漸漸地，孩子變得不會體驗情感，說不出他是在妒忌、生氣、羨慕、孤獨，還是焦慮。

除了壓抑情感，還要壓抑所有心理創傷的記憶；否認父母的能力不足和虐待，幻想著父母完美的形象。（如，「我真的做得好，他們就會愛我，就不會討厭我或者拋棄我。」）因為壓抑情感和創傷記憶，於是孩子便將父母理想化了。長大以後，他能做的就是把否認早年沒有得到愛，來作為他的精神防禦。

（4） 壓抑情感和心理創傷的結果，使得孩子真正的自我受到傷害，在心理上無意識地把「真我」藏起來，去討好父母，減少痛苦，這樣才可以生存。於是，一個「假我」便冒出來替代了「真我」的位置。這個盲點就形成了。

（5） 慢慢地，這個孩子開始使用「假我」，隨著年齡的成長，孩子把父母的標準當成自己的標準，把父母的讚揚、批評、懲罰都吸收和儲存在自己的心裡，並且養成了習慣；而習慣一旦養成，就塑造性格，導致更進一步的自我欺騙。孩子完全意識不到，自己為了滿足父母的需要，自身性格

發育的缺陷——由此形成「共同依戀」的基本性格特徵。

有這種性格的人，非常看重外面的東西，忽視了自己的內在方面。

「共同依戀」的性格可以有多種表現。其中，人們現在最熟悉的性格之一就是自戀。

自戀使一個成年人表現出兒時的性格特點。他的想法和目標常常超越他的能力。他的失敗又讓他感到自己沒有用、很無助。他沒有自信心，完全依賴別人對他的讚美和誇獎來讓他感到自信。因為他相信，讚美和誇獎他的才幹、美麗和成功就是愛他。他把高於別人的形象和特別的才能，當做他安全感的來源。所以，儘管他認識到這個形象是假的，他也必須維持住這個形象。如果有人糾正他的錯誤之處，他會覺得受到威脅，因而會表現出憤怒無比並且回應激烈。自戀的人無法體驗情感，也無法發展成熟的性格。這就導致他們永遠依戀父母。因為他們沒有辦法依靠自己的情感，也不知道自己真正需要什麼，他永遠都會在生活中尋求認同感。下面這些在文章中常出現的句子就反映出一個人對於認同感的渴望：「進入公司後，他努力工作，不久就贏得了大家的好感。」而實際上，這個人是在尋求早年被父母否認的認同感而已。

「共同依戀」的性格特徵，往往是日後生活失敗的前提。因為這樣的人，對於應對環境的變化會感到很困難。然而，現代社會往往看中一個人的技術能力，而大多數人可以正常地工作，所以忽視

了在他們與人的關係方面，以及把握生活和關愛方面感到困難。因為與原始原因分離，這個成人的憤怒、無助、絕望、渴望、焦慮和痛苦等便在對別人的暴力行為中表達出來，或者通過成癮、酗酒、賣淫、心理疾病、自殺等自身的行為表達出來。這些人成為父母之後，他們便會把自己的孩子當做替罪羊，把他們兒時受過的虐待報復在自己的孩子身上。

所有的父母都聲稱他們愛孩子。但不是所有的父母都有能力愛孩子。這些孩子們為著他們父母以愛為名的無知和殘酷，付出了代價，也令整個社會為此不可避免的災難買單。不幸的是，這個兒童情感虐待的盲點，受到傳統文化價值觀的縱容和保護。結果，社會被扭曲的父母之愛的概念誤導，使得對孩子的情感虐待一代又一代傳下去。而這個社會付出的代價，就是共同的幻象和欺騙。最後，父母和社會哀嘆：我們拿什麼拯救下一代？奧康納博士就兒童情感虐待的問題忠告人們：

人們應當意識到……情感虐待非常的普遍，不是人們可以很舒服地承認的……人們認為文化中「正常」的，可能在實際上與正常的資料相距甚遠。

走進生活與發現

侯耀文是中國人熟悉的著名相聲演員。他有過三次婚姻，最終以悲劇收場。五十九歲時，突發心臟病去世。侯耀文逝世五周年之

際，弟子們為紀念他組織了《笑聲中的回憶》的系列演出。演出的發佈會結束後，侯耀文的兄長侯耀華在接受記者採訪時說：「我用三句話來評價我弟弟的一生，他在相聲的藝術道路上非常成功，在生活上是個能力較低的正常人，在感情上是個失敗的人。」誰都希望能夠成為生活幸福的主人；然而，因為「生活能力低」和「感情上失敗」，許多人像侯耀文一樣，無法為自己的幸福做主。

　　婆媳問題引起的婚姻衝突最具中華文化特色。當一對感情很好的夫妻因為婆媳關係不好，發生婚姻衝突時，丈夫往往不惜一切代價，不論青紅皂白地維護他的母親。他可能會指責妻子胡鬧，或者妻子不理解他；他甚至會為自己的軟弱，不能夠讓母親開心感到內疚。很多時候人們以為這是文化的原因。當然，文化上的因素的確保護了男人的「護母情結」；從心理學的層面上說，是男人的母親給成年兒子心裡製造了一個永遠也不敢打開的房間。裡面藏著的，是他從小就儲存起來的羞恥、恐懼、負疚等等。一旦妻子在毫不知情下，不小心打開了那扇門，所有的鬼精靈都跳出來；而她可憐的丈夫，根本就沒有勇氣，面對這些邪惡——來自他的母親從小給予他的心理、精神上的傷痛。他對妻子言行的激烈反應，並非真正在維護他的母親，這一類男人要麼害怕母親，要麼在心底裡恨惡母親。他們在很多時候，把對母親的負面情感反射到妻子身上。他們的潛意識裡不斷地攪動著曾經的傷痛，但他們的意識會告訴他們：我怎麼能說母親不好？我有責任和義務讓母親開心。他意識不到正

是母親給他製造的，存在那個「房間」裡的古老的情感創傷，毀掉了他的婚姻關係，影響了他和妻子的幸福。

這個真相讓「孝文化」給掩蓋得嚴嚴實實。

米勒博士在她寫的《遺忘的往事》一書中說：

童年時代沒有在情感上被虐待過的人，會以現實的眼光看待父母。但是那些在情感上被虐待過的人，會壓抑自己的記憶，麻痺自己的情感，將父母理想化。

當母親對兒子用公開的，或者隱晦的言語指責兒媳的時候；或者當母親對兒子說，你離婚，給我娶一個孝順的兒媳回來！不然我死給你看！或者當母親對兒子採取不冷不熱的態度，以此態度傳遞出無言的資訊，要兒子向母親效忠，滿足母親的意願，這個時候你最能分辨這個兒子是在怎樣的母愛中長大。

童年時代沒有受過虐待的人，對母親的做法可以自由地提出不同的看法，甚至否決意見。尤其是當母親干涉了自己的婚姻關係的時候，他們會站起來保護妻子，拒絕母親的控制。但是那些在情感上受過虐待的人，只能壓抑自己的記憶，淡漠自己的情感。他們沒有能力解決內心的創傷，而是將母親理想化。

美化母親有著全球性的文化因素，但是，心理學已經展示給人們，美化母親的原因其實在一個人生命最初的那幾個月裡就已經形成了。那些在小的時候沒有得到多少母愛的人，會更加強烈地，甚至不惜任何代價來將母親理想化。安‧達利醫生在她的《創造母

愛》一書中，把深入細緻的歷史研究與心理觀點結合起來，解釋了
將母親理想化的原因：

孩子愛媽媽，並且投入了很多情感，也需要媽媽的愛。同時，
孩子需要媽媽刺激他能夠發展他的愛的能力。如果媽媽不能滿足孩
子的需要，或者沒有能夠給孩子正確的刺激，孩子對生活的熱愛就
變得沒有意義。因此孩子會從對媽媽的愛和情感中撤退出來，並將
這份愛與情感轉向他內心那個媽媽的形象。他把這個形象分成好壞
兩個部分，把他的注意力都集中在好的部分，然後無限放大這個
形象。而那部分壞的形象，他會給予否認，並且將之轉移到別的
地方。這樣，他愛的是有著「理想」形象的媽媽，而並非真實的媽
媽。既然後來成人後的關係都是隨著最初跟媽媽的關係來的，那些
人在日後的生活中，也會重複這個模式，把其他人、物、機構等理
想化。這是他們唯一能夠避免最初從母愛中撤離的那種無助和無望
的情感；唯一能夠避免面對對媽媽混雜在一起的、又愛又恨的情
感；這種情感是他們在對外人潑灑情感之前，早就該面對的問題。

很遺憾，這種人往往沒有能力管理自己對母親愛恨交織的情
感；他們強迫自己相信：我媽是偉大的母親。我無法接受和容忍妻
子對我母親有任何負面的看法，所以我要保護母親不受傷害。他們
當然不知道，他們以婚姻關係和幸福為代價所保護的，不過是那個
「理想」形象的媽媽不受傷害而已。

達利醫生認為，現在西方社會把父母，尤其是母親理想化的情

況，與十九世紀不同。二戰之前，美國對於母親的理想化在濃烈的道德和宗教味道中，充滿著不切實際、異想天開的描寫。母親因著偉大獲得讚美。現在對母親的理想化則從心理學的發展，強調重視家庭、母愛、母親與嬰兒的依戀關係，以及對孩子的照顧。現代心理學的研究和發現，更加依據於孩子的身心靈健康發育，是否有能力調節生活，把握自己的幸福。相比之下，中華文化對於母親的理想化仍停留在「道德和宗教氣氛裡的異想天開」階段。在中華文化中對母親的讚美和稱頌，大多是空洞、抽象的和情感化的語言。

當西方人跟著心理學的發展，探索母親如何在日復一日的生活中，一步一個腳印地，讓孩子在心理和情感健康方面奠定堅實的基礎，預備孩子進入社會的時候，今天的中國人，仍然還在閉眼高唱：「啊！母親，您的愛像春天的甘露，像燃燒的火焰。啊！燭光下的媽媽，您為兒女燃燒和犧牲了自己……」

達利醫生介紹，那些由保姆帶大的孩子更加趨向於把母親理想化。因為他們沒有機會審視到底有一個什麼樣的母親，他們帶著對母親的理想主義進入成年，在他們的性生活和與女性的關係中，產生極大的影響。達利醫生的研究結果，正是中國五十到七十年代出生的人成長經歷的寫照。在那個時代，孩子大多數由保姆，祖父母或者其他親戚帶大的。而他們的婚姻衝突原因，也與八零後和九零後的人不同，前者誓死捍衛和效忠母親，後者的婚姻問題多因為自己的利益受到影響。

在解釋把母親理想化的本質時，達利醫生寫到：

理想化可以說是對某人或某物又愛又恨的混合情感。恨在意識中被忽視了。愛是不現實的，因為與恨分離開來，但實際上卻是糾纏在一起分不開的。因此就變成幻覺——由扭曲的或錯誤的看法支撐著的幻覺，用來防範恨從無意識中轉到有意識中。如果有人指出他的愛裡其實也伴隨著恨，那人一定會爆發不可避免的憤怒來作為回應。

既然理想是建立在幻覺上，把母親或者其他人理想化是非常有害的。被理想化的人不可能以一個真實的人，或以「完美」的方式，來回應自己被理想化。這樣一來，對於那個將母親理想化的人是很難忍受的；所以就成了一個融合了憤怒、苦毒、空虛和無望的幻覺。

譬如，一個母親常常給兒子發送「雙層資訊」，即說的跟做的並不一致。每次兒子打電話給母親，母親都會口口聲聲對兒子說，兒子啊，我愛你。甚至會聲淚俱下地向兒子訴說，我如何思念你啊，媽很老了，怕要見不到你了等等。但是她從不過問兒子過得好不好，一句不提兒媳和孫子過得好不好。等到兒子好不容易返鄉探親的時候，母親卻沒有跟兒子好好嘮嘮家常，或者為兒子燒過一道菜，為孫子買過一顆糖；她仍然不快樂，因為媳婦「礙眼」。無論媳婦怎樣孝敬婆婆，在婆婆眼裡，那是「應該的」，還「做得不夠」，還要「繼續努力」；實際上是母親把媳婦當做敵人，容不得

媳婦活得比她好，看到兒子兒媳恩愛更令她心裡不舒服，更覺得媳婦阻擋了他向兒子索要她想要的。她非常善於在兒子面前挑撥兒子與兒媳的關係；當著兒子的面，她會表現出跟兒媳親熱，只要兒子不在眼前，她用噴著怒火的雙眼，和因憤怒變得扭曲的面孔直視媳婦：「幹嘛不去工作？」「你享了我兒子的福啊！」她要讓媳婦知道，你就是那個阻礙了我幸福的人，我不甘心！所以她會尋找一切機會，用盡一切手段來發洩她內心的不滿，變本加厲地、無止境地迫害兒媳，這樣她才能得到一絲滿足。當她發覺兒子不能夠滿足她的心願時，她會選擇在全家人都團聚的時刻，獨自離開外出，以冷漠、拒絕的態度，或者做出其他過激的行為和舉動來懲罰兒子。

　　顯然，母親這樣的做法對男人有極具破壞性的影響。因為把母親理想化的兒子，往往選擇更加努力討母親的喜歡，不惜任何代價，保護和防範母親的形象遭到破壞。為了保持幻覺，應對悲傷，最常見的辦法就是把仇恨從被理想化了的母親身上分離出來，把他的怒氣引到別的地方。這種精神防衛技能在男人中極其普遍。除了自己無言的痛苦，他常常會把那份不想要的情感和怒氣撒向妻子身上；而妻子，除了要忍受丈夫的傷心、仇恨、憤怒、絕望等在他心理和身體上的不同表現之外，還要承受丈夫說她不能讓婆婆開心、導致母親對兒子疏遠和冷漠的指控。

　　其實大多數男人在意妻子，但是在很多情況下，僅僅提到母親這兩個字，就有可能打開他們心中不敢看的房間，讓他感到驚慌失

措，無地自容，使他的情感火山就此爆發；而妻子就成了受害人的受害人——感情失敗，婚姻關係也沒有親密可言。

「生活能力低」的表現方式之一就是無法區別愛。「烏鴉和狐狸的故事」解釋了無法識別愛的意義。烏鴉站在樹上，嘴裡叼著一塊肉。在樹下轉悠的狐狸看見了，就打起這塊肉的主意。於是狐狸開始和烏鴉講話，可是烏鴉就是不開口。狐狸腦子一轉，讚美起烏鴉的歌喉是多麼動聽：「你的歌聲好美啊！」於是烏鴉張開嘴巴，那塊肉一下子掉到地上。狐狸立刻銜起肉，一溜煙跑開了。

這隻自戀的烏鴉，因為狐狸的讚美和奉承，丟掉到手的那塊肉。自戀的人往往聽到讚美和奉承而犧牲自己，因為他以為這就是對他的愛。中國經常有報導說，有些女性經受不住對方的讚美，與別的男性發生網戀等，最後這些女性往往昏頭昏腦地為對方提供經濟支助；同時在家裡卻忽略照顧自己的孩子和丈夫，最後雞飛蛋打，既遭人拋棄，又失掉婚姻。有的甚至丟掉性命。最重要的，是自己的孩子也飽受情感創傷。

「東郭先生和狼的故事」是家喻戶曉的寓言故事。好心的東郭先生，救活了一隻奄奄一息的狼，結果那隻狼「恩將仇報」，差點把他吃掉。有一位現代版的「東郭女士」就為自己的「好心」搭上一輩子幸福的代價。她試圖用「好心」去改變一個劣跡斑斑的人。被她「捂熱」的狼整年在外面花天酒地、惹花惹草，甚至當著她的面，還帶情人回家。而這位「東郭女士」不得不日夜工作，一個人

風裡來、雨裡去，在貧窮和焦慮中，撫養著她的孩子。在這樣一個不安定的家庭裡長大，她的孩子有的患有憂鬱症，有的早期叛逆。

在現實生活中，仍然有不少好心又糊塗的「東郭先生」，傾力幫助有困難的親戚、朋友等，最終慘死在最信任的人手裡。道理都一樣，他們缺乏辨別是非的能力。

中國人常有「不知好歹」來形容一個人識別不出，並且踐踏別人對他的好心好意。艾爾弗雷德阿爾德在他的《認識人性》一書中寫到：

父母對孩子正常的愛不能夠正確表達的話，會對孩子的身心發展產生嚴重的後果。孩子的態度變得凝固了，他無法識別出愛，也無法正確對待愛。這是因為他對於慈愛的本能方面，沒有得到發展。在一個慈愛沒有得到正常發展，或者也沒有任何表達愛的家庭裡長大的孩子，也沒能力去愛別人……尤其是那些在家裡受到諷刺的孩子。這樣的孩子非常害怕表露情感，因為他們會認為，那樣做滑稽可笑，而且懦弱。他們把正常的慈愛，當成想奴役他們的工具來對抗。

仁慈本是男人的美德，但有些妻子因為無法識別出愛，把丈夫的慈愛看作是無能、軟弱，不僅不尊敬丈夫，反而報以譏笑和嘲弄。「我這麼倒楣！嫁給你這樣的窩囊廢！沒有一點上進之心。看看人家的男人，跟你一起畢業的，早就當了局長，而你還是個職員！我真是瞎了眼！」有一個丈夫考慮到妻子生下孩子後很辛苦，便要妻子留在

家中帶孩子。對於丈夫的愛意和關心,這位妻子反駁道:「萬一你被炒掉怎麼辦?再說,我的朋友們都已經買了房子,到現在我們還是租房住。多沒面子。我要是辭去工作,我們什麼時候才能買房啊?再說,我父母辛辛苦苦供我讀大學,難道就是給你做家庭主婦嗎?脫離社會久了,我的學業也就荒廢了,那個時候,你不要我,我怎麼辦呢?所以,我不能沒有自我!」結果,工作的繁重、家務的繁忙等,使得這位女士疲憊不堪,與丈夫之間的話語越來越少,而她的脾氣倒是越來越大,最後正如她所擔心的,丈夫真的離她而去。

有一戶人家看到鄰居有個小孩子很孤獨,於是老夫妻倆常常在放學以後陪這孩子一起做功課,一起玩;也很想與孩子的父母溝通,把這孩子的情況講給他的父母聽。這孩子的父母都是有錢的商人,他們把鄰居對孩子的善心不當回事,以為人家有求於他,或者是想巴結他們。因此,在社區裡跟人家見面,愛理不理的樣子,有時甚至連招呼都不打。

那些在溺愛中長大的孩子,認為「愛我,就是要滿足我的要求」。別人為他做了九十九件他滿足的事情那是自然的,但只要有一件事沒有滿足他的要求,他就會認為人家不愛他。常常有一些戀愛中的女孩子抱怨自己的男友:「你根本就不愛我!不然為什麼不給我買我喜歡的那款衣服?那款車?」

不能識別愛,就沒有能力愛,也沒有能力被愛,這就導致成年人常常在生活中做出錯誤的選擇。也就是說,一個人明明知道這個決定

會給自己帶來不利的後果，但仍然一意孤行。最後因為一而再、再而三的錯誤，導致對生活感到失望，有時，還會導致生活的悲劇。

　　珍珍和弟弟就是一個例子。父母都是專業人士，在社會上有很高的威望。但是父親有些重男輕女，從未很好地關心過珍珍。母親對她也是冷語相加，或者就當家裡不存在她一樣。弟弟明明是媽媽的心肝寶貝，也是媽媽的「小男人」。當明明還很小的時候，就懂得安慰傷心的媽媽，每當媽媽向他抱怨父親不顧家的時候，明明總是對媽媽說：「我長大了一定照顧您。」

　　珍珍讀大學的時候，愛上一個比她大得多的男人。害怕父母反對，她偷偷與對方交往。其間做了三次人工流產，但那個男人最終還是娶了別的女人。之後，珍珍不顧朋友的反對，匆忙與一位認識不久的男人結了婚。這場婚姻最後以離婚收場，珍珍成了一位單親母親。

　　明明在事業上很成功，也幸運娶到一位知書達理、善解人意的妻子。夫妻恩愛，只不過明明不知道如何控制情緒，一點小事就生氣，倒是妻子不得不忍受他的壞脾氣。

　　阿德勒博士說：「經歷並不會讓每個人都變得聰明。」在對待生活的挫折上，那些童年受過虐待的人，則一錯再錯，生活一塌糊塗。有一首歌《容易受傷的女人》曾經很流行。這個「傷」指在男女關係中的情感和心理上的傷痛。只要簡單思考幾個問題，就可以理解它的意義：為什麼女人會缺少女人味？為什麼她們會輕易地上當受騙？為什麼她們沒有勇氣走出被虐待的關係？為什麼她們沒有能力保護

自己和孩子？為什麼她們總是一錯再錯？為什麼她們總不能夠吸取教訓？學到經驗？只要追索她們的生活經歷，就能看到，她們每一個人都有一段被忽視、虐待的童年史；就能看見他們童年留下的「傷疤」。雖然這些人很聰明，事業上很成功，但是他們個人的生活和人際關係往往是「一塌糊塗」。他們沒有辦法為自己的幸福做主。用米勒博士的話說：「是殘酷的親子關係形成的無法扭轉的後果。」

門寧格醫生也描述到：

人不是一下子「滑」進麻煩裡——憂鬱、強迫症、焦慮、酗酒、變態、慢性病等所有自我毀滅的形式。他們掉進麻煩是不可避免的、預先定好的軌道。

「剩女」是在中國出現的一個新的、帶有歧視性的辭彙，指的是年齡超過三十歲，還沒有結婚的女性。根據「百度網」的統計資料顯示，2009年在北京的「剩女」保守數字是五十萬人。有些機構的統計數字更高，譬如《海峽時報》公佈的數字是八十萬人。

大多數「剩女」來自中產階級的家庭，追求事業成功。百度網用以下這些辭彙總結她們的性格：個性強、自私、自戀、依賴父母、有自殘的心理、女權主義思想、自視過高、有潔癖、受挫力差、總認為自己優秀等等。最多的評論指她們難以與人相處。孤獨常常導致她們錯誤地選擇配偶，或者出現其他的問題。

「啃老族」也稱「吃老族」或「傍老族」。他們並非找不到工作，而是主動放棄了就業的機會，賦閑在家，不僅衣食住行全靠

父母，而且花消往往不菲。「啃老族」年齡都在二十三～三十歲之間，並有謀生能力，卻仍未「斷奶」，得靠父母供養。社會學家稱之為「新失業群體」，並且認為，這一群體將會成為未來家庭的「殺手」。教育工作者普遍認為，現在啃老族的誕生多半是因為兒時父母過於溺愛的行為而導致的。大多數啃老族因為從小依賴父母習慣了，失去了在生活中和社會上獨立自理的能力，而且也養成了懶惰和只接受別人的工作果實的習慣，因而長大了只會在父母的羽翼下生活。

「閃婚閃離」也是一個奇特的婚姻現象。最常見的是強調「要有眼緣」，要找對愛的人，而不是提高自己愛的能力。除此之外，要求對方要具備一定的素質條件，譬如身材、長相、能力等，對方要懂得「照顧自己」，還要「對父母有孝心」。心理學家弗洛姆指這樣的婚姻關係成了對等的、相互之間的交換；好像是在人格市場上買一件物品，我拿成功、潛力、地位等作為婚姻的保證金，你拿吸引力、好身段、孝順等來做一個對等的交換。看一個人是不是有「眼緣」，如同考量對方一套包裝精美的素質，在人格市場上待求或者預售，要從社會價值的立場上看看是否合格。

「老如小」這個詞的意思是說，人老了，就會像老孩子的性格一樣，變得不成熟，在感情、心理上依賴他人。有時甚至不可理喻。「老如小」的說法以前在美國也有，但是近年來的科學研究已經改變了人們對老人的這種認識。許多調查顯示，美國的老人比年輕人活得更幸福。

中國社會科學院的一項研究顯示，中國百分之八十的老人存在行為和性格問題。心理學家稱這種現象為「嬰兒化」。這是一種病態的現象。屯尼爾醫生的「生命韻律」心理學可以給這個現象一個很好的答案：「只有那些春天裡長成的葉子，才能在秋天裡落下來。」「沒有童年，就沒有成年。」

中國有部電視連續劇《金婚》，描寫一對夫妻自從結婚起，就經常因為一點點小事爭吵不休；到了中年，他們便開始冷戰。兩個人就這樣在痛苦中，生活了五十年。所幸的是，老了以後，倆人明白並且學會了互相關心和照顧對方，最後能夠在一起慶祝他們的金婚。

這部電視劇很典型地反映出中國夫妻那種「亞婚姻」狀態，劇終的幸福是許許多多人的夢想。在現實當中，並沒有多少電視劇中的奇跡發生，許多夫妻在老年時儘管仍保持婚姻關係，但生活得不如意。各種各樣的疾病、當年沒有從配偶那裡得到的滿足、對配偶的怨恨等等，都透過身體上的病痛，和時時不斷的抱怨中反映出來。

這部電視劇製造了一個幻覺，以為婚姻可以隨著時間的推移，自動「磨合」，達到幸福。一個婚姻破裂的女士對輔導師說：「我也可以等五十年。」這只是自己欺騙自己。走進生活就不難發現，且不說誰也無法保證可以活到金婚的年齡，到了金婚的時候，有多少夫妻的感情世界轉瞬間變得美好起來？有多少人有能力、可以為自己的幸福做主？暮然回首，是否看見，那隻「推動搖籃的手」，在不經意間，把多少孩子「搖」進了未來痛苦、無奈的生活當中呢？

代代相傳的「魔咒」

有一位女孩朱珠在網上講述了自己的故事。朱珠的媽媽還是少女的時候生下朱珠，迫不得已將剛出生的朱珠遺棄在醫院裡。朱珠被一對好心的聾啞夫婦收養。十六年以後，長成美少女的朱珠，用自己「隨意的愛情，釀就了一杯從此跟隨她一生的苦酒，重演了媽媽的悲劇」。朱珠感言：這是怎樣的生命輪迴！我的孩子以後怎麼辦啊？

用句佛教的話，這當然是生命一次沉重的輪迴。這個概念在心理學和神學裡，稱作「世代相傳」，大衛．斯尼德醫生（Dr. David Sneed）把它叫做「家庭化學」，喬爾．柯維茲醫生（Dr. Joel Covitz）稱它為「家庭詛咒」，美國作家楊腓力（Philip Yancy）叫它「家庭精神基因缺陷」。用電腦的語言，叫做「設計好的程式」，中國文字則用「烙印」二字來表達同一個概念，現代有一句流行語叫「魔咒」。雖然名稱不同，意思都指的是家庭關係的模式，即家庭生活的內容，包括關係模式、行為模式、生活方式、溝通方式、情感特徵，以及信仰、價值觀、態度等等都傳給了下一代。

希伯來聖經裡創世紀中的亞伯拉罕一家，展現了家庭遺傳的一個畫卷：

撒謊的習慣：亞伯拉罕在面對可能遇到的危險時，曾經為保護自身的安全兩次撒謊，宣稱妻子是他的妹妹。這樣的情形在他的兒子以撒身上重演。以撒的兒子雅各更是一個撒謊專家。到了第四

代，雅各的十個兒子把小弟弟約瑟夫賣了之後，共同向父親撒謊。

對子女偏愛：亞伯拉罕偏愛小妾生的長子以實瑪利；亞伯拉罕和正室生的兒子以撒娶妻生子之後，偏愛長子以掃；第三代人雅各又偏愛小兒子約瑟夫。

家庭不和：兄弟之間的競爭和關係緊張與破裂在亞伯拉罕家族中持續了三代人。亞伯拉罕的長子以實瑪利和同父異母的弟弟以撒老死不相往來；以撒的兒子以掃在弟弟雅各騙走了屬於自己的祝福之後，和雅各公開成為敵人；最後，雅各的兒子約瑟夫被哥哥們賣到埃及，大部分的成年生活與哥哥們沒有聯繫。

在以色列人剛剛形成一個民族的時候，上帝就告誡他們：「耶和華，是有憐憫的有恩典的神，不輕易發怒，並有豐盛的慈愛和誠實。為千萬人存留慈愛，赦免罪孽、過犯和罪惡；萬不以有罪的為無罪，必追討他的罪，自父及子，直到三四代。」（出埃及記：34：7）上帝告誡做父母的，選擇怎樣的生活非常重要，他們的罪會殃及後代。但人卻聽不進去。大衛王在聖經裡被稱為是一位對上帝忠心不二的人。他也是以色列民族最傑出的領袖之一，一生寫了許多的詩篇，創作了不少音樂作品。他在中年時曾與長相漂亮的拔士巴通姦，並且謀害了拔士巴的丈夫烏利亞。他還用權力，掩蓋自己的行為。聖經記載：「大衛所行的這事，耶和華甚不喜悅。」（撒：11：27）此後的若干年間，大衛的家庭乃至整個以色列國都受到牽連，

最終導致一個曾經強大的王國覆滅（撒下：13: 26-30; 18: 14, 15; 列王記上：2: 23-25）。

在精神追求上，大衛王的兒子所羅門王雖然為上帝建造了一所雄偉的宮殿，但他對上帝不再像他父親那樣忠心，他既敬拜上帝，也敬拜其他文化的神。大衛的孫子耶羅波安完全置上帝於腦後，轉向參拜周圍文化的神。

在性取向上，大衛王妻妾成群，還忍不住霸佔士兵的美貌妻子。他的長子暗嫩強姦了與他同父異母的妹妹他瑪，小兒子所羅門擁有七百位妻子和三百名妾。所羅門的兒子耶羅波安也不甘落後，擁有眾多美女。

在家庭關係上，兄弟間的競爭與不合一代比一代惡劣。大衛的兒子押沙龍謀殺了強姦自己親妹妹的兄弟暗嫩；從此大衛家族四分五裂。後來，押沙龍反叛，一路佔領耶路撒冷，還試圖謀殺自己的父親，導致內戰爆發，兩萬多人喪生。所羅門的兒子耶羅波安更是離譜，最終導致以色列十二個支派分為南北兩大陣營。

很多時候，當人們想到「代代相傳」這個詞的時候，會想到一代人繼承上一代人某些疾病的基因。事實上，人的基因與健康的確有關係。醫生為病人做檢查的時候，總是先要查清家族病史。人生理和基因的元素不僅與高血壓、癌症等疾病有關，研究人員還發現孩子會繼承父母的性格。成年人對待負面情感的態度與處理方式往往與父母同出一轍。對孩子的需要不敏感、沒有回應的父母，會發現他們

的父母對待自己也是如何。正如美國醫生和心理學家卡爾·榮（Karl Jung）講的：我們的身後連著父母，前面連著我們的孩子；通過孩子的孩子，連接著我們看不見的——但卻必須在意的未來。

這個「必須在意的未來」，正是因為一時看不見，造就了無數的家庭悲劇。許多年前，一位在外地工作的先生有了外遇，但是留守在家的妻子和六個孩子都一直被蒙在鼓裡。後來「小三」要求轉正，這位先生為了保住飯碗和社會地位，不得不騙原配離婚，算是給「小三」一個交代。然而，他的家人還是發現了祕密；而已經「轉正」的「小三」也不甘示弱，對他嚴加防範，使他沒有機會與家人聯繫。

他對妻子和家人的背叛，不僅傷害了他們的感情，也欺騙了他們對他的信任。同時，因為父親的行為，街坊鄰里對他們指指點點，讓他們不得不加倍承受心理和情感上的重擔。幾十年彈指一揮間，這人的孩子們都已長大。他也在鬱鬱寡歡中過世。但是他種下的背叛和仇恨的毒瘤，卻在他的後人中蔓延開來，形成了一個分崩離析、充滿了紛爭的家庭環境。

在這個家庭中，三代人之間在幾個方面呈現出相同性：

（1）關係模式：子女之間沒有信任，互不關心，無法形成和保持親密的關係。彼此幾乎沒有正常來往，並為此在暗中較勁。

（2）情感模式：怒氣、仇恨、恐懼、憂鬱、焦慮、放縱、苦毒、幼稚等都透過他們的婚姻關係和家庭中呈現出來。但是他們自己識別不出，也表達不了情感。

（3）溝通模式：互相之間妒忌、猜疑、批評、指責、羞辱、隱瞞。他們還將這種模式帶到各自的婚姻關係中，造成婚姻的不幸，也意識不到對各自配偶的傷害。

（4）生活模式：六個子女中，有半數因為背叛配偶，或者遭配偶背叛導致離婚。沒有離婚的三個子女，患有憂鬱症、邊緣性人格障礙和強迫症等，直接影響到他們的婚姻關係和家庭幸福。

這人的兒孫輩們，就這樣演繹著父輩悲劇式的生活。

這種悲劇式的家庭關係遺傳模式，正在越來越多地得到現代科學的驗證與發現。家庭系統學就是研究家族史對於人的健康、行為、關係的影響，近年來這一學科的理論被介紹到華人社會。

家庭系統學的發展向人們展現出，人的行為模式、思想模式，以及對待金錢、成功、健康、人際關係、人生態度等理念，都受到家庭環境的影響。從虐待兒童到酗酒，從自私到貪婪，從自戀到邊緣性人格障礙，從家庭分裂到兄妹較勁，從離婚到婚姻失和，父母可能感覺不到自己的罪孽，但是他們的罪卻會在日後刺痛他們的軟肋——他們的孩子和孫子，可怕的後果一代傳一代。

「酒鬼家裡出酒鬼」這句話原本來自對生活的觀察，但是在過去的幾十年裡對家庭組合、雙胞胎、收養家庭的研究發現，基因在酗酒的遺傳作用中扮演了重要的角色。孩子不僅難以抵抗酒精的誘惑，自己也成為酒鬼；很多時候因為酒精損害了嬰兒的大腦神經發育，造成各種各樣的生理缺陷。神學學家艾倫·懷特（Allen

White）在她的《時代的衝突》系列叢書中寫到：「父母不僅要對孩子的暴力行為以及變態的慾望負責，更要對成千上萬聾啞、盲童、病孩以及呆癡孩子負責。」

研究人員還發現，愛賭博的父母，尤其是又愛賭博、又愛喝酒的父母養大的孩子，在賭博、酗酒、抽煙、吸毒等方面，比在其他家庭中成長的孩子有更高的比率。

成癮是家庭遺傳最常見的一種類型。根據AFWI對於兒童期的研究報告，在壓力之下成長的孩子，成人以後在應對困難、焦慮以及情緒方面有極大的困難。這個成人孩子於是便會用成癮的方法來讓自己好過一點。美國Maaatricht大學湯瑪斯・朵門（Thomas J. Dohmen）教授和同行發現，父母對待風險的看法、對待世界的看法，譬如信任感，都會傳給孩子。保羅・阿默（Paul R. Amoto）根據離婚與婚姻失和的統計資料分析，發現父母離婚會增加子女離婚的比率，婚姻失和的其他類型也同樣增加後代表現出相同的行為，影響保持親密關係。

許多研究發現，童年時期曾受虐待過的人，成為父母之後，往往會以同樣的方式虐待自己的孩子。因為他們不知道如何處理自己的情感，所以往往把壓抑的情感發洩在孩子身上。門寧格醫生寫到：

父母對待孩子的方式，通常會像他們的父母許多年前對待過自己的方式。父母從而報復了曾經受到的侮辱與痛苦。不過，這樣的父母識別不出他們行為中的仇恨。他們用最受尊敬的理性來解釋和

維護自己的立場。

　　柯維茲醫生發現，家庭關係模式的惡性循環始於孩子得不到愛，或者得不到正確的愛，孩子的需要得不到滿足，孩子就會變得沮喪、憤怒或者憂鬱；同時，孩子會試圖贏得父母的關愛和認同。孩子對情感上的壓抑會以不同的症狀表現出來，譬如自戀型人格、「我先要」的人際關係態度等。這種思維和行為就傳給了後代。下一代接著發展相同的模式——對孩子的需求沒有回應、缺乏敏感；產生相同的模式應對負面的情感、壓力，以及處理人際關係。在《人性：神學與心理學的觀點》一書中，美國教育學教授霍華德‧帕森斯（Howard L. Parsons）談到人需要紮根在愛中才能成長。他寫到：

　　在孩子成長的過程中，父母沒有能夠給孩子提供一個具創造性的環境，並非因為父母生來就很惡毒，而是因為他們自己潛在的創造能力，早已在一個敵對的環境中，為了自我防禦而消耗完了。所以他們不成熟，他們的防禦機能養成了習慣，傳給了第三代和第四代人。

　　心理學的社會學習理論認為，父母是孩子最大的模範。常體罰的父母最終會養成一個具有進攻性的孩子。因為孩子學會了這種回應的模式。例如，人對憤怒的回應大多來自童年從父母那裡學來的式樣。如果一個男孩的父親經常對男孩的母親發脾氣，這個男孩從小就會認為，男人應該對女人發火。如果做媽媽的經常對孩子的爸爸發火，他們的女兒就學到了，這就是女人表達怨恨的合法方式。如果一個人從小就知道，「發火」不好，他就會一言不發，絕不承

認自己在生氣。有些人發誓絕不像父母那樣發脾氣，結果剛好相反。有些人小時候看到父親毆打母親，便發誓將來娶了老婆一定會善待她！真的等到娶妻以後，他卻忍不住像父親一樣毆打妻子。有些女性小時候看不慣父親酗酒，便發誓說，長大了，一定更不會嫁給愛沾酒杯的男人。但願望往往與實際生活正相反，她嫁給一個愛喝酒的人。有的人小時候看到父親背叛母親，或者母親背叛父親，心裡很難過，他們下了決心將來要忠於配偶；但往往事與願違，在他們身上，也同樣不知不覺地發生外遇。

奇怪嗎？他們都不知不覺地走進他們曾經熟悉的生活環境。

喬治‧博伊德在〈當你在不健康的家庭裡長大〉一文中指出，當一個人沒有必須的親子關係，沒有預備使他成人的重要的東西，譬如被迫承擔父母的責任，他就從父母的行為、言語、態度中經歷了心理創傷和痛苦。一個人會因為這些心理創傷而改變，他會跟其他正常的孩子不同。有些人會在酒精或毒品裡尋求解脫，有些人則在孩子或者配偶身上重複著他們受過的虐待。有些人感覺到內在的焦慮或者憤怒，但是卻不知道為什麼會有這種感覺。

印度電影《流浪者》裡，法官痛恨小偷。在判決一名小偷坐牢的時候，他說了一句話讓小偷銘記在心：「賊的孩子還是賊。」後來那賊出獄後，偷走了法官的兒子拉茲。拉茲在賊的養育下長大，真的成為一個盜賊，又落到法官手裡。這部電影讓人看見：賊的孩子所以成為賊，是因為從小就生活在賊的身邊，每天耳濡目染，模

仿大人的式樣，漸漸成為孩子生活的習慣，不知不覺便會將大人的生活模式轉移到自己的身上。美國醫生斯尼德（David Sneed）寫到：「沒有明確的界限顯示自然在哪裡終止，養育在哪裡開始。」

對於代代相傳的魔咒，中國雖然沒有像西方那樣做了深入細緻的科學研究，但在中華文化中早有相同的說法。譬如，「有其父必有其子」、「虎父無犬子」、「狗嘴裡吐不出象牙」等。這些民間的俗語也說明了中華文化對家庭因素與孩子的身心發育，以及性格塑造關係的認識。但在對待家庭魔咒的態度上，中國人和西方人有一個很大的區別：西方人愛說，我的父親愛喝酒，所以我才成了酒鬼；我的母親是個賭徒，所以我今天也迷上賭博。這樣講把責任都推得乾乾淨淨，完全一副受害人的姿態。中國人剛好相反，中華文化教導「天下沒有不是的父母」，誰敢說父母一個「不」字，那將會被人們視作大逆不道。所以中國人很難有勇氣面對家庭成長背景，寧願把所有的事情自己扛下，帶著負罪感仰天長嘆：活得好累啊！

第二章

有毒的父母之愛

信任感的培養

中國新聞網報導：2009 年 3 月 9 日 20 時許，中國電子科技集團總體研究中心三十八歲的碩士分析師曾傑，將其領導林某騙至租房處，對他毆打、捆綁，用繩子猛勒其頸部，致林某機械性窒息合併顱腦損傷死亡。隨後他將林某的屍體肢解，並將大部分屍塊拋至北京市豐台區盧溝橋北路 96 號對面水渠內。曾傑殺死林某的原因，是他沒有拿到頭一年的年終獎，而他認為這是因為平時與領導林某有嫌隙，而林某存心整他所致，導致他起意殺害林某。2010 年 10 月 18 日，北京一中院經過開庭審理，以故意殺人罪一審判處被告人曾傑死刑。

從心理學的觀點來看，導致曾傑殺人的原因，是因為他的「偏執」：懷疑人家對他不好。這是一種病態的人格。美國精神心理學會出版的《心理障礙診斷與統計》（*Diagnostic and Statistical Manual of Mental Disorders*, DSM-IV）列出偏執型人格障礙的基本特徵，就是在人際關係中缺乏信任感。這樣的人在沒有任何根據的情況下，總認為別人的動機是要壓迫他、傷害他、欺騙他。他滿腦子沒有根據的懷疑朋友或者熟人對他不忠，不值得信任；總是害怕對別人講的話，會被

利用來對付自己。他還特別需要自己「可以信賴自己」。

信任感，就是相信或者願意相信他人的力量、善良、能力等等。這個性格特徵的形成雖然有社會的因素，但一個人的信任感，關鍵在於家庭教育。因為孩子在學習思考，以及用言語表達之前，必須先學習信任。他需要知道，在這個世界上，有些人可以信任的，有些人則不能信任。父母若沒有給予孩子注入信任感，等於給孩子心裡注入了一顆毒瘤——導致偏執性人格障礙的產生。

丹尼爾・戈爾曼博士曾任教於哈佛大學，也曾擔任美國《今日心理學》高級編輯。他寫了一本書《重要的謊言與簡單的真理》。在這本書裡，戈爾曼博士解釋了偏執型人格障礙的發展「追索到兒童時代。是小孩子在日益重複的小事情中，學到了一套特別的方法——當焦慮威脅到孩子的時候，孩子用於依賴的防禦設施。」

根據戈爾曼博士的研究，偏執型人格障礙的發展有五個階段：

（1）限制孩子的活動和想法；
（2）不顧及孩子因為受到限制而感受的憤怒，不理睬孩子的情感；
（3）父母出於好心好意限制孩子，要孩子表現出感恩；
（4）忘記一切的不愉快；
（5）成人以後把儲存起來的憤怒發洩到別人身上，並且不知道憤怒原來是出在自己身上。

在一個正常的、健康的家庭環境中，父母或者主要照顧孩子的人，會對孩子的狀態或者需要十分敏感，並且給予及時、相應的回應。這樣的孩子在成長過程中，情感就會得到如同埃里克森（Erikson）描述的，「基本信任」階段得到健康發展；孩子感覺到世界和人們是美好的。這個過程必須在孩子小的時候學到才行，在青少年階段，這個認知又得到不斷加強。譬如那個在公園裡玩耍時跌倒的小孩子，媽媽把他抱起來，幫他揉揉小屁股，擦擦眼淚，然後望著他，輕輕問他痛不痛、怕不怕；媽媽既不慌張，也不生氣，而是積極回應了孩子的情感需要，並且給予了孩子鼓勵。孩子長期在這樣的家庭環境中長大，不僅學到可以信任誰，並且懂得那些可以信賴的人，能做什麼、不能做什麼。因此，當孩子到了一定年齡，需要幫助的時候，他已經奠定好堅實的信任基礎，以及符合現實的期望。

在公園裡也可以看到這樣的情況：小孩子跟著父母親或者祖父母，在草地和操場上玩耍。有個小孩子不小心摔了一跤。他哭了起來，媽媽趕緊走上前來，拉起孩子，嚴厲對孩子說：「你這個孩子就是不聽話！叫你不要跑這麼快，你就是不聽。你就是不讓我省心。坐下來！別再亂跑了！」這個媽媽沒有意識到，她是如何將焦慮傳遞給孩子。而孩子在受傷的時候，本來是期望著媽媽能夠安慰她，揉揉受傷的腿，但是卻發現，媽媽一點也沒有幫助。他因此學到了跟媽媽這樣的人在一起，一點也不好玩：我有了麻煩，受了傷，我不能找人幫助。如果孩子連父母都無法相信，那麼，當日後

走向社會的時候，他還能相信誰呢？他只能完全靠他自己。

在這種情形下，孩子不可能發展對世界，對他人信賴的感覺，因為他不會相信需求會得到回應。所以孩子無法發展他的基本信任感。相反，面對無法滿足父母的期望，他的失敗換來的是被懲罰，被批評、被漠視，他只好對內在的情感做「冷處理」：不管孩子是憤怒也好，難過也罷，他不得不壓抑對父母的情感。他要麼把他的情感藏起來，要麼否認有任何情感，要麼把情緒發洩在自己身上。因為他內心的情感，對於如何應對外在的環境，已經顯得毫無意義。作為一個孩子，他沒有學到人是可以信任的，他學到的是人會讓他失望，給他帶來更多的傷害。如果他把情感發洩在自己身上，他一輩子都會覺得自己是個沒用的人。一次又一次類似的事件發生之後，這個孩子就學到，當他有了難處，尋求幫助的時候，他甚至希望一開始就沒有求助。如果孩子求助的人是父親或者母親，那情況會更加糟糕。所以他寧願相信：「世上從來就沒有什麼救世主，我只能靠自己！」即便這個孩子學會了遵守規矩，他仍會是一個孤獨、無助、絕望的人，他的適應能力很差。有的孩子習慣了要靠否認自己的需要來迎合父母的控制，於是會在別的方面發洩情緒，譬如在遊戲中表現出猛烈、具有進攻性的動作；或者會以破壞玩具來報復他儲存的焦慮和對父母的憤怒。

伊迪斯‧魏格特（Edith Weigert）是一名精神科醫生。她論述到沒有信任感，對孩子身心發育有極大的害處：

首先，情感上的高度孤立會導致生活的悲劇。一個孩子太孤獨、太焦慮，很難適應周圍的環境。成人以後，也很容易讓壓力和困難擊倒，成為神經質的人。因為他的精力都用在內在的掙扎上面，他會遠離人群，壓抑情感。而他覺得自己不是超人的挫折感，又增添了他的無助和絕望，最後往往剩下殘酷與他為伴。

· 孩子不能表達敵對和憤怒的情感，而壓抑這些情感導致他疑神疑鬼。
· 孩子學會了利用別的方式來獲取他人的關注。成人以後，他就成了一個患有強迫症的人。
· 導致不健康的性慾望。
· 導致青少年叛逆。
· 對於親密關係的解讀，就是征服和依賴，而沒有親密。男孩子長大，自信心低下，焦慮、懷疑自己的能力；女孩子不相信自己的價值，不相信有令男人喜愛的能力。所以她變成了一個女強人。她與男人的關係同樣意在征服，而沒有深層的關係。她擊敗了自己。

　　毀掉孩子的基本信任感有各種各樣的方式，其中不為人知的就是發送給孩子「雙層資訊」。

　　「雙層資訊」這個概念在中國父母的育兒概念中，還十分陌生。這是一種父母與子女之間的溝通方式。五十年代的時候，英國的人類學家和社會學家葛列格里‧貝特森（Gregory Bateson）和助手首次提出這個概念。「雙層資訊」是指所講的話有一個明顯的意思但是又與真正要表達的意思衝突。譬如，媽媽對孩子說，你是我的心肝寶貝，我多愛你啊！可是當媽媽要跟朋友約會時，她又馬上丟下孩子，絲毫不理會孩子的感受。一位媽媽迫使十幾歲的女兒穿黑色的衣服。女孩子雖然百般不喜歡，但是無奈只好穿上，不然怕媽媽會大發雷霆。當鄰居問道：「女孩子為什麼不穿得鮮豔一點啊？」母親回答：「這孩子就是喜歡穿黑色的衣服。」

　　最具中國特色的「雙層資訊」，就是安‧達利醫生描寫的「說服」與「欺騙」方式。前者是父母用大人的語言權威，說服孩子接受他們「都是為你好」的觀點。如果父母決定孩子應該學鋼琴，他們會找出許多機會，向孩子展示學鋼琴多麼重要，孩子會如何愛上彈鋼琴等。父母相信，他們不擇手段，說服孩子接受觀點是正確的做法。即使對已經成年的孩子，父母仍然會想法設法，說服子女接受他們的觀點，按照他們的意思選擇工作、對象等。

　　「欺騙」是父母向孩子隱瞞真相。如果孩子的母親去世，孩子有了繼母，家人會告訴孩子這是他的親生母親，或者對孩子說母親去了遠方工作；如果孩子是非婚生子，他的母親往往告訴他父親很忙，不能常回家看孩子。

2012 年 6 月 8 日，中國蕪湖縣有個男孩沈飛，走出高考的考場之後，才得知在十二天前，父母到學校參加高考家長會之後，回家途中不幸遭遇車禍，母親送醫後經搶救無效身亡，父親至今還躺在醫院的重症病房裡。為了讓沈飛安心高考，家人、交警和學校共同編織了一個淒美的謊言，讓他成為最後一個知道母親去世噩耗的人。「瞞著你，是為了讓你考上一所好學校，圓了母親的心願……」大家如是勸著。每年在中國的高考過後，都會出現類似沈飛同學這樣的經歷。但誰也不會去思考這樣「善意的欺騙」將會對孩子的一輩子產生什麼樣的後果。

　　在中華文化中，刻意隱瞞孩子身世的做法，稱為「善意的謊言」。父親或者母親的過世要對孩子保密。如果在世的父親或者母親沒有再婚，他或者她會告訴孩子，你的爸爸（媽媽）到很遠的地方工作了。家庭的其他成員也會對這個祕密守口如瓶。中國人認為，這對孩子的成長有好處。有的時候，孩子對身世有了懷疑，或者聽到什麼，但是家人卻對孩子堅稱「你聽到的不是真的」。有的繼母為了保守這著個祕密，不惜偽造孩子的出生證明，或者編造出讓孩子信以為真的故事。等到真相大白的那一天，已經成年的孩子或許事業、學業成功，或許沒有明顯的心理和情感障礙。然而，在他們看似平靜的外表之外，養母養父的「個人犧牲」與「養育之恩」頓時化作負疚情感，永遠重重壓在成年子女的心上，憂鬱也就容易成為壓力的一個出口。

　　與掩蓋真相、隱瞞事實的態度相反，那些收養了中國孤兒的美國父母，會告訴孩子真相，甚至還不遠萬里，帶著孩子跑到中國「尋根」。有一個收養了中國孤女的美國媽媽牽著孩子的小手，指著天上的星星告訴女兒：「親愛的，你看了那顆星星了嗎？就在此時，在地球的另一端，在一個叫做中國的地方，還有一位媽媽此時也在看著這顆星星。這位媽媽就是生你的媽媽。她非常愛你。」

　　「雙層資訊」的溝通模式製造出沒有信任感的一代。如果這樣的事件在一個人童年的時候，一次次發生，他就會儲存很多的焦慮和恐懼，這樣的童年經歷，會使他的情感能力受到影響；長大以後，他有了難處也不知道向人求助。他的膽小怕事也可能呈現在婚姻關係當中——在遇到一些事情上，甚至是在處理一些家務事上，他信不過配偶，想要自己掌控，不願意讓對方知道和參與，結果導致婚姻關係疏遠，感情漸漸淡漠。

　　不管孩子的結局如何，誰也不敢指責父母，孩子長大之後還會記得他的童年是多麼幸福呢！

　　戈爾曼博士寫到：

　　自己在童年時期遭過罪，在性格上變得偏執的父母，很可能在他們孩子的身上重複這個過程。他們在孩子身上重演曾經被父母打敗的戰鬥。不過這一次，這個已經長大了的孩子是贏者。

中國式父母之愛的表達

在中華文化中，對愛有兩種典型的表達方式：要麼是含而不露，要麼是以批評的方式，並且認為這是「鞭策」和「鼓勵」孩子的辦法。含蓄的表達方式，或者以批評的表達方式愛孩子，都會使孩子的心靈和心理發育受到損害。

第一種，含而不露的愛。中國人認為，在言語上表達愛意顯得很傻氣、很難為情，是西方人的文化；而中國人喜歡用含蓄的方式，即用實際行動來表達愛。中國的父母從來不對孩子說「我愛你」，也很少親吻或者擁抱孩子。幾年以前，有一位研究人員在小學生中做了一項調查。她叫小學生放學回家以後，對媽媽說「我愛你」。結果，小學生的報告非常令人悲觀。母親對孩子的話大多感到吃驚。「傻孩子！」「你吃錯藥了嗎？」「少來這一套！做作業去！」「在哪兒學的這些諂媚的話？」

以實際行動表達愛意並非不好。但是，愛也需要用言語表達。含蓄式的表達方式，不能夠讓孩子體驗愛，也不能夠讓孩子瞭解如何表達愛意和謝意。有一個年少的女孩子在同學家過夜，第二天她的媽媽來接她回家。主人送這個女孩子到門口的時候，她的媽媽對她說道：「你有沒有謝謝人家？」這個女孩子馬上臉紅了，支吾著不知道說什麼好。於是媽媽指責她說：「你這個孩子真笨！連聲謝謝都不會說。」可是這位媽媽在家裡就是一個低沉的人，從來沒有對她的女兒表達過她的情感。

　　有的時候客人送給孩子禮物，或者為孩子做了什麼事，但孩子也許並不喜歡。家長明明看到小孩子翹著嘴巴不高興，還是會訓斥孩子：「還不快說謝謝！」這個時候孩子能怎樣？他只能照辦。戈爾曼博士觀察到，這個時候孩子的表情是不自然的、是僵硬的；而孩子的情緒也會讓聽「謝謝」的人感受到。

　　當愛沒有得到表達的時候，孩子會感到糊塗，因而失去識別愛的能力。有一個事業成功的女性一次次戀愛失敗。每一次開始戀愛的時候，她就很快跟男人上床，不久男人感到厭倦，便與她分手。當被問及為什麼總是很快獻身的時候，她很吃驚地回答：「我以為這是愛的表達。我希望這樣可以留住他。」

　　美國六十年代著名的心理輔導師豪爾（Reuel L. Howe）寫到：

　　　　愛的唯一方式就是通過言語與行動來溝通……我們該學學在說與做雙方面表達愛。我們應該以任何理由拒絕不外露的愛，包括我們不敢說出來……當愛得到表達的時候，生活就不會跟以前一樣的了。

　　中國人不僅不善於表達愛意，還喜歡隱藏和壓抑情感。當父母之間有了衝突或者爭執，他們會商量好，瞞住不讓孩子知道。在孩子面前，還要表現出一副親密的樣子。有的時候，父母也會教育孩子「堅強些，不要哭！」這樣做最大的後果，就是將來孩子也無法

把情感和行為分開來。下面的例子可以幫助解釋這個概念：

　　一個女子與男子相戀了八年。期間，她曾作了五次人工流產，一直希望能與所愛的人結婚，不幸的而是，那男人後來還是娶了別的女人。這名女子惱羞成怒，最終殺了那個負心漢。在這個案例中，女子憤怒是可以理解的，但不等於她就有權利殺人。因為她無法區別情感與行為，所以導致發生兩個人的悲劇。

　　沒有能力區別情感與行為，可以表現在不同的方面。有些人會迸發出憤怒；有些人會選擇完全從人群中撤退，生活在負疚感中，它的毀滅性其實跟採取極端的行為一樣。米勒博士在著作《遺忘的知識》一書中指出：

　　當孩子不知道什麼是被關愛、被保護，這個孩子最終也不會保護自己，有意義、創建性地安排自己的生活。這個孩子會繼續在毀滅性的關係中，折磨自己，選擇不負責任的伴侶，還要受到對方帶給自己的苦難；但是她不可能會明白受苦受難的原因，是在她的父母身上和其他養育她的人身上。

　　中華文化很少關注情感的需要。過去人們覺得孩子是「拉扯大」的，只要孩子吃飽穿暖就行。現在中國一對夫妻只能有一個孩子，「吃飽穿暖」不是問題，父母傾注熱忱和精力在孩子的學習方面，但是很少有父母問孩子「你的感受」這一類的問題。

　　如果一個小學生考試沒有拿到好成績，他回到家裡，一臉的沮喪，父母會怎麼說？也許說：

　　「沒事啊！不就是一次考試嗎？下次考好點就是了！」

　　「怎麼了？肯定是沒有好好復習！」

　　或者對孩子說：

　　「孩子，你的感受如何？」

　　「是啊，你下了很大功夫，沒有考好，一定很難過。」

　　「換做是我的話，也是難過。」

　　「我小時候有一次沒有考好，哭了半天呢！」

　　「你不喜歡的話，就告訴我。」

　　「你很難過的話，就哭出來，會有幫助的。」

　　再比較一下這樣的話：

　　「你媽生你養你，你好意思跟她生氣！」

　　「你要是生媽媽的氣，就告訴她你的感受。」

　　「你除了整天會玩遊戲，還會做什麼？」

　　「你很喜歡這個遊戲，跟我談談如何？」

　　你問問孩子，他願意聽哪一種話？或者你自己回憶一下，在你遇到困難的時候，讓你留下美好記憶的是哪一類話？

　　孩子學會如何區分一個人怎樣感受、如何行動是兩碼事，是非常重要的。如果孩子從小就有人教他體驗和表達自己的情感，孩子到了青少年，就慢慢開始學習，情感本身沒有好壞，而是一個人怎樣

做才是重要的。他學會了即使不贊同一個人的意見，甚至不喜歡某個人，但是他不會因為不贊同或不喜歡，就在言語或者行為上批評、甚至攻擊對方。他懂得情感是情感，行為歸行為。即便情感不容易控制，也會控制行為，不至於會因「一時衝動」留下永遠的遺憾。

第二點，中國人喜歡把批評當做讚美和表達愛意。他們認為這樣的表達方式是謙虛的態度。譬如，當有人說：「你的工作做得很好。」對方應該回答：「我做得不好。」「你長得很漂亮。」「不，我很醜。」有一個年輕人收到一所大學的錄取通知書。鄰居前來祝賀。他的母親當著他和大家的面，說：「有什麼好啊？他又沒有考到名牌大學。」可憐兒子長得跟他媽一般高了，只好低頭看著他的腳，不知道把臉藏在哪裡是好。

把批評當做愛來表達的方式，跟含蓄不露的表達方式一樣殘酷無情。就像那位用諷刺來回應鄰居恭喜她兒子考上大學的母親，她不明白這樣當眾羞辱兒子，會使兒子非常困惑，日後也不懂得怎樣表達愛。這種把批評、教訓甚至諷刺、挖苦當做讚美的情形，在江蘇的電視相親節目《非誠勿擾》當中，最能說明問題。每一位男嘉賓上場後，主持人會播放三段介紹男嘉賓個人情況的錄影。其中，第三段錄影是「朋友採訪」，男嘉賓的朋友對他的評價。按說，男嘉賓一定是請好友，來說自己的好話。但是，總是在這個環節令男嘉賓敗落。因為大多數朋友的評價是負面的，包括男嘉賓穿衣問題、性格缺陷、生活習慣等，比方說：「他很懶。」「他不會

理財。」「他很能吃，太胖啦！」「他重色輕友，」等等。無疑，這些朋友的動機是好的，都希望男嘉賓在節目中能夠牽著心動女生的手，但是他們沒有意識到，這些所謂的「讚美」，實際上就是侮辱，甚至是個人攻擊。所以，毫不奇怪，往往等不到第三段錄影放完，臺上的女生一個個滅燈，而這位悲情的男嘉賓，在「可惜不是你」的淒涼音樂中，獨自一人黯然失敗退場。

有一位心理學家在美國一個夏令營的一面牆上，看到一個無名氏寫的句子：

「你是否從那些欣賞你、對你柔和、跟你站在一邊的人身上學到了功課？」

「你是否沒有從那些拒絕你、反對你、蔑視你、跟你唱對臺戲的人身上學到什麼教訓呢？」

「獲得父母認同」的追求

在2010年的《中國達人秀》節目中，有一個年輕人組成的街舞團隊沒有能夠進入決賽。這個團隊的成員都是來自農村、在城市打工的人。中國稱他們為「農民工」。無疑，這個稱呼本身就包含著對這群人的偏見和歧視。他們的領隊在比賽之後發表感言：「我們非常努力，想要進入決賽。因為我們就是要用自己的努力，贏得榮譽來獲得父母的認可。」他講了一句非常直白的話。其實這樣的心聲在許多場合都能聽到：「絕不能給父母丟臉！」「用成功來告慰

父母在天之靈！」「絕不能辜負父母親的期望！」甚至有一首歌唱到「為了母親的微笑……」等等。這位領隊的話，以及類似這樣的說法，反映了許多成功人士的內在渴望：爸爸媽媽：我夠好嗎？現在能得到你們的愛了嗎？

「獲得認同」或者「討人喜歡」在中華文化中是一個正面的概念，被視為一種美德。心理學的研究發現，「獲得認同」的理念和追求帶來的結果，是讓人失去自我。一方面，中華文化讚揚父母對孩子的愛是「出於天性」；另一方面，「孝文化」要求子女不斷提醒自己：我怎樣做才能讓父母愛我、認同我？小孩子從小就知道目標是「做一個聽話、懂事、得到父母認同的孩子」。成年以後，同樣的目標以相同方式表達出來：「努力工作，很快就贏得了大家的認同」；或者「幾經努力，終於討得父母的喜歡」；「怕遭嫌棄，不得不」……。

父母甚至祖父母會用不同的方法向孩子灌輸如何做一個「好孩子」：

「聽話啊，不然就不愛你了。」

「不聽話就把你賣掉。」

「不聽話就不管你了。」

這樣的資訊很清楚：你必須掙得我的愛。

父母或者祖父母也會採用比較的方法，讓孩子明白這個信念：「你看我們鄰居家的孩子，總是讓父母因他感到驕傲。」「李先生

的小兒子對父母極孝順啊！總是讓父母開心。」「小虎就是父母的開心果。」「你要向哥哥學習，他就是你的榜樣。」這些話呈現給孩子面前，會讓孩子感到父母對自己不滿意，把負疚感紮根在孩子心中：我不夠好！我還得努力，才能贏得父母的愛。

父母或者祖父母會讚揚孩子做的那些令他們高興的事情，讓孩子知道他們喜歡他怎樣做：「你是個好孩子，因為你會幫助媽媽做家務。」「你是個好孩子，我們沒有白愛你。」他們還會當著孩子的面，對客人讚揚孩子：「家裡來了客人，這孩子從不干擾大人講話，曉得一個人在一邊玩。」「這孩子從不要求父母給你買什麼，因為他（她）知道家裡很窮。」

父母或者祖父母還會透過行動，給孩子發送「贏得愛」的資訊。譬如，他們會要求小孩子在客人面前，表演節目、背誦古詩等等。如果孩子順從，並且令他們滿意，父母或者祖父母就會非常高興：「好孩子！」他們的滿意就是對孩子的認同。不然來一句：「你叫別人怎麼看我？」「你叫我這老臉往哪兒擱？」這些話裡透露出的恐懼，小孩子當然會感覺到。父母的聲譽就在手裡，這責任該有多大？如果孩子背不出古詩，沒有表演的天分讓父母可以在人面前誇口，孩子除了害怕、羞恥和負疚之外，還能有什麼情感？

父母或者祖父母，還會透過撤回對孩子的愛，或者用懲罰的方式，在孩子心中種下一顆贏得父母認同的種子。他們會忽視、不理會孩子，當孩子不存在眼前一樣，或者對待孩子冷冷冰冰，或者讓

孩子感覺到孤立無援，一直到孩子認錯：「爸爸媽媽，我再也不敢了。」「我會聽話。」父母認為這是教育孩子順服的方式。

「撤退愛」的方式也是一種控制的手段。美國心理學家馬丁‧霍爾曼博士（Martin Hallman）對初中學生做了一項調查發現，使用撤回愛的方式對待孩子，會使得孩子失去成為自己的能力，因為他會在心裡打下「討好別人」的烙印。孩子在決定如何與人相處的時候，為了避免失去愛，人家叫他怎樣做他就怎麼做。這樣的孩子缺乏自信心，情感能力差。他們害怕表達出憤怒，害怕表現失敗。孩子不會意識到情感被壓抑了。於是在別人眼裡變成一個「有禮貌的、乖巧的、溫順的」人。

在這樣的家庭環境中長大的孩子，學到的愛與控制是一回事，等到他結婚以後，也會使用同樣的方式對待配偶。他要求妻子「必須聽我的，如果你想要我愛你，你就要聽我的話」。如果兩人之間意見不一，他就會對妻子不理不睬，視而不見，或者用離婚來威脅妻子向他妥協。有一位妻子抱怨說，每當丈夫不高興的時候，就會不理睬她，好多天不跟她講話，一直到妻子向丈夫道歉，噙著淚水向他保證以後聽話為止。後來，夫妻經過心理治療發現，原來丈夫在兒時已經熟悉了這種模式。他有一個控制慾非常強的母親，每當母親不高興的時候，母親就會以他現在對待妻子的方式，來懲罰兒子。

從小就想著要贏得父母的愛，又完全意識不到的危險在於成人之後，這種做法就往往成了生活的標準。譬如，一對戀人，或者新

婚夫婦，總會想著如何討得對方父母的歡心。許多時候，一方必須犧牲自己的利益，或者違背自己的意願，去做一些能討對方父母喜歡的事情，這樣，他們的戀愛關係或者婚姻關係才能夠得以維持。「好妻子」或者「好丈夫」的標準，往往是看他們的「孝順」，看自己「是不是可愛？值不值得愛？」而這個標準是以對方父母的滿足為中心的，並不考量成年兒女的情感以及他們家庭的幸福。

　　小孩子對父母認同與否非常敏感。靠著父母的認同長大，孩子就會在成長的過程中，把父母對他的讚揚或者批評等都存在大腦裡；他把父母的標準慢慢都變成自己的標準，最終成為他性格的一部分和行為的指南。等長大以後，不管父母在不在，他都會把儲存在大腦裡的父母的標準拿出來，判斷自己的行為是否值得讚揚或者批評。所以他對做事情的想法、目標和要求往往超出自己的能力，渴望得到別人的仰慕、讚美；失敗了又覺得自己沒用而自責。心理學家把這種性格特徵稱為「自戀型人格障礙」。

　　討人喜歡，得到別人的認同，是許許多多的人追求成功的動力。在家努力得到父母的認同，在外追求獲得大眾的認同。儘管這樣的人都非常拚命奮鬥，事業成功，但他們還是會感到生活空虛，飽受心靈上的孤獨。因為他們既沒有從大家的認同中得到真正的需要，又害怕失去成功帶給他們的榮譽、地位和光環，所以他們往往奮不顧身，維持著給自己設定的完美形象和標準。不過付出的代價也不小。那些恐懼、害怕、孤獨、空虛等黑色的情感一直伴隨著他

們，逼得他們更加焦慮、更加感到負疚和羞恥；感到自己「能力不行、不夠、不足」、「很差勁」。被這樣的思想驅使著，他們失去的是健康和幸福的生活；到了有一天實在無法應對這些黑色情感的時候，他們甚至會不由自主地自取自己性命。

2007 年 9 月，小女孩王夢凡因「積極向上，不平凡的優秀表現」，以最高票數被重慶市評為「陽光少年」。很小的時候，因為一場車禍，她成為殘疾人。她的母親起初還精心照顧她，但時間長了，變得不耐煩，最後乾脆一走了之。在以後的十一年裡，這個小女孩忍受種種常人難以想像的痛苦，每天都努力做複健。在頒獎大會上，王夢凡聲淚俱下，朗讀了她的參賽作品「做個陽光女孩，讓媽媽再愛我一次」：

11 年前的那場車禍，讓我不幸失去了很多人應該有的器官，也失去了媽媽的愛……面對舉步維艱的人生，我不斷告誡自己，只有堅強才能讓我不被生活壓垮，只有自強自立，才有可能重獲媽媽的愛……我必須做一個微笑著面對生活的陽光天使，我必須涉過悲傷的苦難谷，才能讓媽媽再愛我一次……（《知音》，2008.11）

這篇報導在結尾讚揚道：「她用不屈的意志歷經十年光陰，最終如願以償贏得父母的愛。」孩子身受重傷是不幸；在孩子更加需要父母愛她的時候，卻被父母遺棄，是更大的不幸；她的父母不但沒有受到法律制裁，也沒有受到社會輿論的譴責，反而是這個身心都受到嚴重傷害的孩子，用努力贏得父母的愛，是不幸中的不幸。讓這樣的孩

子成為被歌頌和推崇的道德模範，是誤導和貽害後代的最大的不幸。

「小情人」的稱呼

《父母必讀》是關於親子關係的雜誌。在 2011 年 8 月的一期中，有一篇題為〈他和他的「小情人」〉的文章。文中描寫做爸爸的對女兒精心照顧是「父親對女兒情人般的癡心」，因為「女兒是爸爸上輩子的情人」。演員買紅妹在談到她的婚姻觸礁問題時，這樣回答記者的提問：「孩子現在對我來講就是全部。寶寶就是我的堅強後盾，她即是我的天使，又是小丈夫。」稱呼孩子為父母的「小情人」，並非是父母與子女感情親密的表達方式，或者是「文化習俗」；心理學稱這種現象為「情感亂倫」。這是一種情感上、隱祕的亂倫關係，即孩子成為父親或者母親的「替代伴侶」。結果，這個孩子的需要永遠不會得到滿足。他們沒法成為孩子，但卻時時刻刻準備好服務父親或者母親的需要。

「小情人」現象並非中華文化特有。當孩子成為一方父母情感出口的時候，孩子無形中就成了父母的「小情人」。這種現象，屯尼爾醫生稱之為婚姻問題的「古典模式」。它常發生在父母的婚姻失和，或者對婚姻不滿意的時候。母親尋求用對孩子佔有式的愛，來填補她的情感空白。父親對孩子不聞不問，因為覺得孩子簡直成了母親的私有財產。父親任憑孩子的母親對孩子進行情感上的要脅，或者用眼淚控制孩子。母親不需說一句話，就能讓孩子感覺

到，如果孩子不分享母親的情感，就是在傷害母親。屯尼爾醫生形容這樣的母親是「濫用了兒子對她的關愛，為的是享受兒子跟她的依戀關係，就像她不幸福婚姻的唇膏。」

　　但是傳統文化把小孩子當做「婚姻和家庭的紐帶」、「親善大使」、「父母感情的潤滑劑」等。無疑，這種文化把孩子捲進父母的婚姻關係中，維持父母的婚姻關係，保護了父母在無意識當中對孩子進行情感虐待。在中國，屯尼爾醫生筆下的「古典模式」，或者心理學家的術語「情感亂倫」更進一步。孩子不僅要在情感上安慰在婚姻中受傷的母親，充當父母間的「紐帶」和「潤滑劑」，母親更可以跟兒子睡在一起，撫摸兒子的性器官，與兒子口對口親吻。有的母親甚至為成年的兒子洗澡，和已婚的兒子睡在一張床上。阿德勒博士寫到：

　　母親不光是愛，而是用親吻、擁抱等來表達她的愛。這樣的動作不能太過頭。雖然許多母親堅持認為她們無法克制自己對孩子這樣做。然而，這樣的動作不是母愛的表達，而是像對待敵人一樣對待自己的孩子。這樣被母親所愛的孩子是養尊處優的孩子，而養尊處優的孩子不會在性方面得到發展。每一個養尊處優的孩子會變成一個懷有仇恨的孩子……很快會面對生活的問題。**(8)**

　　從心理上來說，「小情人」行為對孩子的成長極其有害。因為父親或者母親把孩子變成了配偶。心理學家指這種行為是「父親或

8. Alfred Adler, Science of Living （NewYork: 1969）, 10

者母親隱藏、無意識地、以愛之名義包裝的暴力」；是「最為邪惡的靈魂殺手」；是「殘酷、病態、罪惡、卑鄙的行為」、「臭名昭著的罪行」；稱「這種病態的父親或者母親的愛，醞釀了從親吻到撫摸，甚至到亂倫關係的悲劇，最終為父親或者母親以及孩子的生活帶來毀滅。」西方國家在法律上認定，父母稱孩子為「情人」，撫摸十四歲或者十五歲以下兒童的性器官，是為「猥褻」、「暴力」、「性虐待」、「犯罪」。米勒博士在著作《童年的犯人》一書中強調：

> 當性抑制的父母親，在孤獨或者需要的時候，自戀性地使用孩子，這對孩子意味著什麼？每一個孩子都尋求愛的接觸，並且得到這份愛會很開心。同時，當與他極不相稱的年紀的慾望被激發以後，孩子會感到不安全。

約翰·布瑞爾（John Briere）是一位精神病學教授，也是美國兒童虐待方面的專家。他寫了一本書《治療兒時被猥褻的孩子》，記錄了有關對於猥褻兒童研究的較為詳細的報告。書中指出，儘管被猥褻的兒童表面上沒有受傷，但是他們的心理創傷會使得認知能力、情感能力，以及人際關係都產生障礙，而人格障礙是最大的後果。

美國外科總醫師（The United States Surgeon General）是美國政

府在公共衛生界的傑出發言人。在2010年度報告中，就兒童性虐待的長期後果做出以下說明：

1. 導致心理創傷。小時候受到過猥褻的人，長大以後，常常會在腦海中閃出過去的畫面。這種日夜困擾著的精神上的圖像，會帶來壓力，當然也會影響到與配偶的性生活。他們形成的負面思維和悲觀性格，都很難康復。很多人終身不癒。如果這些情感得不到解決，這人就會罹患嚴重的憂鬱症，導致自殺或者有自殺傾向。即便不會試圖自殺，也會出現人格障礙，譬如邊緣性人格障礙。或者，用許多人習慣稱之的，情感不穩定的人格障礙。

2. 在情感上，性虐待最常見的後果之一，就是嚴重背叛了信任感。把孩子的信任感變成順服，來滿足母親的慾望，母親就這樣為兒子製造了懷疑和傷害的傳統。受害人小的時候就學會了麻木情感，作為對生活的回應。以後，為了逃避這段痛苦的經歷和情感，關閉了情感和感覺系統；一方面，負疚和羞恥總是纏繞著他們；另一方面，他們太與母親黏在一起，所以感覺照顧母親的情感需要是他們的責任。他們再也沒有能力愛妻子。因為應對壓力的技能被扭曲了。最終，他們會因為憤怒離他們的母親而去，轉向恨惡母親，甚至會對母親或對自己施暴。總有一天，母親會收穫自己栽種的暴力果子。

3. 在人際關係中，受害人成年後很難與人相處，尤其涉及到性

關係,或者浪漫的關係時,總會出現問題。在這樣的關係中,一方面因為害怕不會信任別人;另一方面,容易把對方理想化,或者想像成「好人」;結果往往是走向失望和憤怒。對於女性受害人來說,她們還會再次成為受害人。她們身上所存在的強迫性特徵、人格障礙以及控制慾都阻礙了她們發展和建立良好的人際關係。

4. 在行為上,不論男女受害人,他們內心的衝突在青少年時期和成年以後,都會以毀滅性的行為,或對他人有害的行為展示出來。這樣的行為包括進攻性強、酗酒和吸毒、遊手好閒、不好好讀書、有自殺的想法、性生活放任等等。他們也可能只是不願與人交往。

5. 在性格方面,他們會表現出歇斯底里、邊緣性人格障礙,這些因素都增加了人際關係的困難。曾受過虐待的成年人會發展一種信念:「我只能做個又好又強的人,就像是在別人眼裡看到的我那樣。」他們的自信心的基礎完全依賴別人對他們的反應。這個結果就是沒有自我,不是一個獨立的個體,讓他們更不知道自己是誰。他們認為外界的環境是危險的,要麼自己撤出來,找一個安全的地方躲起來;要麼有權控制住局面。因為自信心低下,又對自己是誰沒有認識,導致他們更加恨惡自己。而這樣的自我仇恨反過來更加避免他們與人交往;更進一步否認、壓抑他們生活中遇到的痛苦情感。

稱孩子為父母「小情人」的現象，在現在的社會是非常普遍的現象。在西方國家，以及臺灣或者香港，猥褻或性虐待兒童會面臨法律制裁。譬如在臺灣，有個離婚的婦人去前夫家探望孩子。她在沙發上撫摸了五歲兒子的生殖器，家人發現後報警。該婦人因此被判入獄。

　　中國目前對猥褻兒童的現象還沒有什麼實質性的措施。這個原因有幾個方面：

1. 傳統文化是父母的保護傘。孩子既然是父母的產業，父母有權對孩子做想要做的事情。同樣的事情外人不可以做，但是家人做了，尤其是父母做了，就可以視作是親密關係的表達方式。
2. 沒有可以看見的外傷；
3. 沒有法律保護，也沒有社會服務機構的干預；
4. 沒有治療項目和條件，也沒有教育專案幫助家庭瞭解和認識猥褻或者性虐待兒童的後果；
5. 公眾對預防兒童性虐待持強烈的排斥態度。

　　在〈他和他的「小情人」〉的專題文章之後，有一欄「專家觀點」。該欄中引用了《養育女兒》這本書的原作者珍妮・艾里姆（Jeanne Elium）和唐・艾里姆（Don Elium）關於父愛對於女兒成長的重要性一段話，巧妙地把父親對「小情人」的愛與本書作者的話糅合在一起，這樣讓人讀起來，以為美國的作者也在推薦此類「小情人」的父母之愛。這是對讀者的誤導。如果原書作者知道真

相的話，不曉得會有多難過呢！

「小大人」的塑造

　　「小大人」指的是角色反轉：孩子接受做父母的角色，父母做孩子的角色。傳統文化用「窮人的孩子早當家」稱讚因父母的能力不足，被迫擔當家庭責任的「小大人」。但這種做法也是種有毒的愛。

　　「小大人」被認為是一個「好孩子」、「懂事的孩子」。譬如，一個小女孩幫媽媽擦眼淚，被媒體宣傳為「懂事」；小男孩安慰母親說：「我長大了，一定保護妳。」這個男孩子會被大眾稱讚為「小男子漢」。「四歲孩子學會照顧生病父親」、「九歲孩子撐起家庭重擔」等等，都是常見的正面新聞報導。「小大人」是父母的驕傲，是民眾和媒體讚賞的榜樣。有些民間和地方政府還會經常給這些「小大人」封一個聽起來很偉大的稱號。譬如，「十佳兒童」、「感動中國兒童」、「十大孝子」等等。

　　《知音》2009 年 1 月發表了一篇題為〈「殘忍」的母愛和生的使命：小小女孩撐大傘〉的文章。文中介紹，一位母親為了「讓腦癱兒子老有所依」，不惜冒著高齡孕育的危險，早產生下女兒。小女孩夢怡滿足了母親的期望。

　　「我就是不給小夢怡負擔，她自己也會自覺地背上這個負擔。」母親這樣自豪地說道。小夢怡在學會走路之前，就已經懂得了一個道理：「假如哥哥身體好端端的，我就沒有出生的資格

了。」從兩歲起，她就學習給哥哥餵飯、按摩、倒便盆等。四歲的時候，她便開始用才藝掙錢給哥哥看病。有一次她為了拍一個廣告，不顧寒冷徹骨的海風吹得她瑟瑟發抖。雖然要在外拍戲，拍廣告，但小夢怡還要求每次考試都要滿分。「我現在不努力學習，將來連劇本都看不懂，根本沒辦法演戲，更別提給哥哥掙錢看病了。」她曾這樣在媽媽懷抱中哭著說。

小夢怡漸漸發現了媽媽的「偏心」，但她從不點破。直到有一天，媽媽買了三塊巧克力，給了她一塊，給了哥哥兩塊。夢怡對媽媽抱怨說：「妳對我好像有點不公平。」但是，當媽媽要她不要抱怨時，她也就乖乖回答：「好。」

夢怡寫的兒歌是這樣的：

我的責任可不一般
全家的希望
全部的重擔
都有我一人承擔
我會撐起一把大傘
為爸爸擋風
為媽媽遮雨
照顧哥哥到永遠……

　　顯然，做媽媽在小女兒身上得到了滿足。首先，她一生下來就已經被賦予重大使命；她早早就學會了照顧哥哥，討母親的喜歡；而她需要像其他孩子一樣的正常生活的願望，卻被剝奪了。同時，她自己情感的願望也被忽視了。美國《問題兒童經歷研究》的報告指出，一個人在小時候因為家境困難，被迫承擔起父母的責任，他學會了犧牲自己，換取父母的認同。成人以後，他常常在家裡或者工作當中，扮演起「照顧者」的角色。他忽視自己的需要，裝著沒有什麼可擔心的，總是在想著別人的需要。這樣的照顧者常常自己生病，而且他們的慢性病還很難治癒。

　　像夢怡這樣承擔父母的責任這種角色反轉，說來還是比較容易識別和理解的。但是，角色反轉的現象更多的是不明顯的、很難認識的情況。那就是讓孩子承擔父母犯的錯誤：

　　「我沒有再婚，都是為了你⋯⋯」

　　「我放棄了事業，為的是讓你得到更好的照顧⋯⋯」

　　「為了你有一個完整的家，我寧願忍受你父親對我的折磨⋯⋯」

　　「為了孩子，我再大的委屈也能忍受。」

　　大眾媒體也經常渲染這樣的文字：

　　「為了孩子能有一個完整的家，這位母親忍受名存實亡的婚姻，也不離婚。」

「為了孩子不受委屈，她一直沒有再婚。」

……

屯尼爾醫生解釋，孩子接收這種資訊的後果，是孩子本能的感覺到，母親想在孩子那裡找到她不幸福的情感補償。這樣一來，孩子根本無法自由地回應母親的愛，而是伴隨著角色反轉，慢慢踏上了「負疚之旅」。

米勒博士在《身體不會撒謊》一書中寫到：（這些）父母沒有像當年的亞伯拉罕把孩子放在祭壇上（準備殺掉），但給孩子種上了必須愛父母、孝順父母、為父母著想、做最好的、滿足父母願望的種子。總之，給父母一切父母想要的，但卻不曾給過孩子的，這叫做禮儀和道德。孩子很少有選擇。他們一生都在強迫給父母自己也沒有得到過的無條件的愛；然而他們永遠不會停止朝這個方向奔跑。在這種環境中長大的孩子，從來沒有學到把自己的責任，和父母親的責任分開來，而是培養了在無意識中對別人的需要產生一種特別的敏感。

在對兒童情感虐待問題做了二十年的追蹤調查研究之後，埃瓦尼論述到：「孩子自身的需要沒有得到滿足的話，孩子就會被置身於一個無助的、令人失望的位置，打開了受害的大門。到了青少年或者青年，他／她會自信心低，把配偶理想化，是一個對照顧別人有著強迫意念的人。女性青少年懷孕的比率很高。」

一個署名彭思龍的作者，在網上發表題為〈窮人的孩子早當家，當家繼續做窮人〉的文章[9]。這篇文章觀察到，出身貧困家庭的孩子，雖然早早就有獨立的能力，但是，在做科研的時候，他們身上暴露出來的謹小慎微，和小富即安的精神，極大地阻礙了科研的進步。他們努力奮鬥的精神並不是來源於主觀上的認識高度，而是求生的本能。所以，他們身上往往反映出幾個問題：

第一，並不真心喜愛自己的科研工作，當基本的物質水準提高以後，他們就沒有了奮鬥的動力。

第二，在科研當中，他們不願意挑戰自己，而是被迫地接受別人的領導和指揮。

第三，缺乏解決問題的能力。

第四，他們更注重對物質的過度追求，在情感上對於別人的看法過於敏感，過度放大自己成功的經驗。

所有的孩子在不同年齡段，都想要討得父母的歡心，想要照顧爸爸媽媽。孩子的身心發育過程提醒人們，那些對孩子極端的、經常性的、不現實的期望，對一個正在發育中的孩子十分有害。沒有享受過童年的孩子，也沒有辦法進入成年。如果孩子因為不可抗拒的原因，或者家庭經濟困難，不能夠正常地像孩子一樣生活和

9. http://bbs.sciencenet.cn/home.php?mod=space&uid=39416&do=blog&id=384903

成長，那是悲劇。孩子這個時候需要的是家庭、社區和社會各界實實在在的幫助；使用孩子分擔父母的責任是對孩子靈魂的謀殺，是在犯罪。孩子的「小大人」舉動絕對沒有什麼值得讚美，或者炫耀的。把被迫承擔角色反轉的孩子，當做美德的典範，大加宣傳和推廣，是對孩子身心進一步的摧殘。

「挫折教育」的盲點

「挫折教育」自古以來被父母視為教育子女的金科玉律。這種育兒觀來源於儒家的教導：「天將降大任於斯人也，必先苦其筋骨，餓其體膚，苦其心志」（《孟子》）。因此，讓男孩子吃盡苦頭，經歷生活的磨礪，可以培養男孩子的抗壓能力，讓意志更加堅強。這不是虐待孩子，而是為了他將來成為一個了不起的人。「挫折教育」的誤區在於，許多父母並不明白究竟什麼是「挫折教育」。

《知音》雜誌（2009.09）有一篇文章〈教師夫婦巧變臉：地震災區捧出高考狀元〉。這篇文章寫的是一對教師夫婦用「冷臉對兒子」的辦法，助兒成長。全家外出爬山的時候，兩歲的兒子遠遠落在後面，但是父母卻不理會兒子的呼喚，任由小傢伙扯開喉嚨大喊，邊哭邊爬。為了培養孩子的耐心，磨礪他的意志，平時在家裡，父母兩人親切聊天說笑，把兒子一個人丟在書房，直到兒子完成作業，才允許兒子過來和父母一起玩。看見這一幕的朋友都說孩子「一個人孤零零的，看著好可憐。」文章描寫這名陳翔雨的男孩

子「不僅在孤獨中學會了堅強，還懂得承擔責任。在家裡遭遇父母冷落的他，在學校因為品學兼優贏得老師和同學的熱捧」。

陳翔雨同學的父母以為，夫婦對孩子的教育是西方開放式的教育。西方也有類似的教育，稱為「成長誘導挑戰」。兩者的理念在心理學裡稱作「內在體驗模式」。這個理論認為，經歷對於個人的影響不在於經歷本身，跟情緒沒有關係，是個人對此段經歷的詮釋、看法，是內在思想組織好的「模式」———一套設置好的假設和期望。像陳同學父母的冷落，那套設置好的模式告訴他的父母，這是對兒子性格的鍛鍊，兒子一定會從中成長成熟。

不過陳同學的父母只看到西方「成長誘導挑戰」的一點外在表現形式，而忽視了內在因素。兒童發展理論有一個重要的概念，就是「關鍵時期」與「敏感時期」，意思是指在兒童特定的發展時期，機體對有沒有某種經歷特別敏感，這是獲取某些能力的最佳時期，也是對環境影響特別有回應的時期。

西方人談論「成長誘導挑戰」離不開約翰·鮑爾比（John Bowlby）關於孩子成長的「依戀理論」。這個理論認為人為了生存需要形成親密的情感紐帶，這是人看待自己、別人、所發生事件等的基石。一個在家庭裡習慣了敵意和沒有愛心的孩子，會影響到他日後的經歷。當面臨壓力的時候，他對待壓力本身與所需要的支援會有不同的態度，譬如不論客觀上支援再多，他也覺得別人給的支持不夠，或者他會容易生病，罹患憂鬱症等其他身體功能的紊亂。因此，西方人

實踐「成長誘導挑戰」是在孩子跟照顧者（多半是孩子的父母親）建立起親密的「依戀關係」之後才會考量的做法。而中國有些家長對孩子實施所謂的「西方式開放教育」，完全靠的是意志、主義、思想，這不符合人性的需要。在西方，這種做法叫做「斯諾底主義」，在本質上跟宗教是一樣的。（在第四章有更多的討論）

陳同學這樣經歷的所謂挫折教育，實際上損害了男孩子的自我，傷害到他的精神成長。他學到的，只不過是在他的表現當中，隱藏和壓抑自己的情感。阿德勒寫到：

父母若是對孩子的慈愛表達不當，對於孩子成長的後果是嚴重的。因為孩子慈愛的天性沒有得到過發展，孩子的態度變得凝固了，這孩子既識別不出愛，也不曉得該怎樣對待愛。

其實，從小「在苦難中」成長的人群當中，看看他們的性格特徵如何？情感表達方式如何？在遇到壓力時他們的情感反應方式如何？情感調試策略如何？就不難理解傳統文化中的「挫折教育」有多大的作用了。

如果用「冷暴力」來描述陳同學的父母之愛，下面這位母親對兒子的「挫折教育」就不只是情感虐待了。

幾年前，某地有位億萬富翁媽媽因「教子有方」，當地評為「雙合格優秀家長」，並受到暢銷雜誌《家庭》的採訪。署名「曠野」的作者驚讚十三歲的孩子已像個「小大人」，並在文章中高度讚揚這位富

媽媽「成功的家教理念」之下的「三招育兒經」：生存、操行、競爭。

文章說，富翁媽媽為「強化孩子的生存能力」，在兒子四歲的時候，就對兒子「進行嚴格管束」：遵照媽媽的要求，兒子不僅「自己的事情自己做」，還「必須每天給爸媽疊被子」，兒子在行為上「不敢反抗」。此外，富媽媽還故意將幼兒丟在人群熙熙攘攘的商場，以此訓練「噙著傷心淚水」的幼兒自己找媽媽的能力。

富媽媽培養兒子「操行」方法是從幼稚園開始，重金聘請專業體能教練，對孩子進行「近乎殘酷的體能訓練」，即便孩子因「氣喘吁吁的長跑」而「大汗淋淋，胸口撕心裂肺般疼痛，呼吸極為困難，最終一頭栽倒在路邊」，也必須「像男子漢一樣站起來」。這樣長期訓練的「豐厚回報」，就是這個孩子「比一般男生要高出一大截，並且身體結實的像一座小鐵塔」。

「競爭」訓練就是從小學開始，積極「參與競爭，並在競爭中展示自己的長處」。在「媽媽的幫助下」，這孩子「雖然成績平平，但通過競爭當上了班長、少先隊大隊長」。並且，他真的學會展示自己的長處，通常自誇有強健的體格、坐公車上學、幫助弱小同學、去老人院和孤兒院做善事……

富媽媽的育兒經很可怕。

首先，富媽媽在思想上灌輸的教育是：「父母給孩子的是生命和花心血培養；兒子將來的回報是負起照顧我們（父母）的責任和

義務！」這是「等價交換」——我生你、養你；將來你用責任和義務來回報我。一個自幼就不敢有自己想法的孩子，你能夠期待他成年後有創造性、想像力嗎？還能夠活出他自己嗎？

第二，忽視了對幼兒進行殘酷體能訓練的利弊關係，以及一個人的身高與幼小時候大劑量體能訓練之間的關係。如果一個男孩子天生沒有具備一定的條件，經過這樣的訓練，仍然成不了「高富帥」，那他除了絕望和無助，還能怎樣感受呢？

第三，扭曲了孩子的人格發展。用富媽媽自己的話說，她的育兒經是「為了孩子將來繼續保持富有的地位，並且不會被人綁架」。換句話說，是為了安全。也可以說，是因為害怕。所以她必須從小教會兒子「適者生存」、「勝者為王，敗者為寇」的理念。兒子雖學會展示自身行為上的長處，但不過是外在的演示，他並不明瞭世界和生活的意義，也看不到自己內心的狀況和需要。

「生活就是戰場」的理念讓不少家長成了失敗的戰士，也將孩子永遠留在戰火紛飛、硝煙彌漫的「戰場」上。富媽媽只想看到孩子早日成為「棟樑」，卻忘記「大器晚成」的古訓。孩子做所學的一切都是為了武裝自己不被擊敗，他學到的是與人比較，是鄙視弱者、仰慕強者；是跟他差不多的人較量。他的生活裡面將永遠沒有陽光沙灘，沒有泉水叮咚，也沒有綠瑩瑩的青草地。

除了傳統文化的影響，以及對西方「開放式教育」的錯誤解

讀，讓孩子接受「挫折教育」還有另外兩個方面的原因：父母的心理障礙，以及父母缺乏對情感的認識。

有的父母，因為一些原因，使得孩子不得不生活在困難當中，他們會轉向接受給孩子「挫折教育」，這樣做，父母無疑可以得到安慰，以減少他們對孩子的內疚。

父母缺乏對情感免疫力的認識，是一個主要的原因。米勒博士指出：「動機良好，但卻幼稚的相信人有能力從痛苦的童年中，毫髮無損地生存下來，完全忽視了帶給孩子的心理創傷那巨大、毀滅性、災難性的本質。」[10]

研究發現，沒有孩子對情感虐待有免疫力。丹‧開倫博士（Dan Kindlon）和邁克‧湯普森博士（Michael Thompson）是美國傑出的兒童心理學家，兩人合寫了一本書《撫養該隱[11]——保護男孩子的情感生活》。書中這樣寫：

挫折教育被認為可以幫助男孩子成為男人：他需要被苦待，讓他成才。這種假設以為，男孩不明白暗示，而且抗壓能力強。這種對性別的劃分，反應出我們底層的文化信念，以為男孩是用跟女孩不一樣的材料做成的。論到受傷害的能力和憤怒，這種假設就錯了。如果你過度不公平對待孩子，或者在言語上虐待他們，男孩和

10. 愛麗絲米勒：《遺忘的知識》p. 36
11. 作者註：該隱是舊約聖經創世紀中亞當和夏娃的兒子。他謀殺了自己的兄弟亞伯。

女孩一樣，會產生強大的憤怒，或者受到心理創傷。

　　兩位博士在研究和行醫中，還發現受到挫折教育，或者在情感虐待中掙扎的男孩，會掙扎在羞恥、自我仇恨和憤怒中。很多男孩成人以後，在工作、婚姻和家庭中關閉了他們的情感。他們的生活狀態提醒人們：「深深的羞恥、傷心和憤怒，不會隨著時間的流逝而消失……對於孩子，尤其是幼小的孩子，那種憤怒是跨時空的。」

　　幫助男孩子正確認識和對待挫折，才能夠使他真正成長為一名男子漢。孩子在成長過程中受到挫折，有的時候是因為一些無法預料、無法控制的情形，譬如父母離婚、父母生病、生活貧困，或者遭到虐待等，但是，如果孩子在這段困難時期裡，有人可以依靠，有人對他的生活處境給予干預，這樣對孩子的心理保護產生平衡作用，不會造成太大的心理創傷；孩子對自我會有個正面的定義，會強化自信心，仍然能夠發展健康的社會適應能力。

　　米勒博士在常年對兒童情感虐待的研究中發現，當無助的孩子受到養育者的傷害時（通常是孩子的父母），正常的反應是憤怒和痛苦。孩子如果沒有地方，或者沒有能力表達受到的傷害；如果不讓他們分享情感，釋放一些恐懼和孤獨的感覺，他們會在情感上疲憊。不管是什麼原因，如果他們不能夠「談談」，他們便會將羞恥和憤怒轉化成暴力。如果孩子在這種被傷害的情形下，不允許表達自己的憤怒；如果孩子難以獨自承受這種難以忍受的痛苦，他們只

好壓抑情感，壓抑所有對心理創傷的記憶，並將有負於他的罪人理想化。日後，他們不會記得發生在身上的任何事情。他們的情感，如憤怒、無助、絕望、孤獨、焦慮和痛苦等，與原始的原因分化開來，而在對付他人的毀滅性行為中（如犯罪行為、謀殺）找到表達的方式，或者用對付自己的方式（如毒癮、酗酒、賣淫、心理疾病、自殺）表現出來。如果這樣的人成為父母，他們也將以虐待孩子的方式，作為發洩的行為。他們的孩子又成了受害人。

開倫博士和湯姆森博士在書中，對受到所謂「挫折教育」的男人描寫道：

有些人把羞恥和憤怒衝著世界發洩出來；有些人則不然，生活的前景在他們眼中變得暗淡，愛的關係變得無味。悲哀伸展到生活的各方面，連最起碼的喜樂和愉悅都沒有了。

溺愛孩子的盲點

世界上再也沒有像中國人的父母，為孩子的生活安排得如此周詳、全面和細緻。從吃什麼，到穿什麼，從讀什麼學校，到做什麼工作，從交什麼朋友，到嫁娶什麼樣的人，中國父母對孩子的溺愛可謂包羅萬象。即便孩子成年結婚以後，他的父母，尤其是母親，仍然惦記著安排他的日常生活，有些父母甚至會為此與子女的配偶發生衝突。在愛的名義下，父母成為孩子終身的「保護神」——不管如何愛出一個病態的子女，「直到生命終結」。

中國父母溺愛孩子的理由是「都是為了孩子好」。父母會對孩子說：「你還年輕，不知道這是為你好。如果你的決定做錯了，會毀了你一輩子的。到時候就來不及了。」這樣的勸阻無效的話，父母便以父母的權威命令：「你不能這樣做。」「你必須聽我的。」要不就來一句威脅的話：「你不聽話會後悔的。」甚至以死相逼。不論是父母採用哪種方式，溺愛孩子的父母倒是在溺愛孩子中找到自己的滿足，但絲毫不會考量孩子的情感和想法，不僅弄殘了年幼的孩子，更剝奪了孩子為自己的生活做決定的權利。

中國的父母溺愛孩子，有幾個原因：

第一，他們天真地相信這是為孩子好，可以幫助孩子成功。

第二，他們害怕孩子做出錯誤的選擇，後果不堪設想。結果，許多中國的父母試圖在自己的恐懼中，保護他們的孩子。

第三，做決定需要基於價值觀。而價值觀決定父母如何行動。

第四，父母以為溺愛就是愛的表達，是父母的美德。

第五，北京大學一位教授認為，中國沒有像在歐美國家那樣的社會條件，所以父母必須要保護孩子不受到傷害。

第六，溺愛是父母自身情感能力的缺陷所致。因此，儘管有許多文章指出溺愛對孩子的害處，但是溺愛孩子的問題並沒有得到一點點改善。

溺愛最基本的原因，就是父母自己害怕。屯尼爾醫生指出：「害怕是建議的催化劑。建議把所有固執、荒謬的害怕都植入人心，哪怕

是對最聰明的、最勇敢的人。」不論窮父母，還是富父母，對於養育孩子存有太多的害怕。害怕孩子學習跟不上，害怕孩子拿不到名次，害怕孩子不夠健康；害怕孩子考不上有名大學，害怕孩子找不到好工作，害怕孩子交不到好朋友，害怕孩子找不到好對象，害怕自己做父母失敗……「孩子越大越讓人操心。」中國的父母常常這樣說。因為害怕，父母要竭盡全力阻止孩子自作主張，避免孩子犯錯；當然，也省去了孩子體驗生活。為達到目的，父母會用父母的權威強迫孩子服從，也可以用嚇唬的手段，也可以用「雙層資訊」的辦法，或者威脅孩子接受他們的觀點、主張和意見。

害怕是人的本能。猶太籍哲學教授卡羅爾・鷗琪（Carol Oches）說：「害怕是愛的一條必要的道路，但是如果不克服害怕之心，害怕就變成愛的主要障礙……老是害怕，是心靈道理上或者愛的路上最大的敵人。」屯尼爾醫生指出：「每一個害怕都滋養了別的害怕……它們像雪球一樣，越滾越大，直到腦子昏眩，失去所有對害怕的抵抗力，失去所有識別常識的能力。」父母害怕的「果實」就在那些不敢表達自己的人身上表現出來，在生活已經癱瘓了的年輕一代身上表現出來。

學者易中天教授在所寫的《閒話中國人》一書中，論述到中國父母對孩子溺愛的特色：

我們也很懷疑，那種不平等的愛，究竟是不是「真愛」。真正的愛，不但是發自內心，而且必須是「無私」的。如果說中國方面對子

女的愛不是發自內心，當然與事實不符；若說這種愛都是自私的，似乎也有失公允。事實上，許多父母在撫養子女時，不但含辛茹苦，而且多有犧牲。譬如，在夫妻兩人都有事業追求時，做母親的便往往主動犧牲了自己的事業；在經濟條件困難的情況下，做父母的也往往犧牲了自己的慾望、需求和享受，把家中可能有的最好的東西給了孩子，甚至包括自己的全部身心。但是，即便是這樣的父母，在教育子女時，如果子女「頂嘴」、「不聽話」，又幾乎一定會當場勃然大怒，倍感傷心的。也就是說，他們可以犧牲自己的一切，唯獨不能犧牲自己的面子；可以付出一切，唯獨不能交出自己對子女的佔有權和控制權。而且，這種佔有和控制，又往往被理解和感覺為「愛」。因此，一旦遭到拒絕，便會因「一片好心」被當做「驢肝肺」而傷心，甚至痛悔自己「養了一個白眼狼」。那麼，在這時，我們還能說這種「愛」是徹底「無私」的嗎？顯然不能。

其實，中國的父母很有一些是在無意識中把子女當做私有財產的。如果說得尖刻一點，可以說有的實際上是把子女當做「寵物」，有的則實際上是把子女當做「賭注」。把子女當「寵物」的，平時寵愛有加，一旦子女「頂嘴」，便立馬翻臉。把子女當「賭注」的，這難免「恨鐵不成鋼」。因為那「鐵塊」倘若成不了「鋼塊」，豈非「血本無歸」？於是一片愛心，便成了「滿腔仇恨」；而不切實際的高期望值，則成了子女們無法負荷的心理壓力。

易中天教授描述中國的兒女被父母視為個人的產業，即父母

擁有孩子。所以父母有責任，有權利管理孩子，從具體的生活到思想意識。現在中國學者稱這種現象為「奴役」。在心理學和神學的概念裡，這是一個關於「自由意識」的概念，即父母是否尊重兒女作為一個獨立個體的權利。實際上，「自由意識」這個概念，在中華文化裡是一個相當陌生的概念，也可以說，是一個空缺的概念。中國的兒女因為受到「孝文化」的教育和薰陶，從小習慣了順服父母，很難有自己的思想和主張。

「不給孩子自由意識的行為」並非中華文化的專利，這種現象在任何文化中都很常見。這個主題貫穿了屯尼爾醫生的著作當中。他在多本書中，論述了父母選擇和安排孩子的生活，要孩子一切聽從父母認為對他最好的，而不考量孩子自己的感受，是不把孩子當人看待，而是把孩子當成自己的財產，要求孩子的思想、原則、品味、理想都與父母一致。屯尼爾醫生一再強調，這種強迫的愛，根本就不是愛。這個概念，在現代心理學裡，認定是對孩子的虐待。正是由於敢於表達自己的願望、品味和意見，尊重自己的情感，孩子才會意識到他的存在，成為一個與眾不同的人。

研究發現，小孩子在四歲至七歲的年齡，就已經有能力解決問題，能解釋自己選擇的理由了。這些理由是小孩子從觀察中來的，而不是學來的一套規則。七歲至八歲的孩子，已經能夠做出有邏輯性的決定。當家長不允許孩子自己做決定，而只是讓孩子服從大人的指令，使得孩子小的時候沒有經過一次次的錯誤和試煉，決定著

孩子預備生活的過程是很糟的。

亞利桑那州大學的卡羅爾·威利斯（Carol Willis）寫了一篇論述關於兒童做決定的文章，題目為〈做決定：有責任行為的基石〉。威利斯給出三個讓小孩子學做決定的益處：

第一，這樣能夠幫助孩子為自己的行為負責。孩子相信他們有能力，就會加強自信心。

第二，這樣可以幫助孩子以相對滿意的方式解決孩子的問題，鼓勵孩子不懼控制，形成親近的關係。

第三，這樣做能夠刺激大腦，探索新的思想和答案。孩子在尋求更多的選擇時，反應會變得更快。**(12)**

威利斯的研究提出三個問題：

首先，父母灌輸給孩子這樣的禁令、那樣的教導，都是出自成年人的觀點，也許他們是正確的，但是他們強加給孩子他們眼中的好與壞。孩子從來也沒學到如何解決問題，應對突發事件。

第二，父母自己是否有成熟的心智，給孩子提供一個可以觀摩和效法的樣板？

第三，父母是強行越俎代庖？還是透過「雙層資訊」中的「欺騙」技巧，來說服孩子接受他們的安排？

12. http://ag.arizona.edu/pubs/family/az1039.pdf

但不論如何，當父母的溺愛沒有給孩子機會學習識別問題、解決問題、做好計畫的時候，他們是在孩子腦中種下一棵自信心底下的種子，他們給予兒女的，是對世界不現實的看法。譬如，在溺愛中長大的兒女，結婚以後也期望著妻子或者丈夫能像父母一樣，無微不至地照顧他們。甚至會可以公開地開出找對象的條件是「能夠照顧自己」。這樣的話，在婚後一旦有了小小的爭執，或者意見不同，他們就會大發雷霆。如果他們的配偶感到傷心和委屈，他們反而會攻擊對方、嘲笑對方、指責對方自私。每一個中國人，都不能不從八零後身上看到這畫面。雲易用「成年孩子」來描繪這群閃婚閃離的人。在她的博客中，她提到「成年孩子的現象製造了中國最大的病態社會」。**(13)**

聽聽這位女性王曉怎樣說：「我小的時候，很有藝術天賦，我也很喜歡畫畫。但是父母對我說，學藝術沒用，將來賺不到錢。我從來不需要考慮個人的生活，因為父母為我安排好學校、工作，和我的婚姻。現在，我的丈夫因為外遇，跟我離婚多年了，我一個人帶著孩子。我覺得壓力太大了，每個月的薪水除了要付房租，還有一大堆開銷，孩子讀書有困難。別人給我介紹過幾個對象，但是我也不知道怎樣和男人交往。我的日子過得真是生不如死。」

13. http://blog.sina.com.cn/yunyi95

屯尼爾醫生在論到溺愛的問題上寫到：「仇恨可以殺人，愛也同樣可以殺人，並且還沒有員警能管得了。」

教育孩子「追求成功」的盲點

「成功」的概念是指在事業、學術上取得成就。「追求成功」的理念和行動並沒有任何不妥。然而，「追求成功」的動機決定著成功之後的結果。一個沒有得到正常發展的、被壓傷了的童年，以實踐孝心、追求物質為動機的成功，是導致那些倒在追求成功的路上，或者攀上事業最高峰的人出現病態的結果。

中國的父母似乎比世界上其他的父母，有著更加強烈的慾望看到孩子成功。為了達到讓孩子成功，父母不惜辛辛苦苦工作，犧牲自己，甘願「為兒女當牛做馬」；可謂是嘔心瀝血，歷盡艱辛。同時，父母也施展出千奇百怪的、往往令西方人不可思議的招數。儘管如此，許多父母相信，為了孩子，這樣做值得；是在表達對孩子的愛。他們稱之為「天職」。

為了讓孩子成功，父母常常會從幼稚園開始，對孩子進行各種教育。除了完成學校的正常功課外，父母還為孩子安排了名目繁多的校外功課和活動，包括國語、英語、數學、繪畫、舞蹈、體育等等。孩子的學習似在填鴨子，強行灌食長胖，以便可以上市。當然，加強課外學習確有益處，可是孩子需要沒有壓力的時候。他們需要輕鬆、玩耍，自我思考，自我組合，自我恢復。否則，他們就像用光了的電池。

不過，大多數孩子所受教育的方法是強調戒律。孩子學習做什麼事都要先得到批准，否則不能做。父母相信，如果兒女聽話、順服，即教育成功。這種方法扼殺了孩子的創造力。孩子所受的教育是核實對與不對，而非自己發展解決問題的能力。有一個笑話，說兩個小學生都考了九十九分。美國的孩子回到家拿成績單給家長看，家長看了以後，對孩子又是抱又是親，笑眯眯對孩子說：「你真了不起！」中國的孩子回到家拿成績單給家長看，家長嚴厲問孩子：「那一分是怎麼丟的？」強調戒律的教育，使得孩子就像是關在籠子裡的小禽，待到放他到外面去，他絕不會鳴，也不會跳躍（魯迅）。

「孟母三遷」的故事常被引用來作為父母教育孩子的典範。孟子的母親為了讓孩子好好學習，三次搬家。後人效法孟母的做法固然有效，但是沒有考量到幾個因素：

第一，搬家不是一件容易的事情，且不提搬家對孩子是一個很大的心理壓力，往好學區搬家需要有一定的經濟基礎。

第二，孩子成績上去了，是因為孩子對讀書有興趣？還是因為害怕？動機不同，最後的結果可以看似相同，但內容完全不一樣。

譬如兩個人都考到大學，第一個人特別喜愛自己的專業，但第二個人心裡記著，我父母送我來讀書不容易，我一定不能辜負他們的期望。這樣，第一人享受了讀書的樂趣；但讀書對於第二個人而言，就成了沉重的負擔、責任和義務，這會直接影響到他的生活品

質，他的焦慮、對完美的追求、缺乏耐心，以及負疚感等其他負面情緒，往往成為他最終失敗的心理因素。

有一位現代版的「孟母」，為了讓孩子學習成績拿到名次，硬是賣了房子，在一個好的學區租了一個小公寓。這樣她的孩子得以進入好學校。但是，她卻沒有考慮，第一，孩子生活在一個家庭暴力的環境裡，經常看著父親經常酗酒，打老婆；看著媽媽傷心流淚抱怨連連，孩子不僅要安慰母親，還擔當了父母間的「外交大使」，整天尋思著如何不讓父母離婚，哪有心思讀書？第二，母親沒有正常收入，家裡經濟拮据，難以應付高昂的房租，母親的焦慮孩子都看在眼裡，記在心頭；第三，好學區、好學校人才濟濟，競爭力強，有錢人更不乏其數。這就更增加了孩子本來已經非常焦慮的心情，孩子怎麼會培養學習興趣呢？媽媽只看到孩子每天埋頭苦讀，但是卻不曉得，孩子學習並非因為對學習有興趣，而是對媽媽一片苦心的責任，被成功驅使的動力。孩子隱藏的各種負面的心理因素，總有一天會發作給媽媽看！

現代版的「孟母」，為了讓孩子進好學校，不僅可以變賣房屋，還可以與配偶離婚！這樣做的結果，即便是孩子能夠進入好的學校，也許孩子的成績會上升，但孩子學會了不誠實和欺騙；一生都會背負著對父母的內疚感。誰說這個孩子將來會有幸福呢？

當彈鋼琴成為上流社會人士的標誌時，父母親便一窩蜂強迫孩子學鋼琴。有一篇文章描寫了學鋼琴的孩子生活：「一把尺子、一張

凳子、一張怒氣沖沖的臉，只要是學過鋼琴的人，哪個不熟悉這樣的畫面？」一個十三歲的女孩丁琪，在舒曼杯鋼琴大賽中獲得四項冠軍，她在得獎感言中說：「感謝父親的四百記耳光。」另外一位成功的鋼琴家趙胤胤說道：「我自打三歲開始，除了睡覺以外，都做著同樣一件事情，一直做了三十多年。我相信是你也說不清楚，你到底是喜愛還是不喜愛鋼琴。」這篇文章寫到：「每一個立志成為鋼琴演奏家的琴童背後，都有一段血淚和抗爭交織的成長史。」

曾經有一位美國的鋼琴教授應邀到中國的音樂學校交流。校方安排了音樂學院最好的學生演奏給他聽。這位教授聽完之後，校方負責接待的人問他：「你覺得我們的學生演奏水準如何？」這位教授回答：「學生的技術水準都很高；但是，音樂裡面沒有生命。」

提醒孩子「不是最好的」，也被視為很好的育兒手段。《養心教育》的作者強調，告訴孩子他是最棒的，對孩子有害。因為這樣的話，孩子就不會謙虛，對自己就不會有清醒的認識，將來也不會接受失敗。

一位年輕女性撰文，談到小時候的經歷：「母親是一位知識女性。我是一個南方女孩，剛到北京的時候，由於口音以及個子矮小，最初幾個月，沒有一天不是哭著從學校回家。有一次，我在飯桌上泣不成聲，母親瞟了我一眼，問了一個我那個歲數根本不可能回答的問題：為什麼那些孩子只欺負你，卻不欺負別人？這個問題伴隨了我整個成長——無論我受了什麼委屈，無論我得到多麼不公平的待遇，我

永遠先問自己：為什麼是你不是別人？有沒有你自己的問題？……母親堅持認為要告訴孩子真相——你不是最優秀的，你不是最好的，這個世界有比你更強的人……我常常想，這是母親的另類教育吧？」這個「另類教育」的結果，是她一生都在為自信掙扎。

　　父母渴望子女追求成功有兩個原因：內在的原因與外在的影響。

　　「內在原因」來自於西元六世紀的儒家哲學。一方面，儒家教導人們學問高低是衡量一個人成功的標誌，令許多中國人相信孩子應該追求盡可能多的教育，取得在所學專業中最高的學位。這是以延續了幾千年的文化價值為基層的。在中國人根深蒂固的思想中，只有獲得最高的學位，才能得到足夠的尊貴、尊敬，進入主流社會。因此，父母不顧孩子的興趣、能力、精力、志向、志願，強迫孩子努力學習。另一方面，中國的「孝文化」鼓勵「光宗耀祖」是子女的責任和義務，成功就意味著「給父母掙光」，失敗就是「給父母丟臉」。這種教育往往使得兒女要等到成功才可以「榮歸故里」，不然就「沒臉見家鄉父老」。

　　在這些思想的主導下，父母灌輸給孩子的是害怕。譬如父母常常對孩子說：

　　「你要是不努力，將來就找不到好工作。」

　　「少壯不努力，老大徒悲傷。」

　　「考不到一流大學，你的一生就完了。」

　　「看見沒有？你若現在不好好學習，將來就像那個人一樣給人家當保姆！」

　　這樣他們會被壓力、焦慮、強迫性責任感、負疚、害怕等所驅使著努力往上奮鬥。

　　「外在原因」是受到國外成功思想的影響，但對其思想又缺乏真正的的瞭解。近年來，美國心理學家亞伯拉罕・馬斯洛（Abraham Maslow）的心理學在中國受到熱捧。最大的原因，就是人們希望能夠通過學習馬氏理論來「實現自我」。

　　馬斯洛的理論始於六十年代。當時，許多美國中產階級物質豐富，精神空虛。他們只考慮未來，不考慮過去。有些性格心理學家不滿意佛洛伊德的心理學總是針對性格「有病」的人，於是馬斯洛提出了對性格「健康」的人的心理理論。其主要內容是說，人首先需要滿足基本生活需要，包括食物、水和睡覺；之後人會需要安全感、愛、所屬感和自信心；最後，當這兩項需要都得到滿足以後，人會朝最高層次努力，即實現自我。

　　馬氏理論在國外流行一陣子之後，受到來自其他心理學流派的挑戰。批評家認為，馬氏的理論既含糊又主觀，沒有考量人性惡的一面。而且，他所代表的人文主義心理學，所關注的內容都是沒有科學依據的一面，譬如，愛、希望、創造力、價值觀、生活的意義、個人成長以及個人滿足等。利諾伊州大學的心理學家戴納（ED Diner）於2005年至2010年之間，在一百五十五個國家測試了馬斯洛的自我實現

理論，發現有些方面與馬氏理論一致，有些方面存在極大差異。馬氏理論的幾個層次是全球性的，但是這幾個層次的次序，跟人對生活的滿足感沒有什麼關係。譬如在一些貧窮國家或地區，人們連第一個層次的要求都無法到達，可是那裡的人卻非常幸福和快樂。

馬氏理論在中國被忽視和誤導的方面是對「自我實現」的理解。馬斯洛研究了一些心理健康、有創建性的人和他們的生活，包括美國歷任總統亞伯拉罕‧林肯、湯瑪斯‧傑弗遜，以及埃里諾‧羅斯福等人。馬斯洛發現這些人都有共同的特點，譬如自我意識強、接受自己、性格開放、有活力、有愛心、不受別人意見左右。馬斯洛本人用「內在的」這個詞來描述他們要實現自我的動機。這些人都有自己堅定不移的信仰——他們的價值系統和自我概念來自基督教信仰。所以他們對「自我」概念的理解也不一樣；對實現自我的「動機」也不一樣。追求成功對他們來說，是內在的自我一種自由、有創造性的表達方式；他們有一個清晰的人生目標，這個目標就是愛。愛引導著他們追求成功。

本‧卡爾森（Ben Carson）醫生是當今美國一位實現了自我的人。他的母親也算得上是一個「美式孟母」。不過這位「美式孟母」既沒有搬家，也沒有採取任何方式，讓兒子因為心存害怕將來成為「廢人」而發奮圖強。

卡爾森醫生是個黑人，由單親媽媽養大。小時候家裡經濟十分拮据，住在一個貧窮、治安不好的黑人區。媽媽沒有讀過幾年書，

也沒有錢搬家。她經常帶兒子一起上教堂。像馬斯洛研究的那些「健康人」一樣，卡爾森在教堂裡學習什麼是人性、生命的意義和目的；學到信心、仁慈、關愛、謙卑等等。漸漸地，卡爾森從一個學習成績不好，到後來成為好學生，進入醫學院，並在三十三歲那年，成為約翰·霍普金斯醫院（John Hopkins Hospital）神經外科兒科主任。他因為成功實施連體嬰兒分離手術，成為美國前二十名的醫生。他的外科技術革新了美國神經外科領域。卡爾森醫生也是美國各族裔、各年齡人，尤其是兒童的典範。他和妻子創辦了卡爾森獎學金，幫助兒童讀書。

中國人「內在的」價值觀念是什麼？光宗耀祖、物質追求成為許多中國人可望成功的動力。所以，馬斯洛理論關於「內在的」因素實現自我對有些中國人是一個挑戰；而且，中國人經歷過太多的心理創傷，以至於不少中國人產生偏執的性格特徵，過度地敏感和防衛。一提及「愛、希望、生活的意義」等辭彙，就會突然警覺起來，啟動了心理學家所謂「精神防衛」的系統，生怕跟宗教扯上關係，這樣便失去認識世界和發展自己的機會。

當人依靠外在的因素，作為追求和實現最高層次的動機時，害怕失敗就成為必然的心理狀態。假如本·卡爾森醫生這樣想：我媽活得這麼艱難還供我讀書，希望我成名；所以我一定要出人頭地，讓我母親過上好日子，否則我對不起她。設想他還能夠取得今天的成就嗎？早期的心理分析師奧托·阮可（Otto Rank）認為，

當人對生活存在著害怕的時候，很難真正實現自我。因為這種心理不可能有「內在的」力量，讓人自由、有創造性地表達自己；以愛為動力和目標，不怕失敗，富有冒險精神。屯尼爾醫生也指出孩子被外在原因驅使著想要成功的時候，越是努力，往往到最後越是失敗。「因為不是最好的學生日後有創建。況且，這樣也不會刺激孩子奮發圖強，相反會讓孩子感到絕望，會產生心理災難。最後，孩子為了不被生活壓垮，不得不用工作來武裝自己，他不能夠服務別人。」這就是為什麼有些人成功了，但卻不知道怎麼享受成功。他們忙著在物質上和權力上炫耀自己；在「包二奶」和燈紅酒綠中尋求刺激；他們尋求的是自我在物質上的滿足，而不是著重在對人的貢獻。

貢沙加大學（Gonzaga University）校長，哲學家羅伯特・斯皮特博士（Dr. Robert Spitzer）研究發現，以物質為基礎的「自我實現」有以下幾個特點：

（1）那些努力追求積累更多財富、愉悅以及擁有更多物質的人，一生的日子很好過。但是，因為人的精神和心靈比身體更廣闊更深遠，達到了這個層次的人獲得即時的滿足，不久這人就表現出諸如空虛、無聊、孤獨、沒意思以及缺乏方向感等症狀。

（2）這些人對「自我（self）實現」的理解其實就是「意識上的自我（ego）實現」。前者是指一個人的本性、特質和性

格；後者是一個人的思想、感覺和行為的能力。因為人對缺乏自我概念和自我價值的理解，他們在自己與他人之間設立了一個假想的對手。這就導致有三點對他們不利：

首先，努力成功僅僅是贏得和獲得權力，讓自己出名。他們的精力都花在讓自我強大上面，而不是積極的貢獻；

第二，從別人那裡提取仰慕，對他人發號施令，會破壞與他人的關係；

第三，當這些人更積極地投放自我的價值和地位，在名譽、地位、權力與財富上攀比時，負面的情感就出現了。

總之，當人努力追求以物質為基礎的成功時，結果就是他們失去幸福、生活的品質與愛的關係。

在一次會議上，卡爾森醫生被記者問到有關自信心與成功的問題，他回答：

找到自己是誰太重要了。看看別人，看看他們的生活朝哪兒走。看看他們是不是開心。你拿自己跟這一類人比一比。看看那些所謂鮮豔的人和他們動盪不安的生活——不幸福的生活。他們可能相信自己的生活方式是別人羨慕不已的；其實不然。你不停下來想一想，你無法知道。看看那些讓社會變樣的人。看看他們的生活，然後決定你想要哪一種生活。

「找到自己」——發現自己是誰，想成為什麼樣的人，為什麼

要成為這樣的人，才能發展價值觀，從而做到達到馬斯洛理論中所描述的「自我實現」。一個人的自信心、自我概念的形成以及愛心從哪來？那是小時候的「烙印」決定的。當父母沒有把信任感植入孩子的心裡，當父母顛倒了孩子的角色，讓孩子負起大人該負的責任，當父母有條件地接受和愛自己的孩子，或者無條件地溺愛和保護孩子，不讓孩子自己嘗試生活，孩子的身心發展已經受到阻礙，即便以後物質條件得到滿足，他也不會自動發展自我概念和自信心，當然，他所實現的「自我」，不會到達像卡爾森醫生或者馬斯洛理論中的「健康人」那樣的境界和層次。

第三章

中華文化與父母之愛

「大樹的故事」與父母之愛

「大樹的故事」是當代積極宣導儒家思想的女性學者于丹教授，在她寫的《論語感悟》一書中開篇所講的寓言故事，用來解釋父母對子女的愛，像大樹那樣完全、無私地自我犧牲。

有一個小男孩，從小就在一棵大樹邊玩兒。他特別喜歡這棵樹。這一顆大蘋果樹長得很高，又漂亮，又有很多甜美的果子。

這孩子天天圍著樹，有時候爬到樹上摘果子吃，有時候在樹底下睡覺，有時他撿樹葉，有時候他也拿著刀片、瓦片在樹身上亂刻亂劃。大樹特別愛孩子，從來也不埋怨，就天天陪他玩兒。

玩著玩著，孩子長大了。有一段時間他就不來了。大樹很想他。過了很久，他再來的時候，已經是一個少年了。大樹問孩子，你怎麼不跟我玩兒了？這孩子有點不耐煩，他說，我已經長大了，不想跟你玩，我現在需要很多高級的玩具，我還要念書，還要交學費呢。

大樹說，真對不起，你看我也變不出玩具，這樣吧，你可以把我所有的果子都摘去賣了，你就有玩具，有學上了。這孩子一聽就高興了，把果子都摘了，歡歡喜喜走了。

　　就這樣，每年他就是在摘果子的時候匆匆忙忙來，平時都沒有時間來玩兒。等到他讀書以後，又有很長時間不來了。再過一些年，這孩子已經長成一個青年，他再來到樹下的時候大樹更老了。

　　大樹說，呀呀，你這麼長時間不來，你願意在這兒玩會兒嗎？孩子說，我現在要成家立業了，我哪有心思玩啊？我連俺家的房子還沒有呢，我也沒有錢蓋房子啊。

　　大樹說，孩子，你千萬不要不高興，你把我所有的樹枝都砍了就夠你蓋房子了。這孩子高興了，把樹枝都砍了，就成家去了。

　　這樣又過來很多年，這孩子再來的時候，已經是中年人了，大樹已經沒有果子也沒有樹枝。孩子還是不高興，一個人心事重重地徘徊在樹下。

　　這孩子說，我現在成長了，念完書，也成家了，我為世界上做大事。這世界上的海洋這麼浩瀚，我要去遠方，但我連條船都沒有，我能去哪兒啊？

　　大樹說，孩子，你別著急，你把我的樹幹砍了你就可以做船了。這孩子一聽很高興，砍了樹幹，做了一條大船出海去了。

　　又過了很多年，這個大樹只剩下一個快要枯死的樹根了。這時候，這個孩子回來了。他的年紀也大了。

　　他回到這棵樹邊的時候，大樹跟他說，孩子啊，真對不起，你看我現在沒有果子給你吃了，也沒有樹幹給你爬了，你就更不願意在這兒跟我玩了。

這孩子跟大樹說，其實我現在也老了，有果子我也啃不動了，有樹幹我也不能爬了，我從外面回來，現在就是想找個樹根守著歇一歇，我累了，我回來就是跟你玩的。

這棵老樹根很高興，他又看見孩子小時候的樣子了。《論語感悟》（p.6-7）

這則寓言原名為「給予的樹」（The Giving Tree），是美國作家舍爾‧賽爾沃斯汀（Shel Silverstein）寫的，一九六四年出版。**(14)** 于丹教授在引用這則寓言時，沒有注明原著的出處，也沒有說明這本書在美國人眼中的真正意義。

六十年代的美國是一個以基督教為主導的國家。基督教文化對美國的文學創作影響很大。就這本書的內容上，大樹那種完全的、無私的自我犧牲的「原型」取材於耶穌基督或者大自然。無疑，大樹甘願為愛犧牲的精神境界很崇高。

美國的讀者在讀到這本書的時候，會想到耶穌基督為人類付出的犧牲；或者大自然給人類的饋贈。實際上，這本書在美國的讀者中爭議很大，絕大多數讀者持反對意見。可以說，儘管原文作者的動機很好，塑造了一個生動的形象，希望透過這個形象來表達一個有犧牲精神的理想榜樣；然而，這本書有一個嚴重的缺陷，用宗教

---

14. Shel Silverstein, The Giving Tree. USA, Harper Collins Publishers, 1964, renewed 1992 by Evil Eye Music, Inc.

的概念來講，它沒有給它所愛的那個男孩帶來生命和希望。用心理學的概念來講，這本書的缺陷就是傳遞了一種不健康的犧牲。

（1）愛不是自我犧牲：

大樹對孩子的愛是病態的。因為第一，它並沒有管教孩子亂在它身上亂刻亂畫；第二，它也沒有教孩子如何生活。結果孩子長大了還要「啃老」。大樹一生的精力都投放在孩子身上，期待著孩子的歸來，因為孩子對它很重要。顯然，大樹在這個過程中得到愉悅。心理學家把這個過程叫做「宣洩」。

可是大樹愛孩子，把孩子愛得連自己的生活能力都沒有了，這不能說是愛。至少是一種病態的愛。很多時候，這種愛的「宣洩」是無意識的，並沒有意識到愛的真正動機是什麼。佛洛伊德稱這種自我犧牲的愛是「自戀」；美國精神科醫生吉羅德‧梅（Gerald May）稱之為「成癮」；另一位精神科醫生史考特‧佩克（Scott Peck）說它是「依賴」。大樹寧願犧牲自己，讓孩子停留在生存的水準上，而不是鼓勵孩子成長和發展潛能。

聽起來大樹為這個孩子做了一輩子的犧牲。但是愛不是自我犧牲。真正的犧牲，是在「你死我活」的情況下，為了對方活下來，不得不做出的選擇。耶穌為拯救人類而犧牲自己，但他並沒有自己硬要走上十字架。他是被羅馬兵殺死的。在面臨危機的時候，母親放棄自己求生的機會，用身體保護孩子，這是偉大的犧牲——她不這麼做，她的孩子就會死。

這種犧牲跟大樹自己選擇被砍是兩碼事。譬如有些母親相信，她們為了孩子犧牲了婚姻，「好讓孩子有個完整的家」。她們會這樣解釋：「我的孩子需要我。我寧願犧牲自己，也要維持這個婚姻。」「為了孩子犧牲自己是值得的。」還有的母親竟然靠賣淫供兒子讀大學。這些話裡面，或者這些事裡面，傳遞著這樣的資訊：「看我多麼偉大！」美國第一個傑出的榮派心理分析師艾斯特‧哈丁博士（Dr. Esther Harding）描述這樣的母親「不帶感冒病菌回家給孩子，但把心理病菌傳給孩子。」她稱這樣的母親是「帶了面罩」，「看似慈祥，實為殘酷」。母親這樣的自我犧牲，是對苦難的曲解，只會使孩子感到害怕和內疚，而在害怕和內疚中跟母親建立的關係不會是健康真實的。因此這種犧牲心理學家稱之為「只不過是討價還價的另一種方式」。

這種自我犧牲不是美德。父母覺得他們「必須」或者「應該」為孩子犧牲自己，實際上這些「必須」和「應該」是父母自己製造的偶像，之後便自己拜倒在這個叫做「犧牲」的偶像前。如此一來，這些父母滿足了自己自我正確和偉大的需要，也獲得了在道德上高人一等的感覺；但是這種自我犧牲不是真實的，因為他們並不需要那樣做。孩子當然需要父母愛他，但是孩子更需要與父母建立一種真正、健康的關係；而這種關係是不能從父母所謂自我犧牲當中得到的。父母像大樹這種自我犧牲，不論在行為上看似多麼偉大，但是孩子的價值和發展並沒有得到父母的確認。實際上，這些

父母被一種看不見、強大的力量緊緊控制著，不僅丟失了自己，也透過自我犧牲，使孩子在負疚感和害怕中受到負面的控制。

（2）愛鼓勵被愛者獨立

心理學認定愛有兩個最大的特點。第一，愛永遠把被愛的人看做是獨立的個體；第二，愛永遠尊重和鼓勵所愛之人作為一個獨立的個體與自己分離。彭柯醫生說：「沒有把所愛的人看作是一個獨立的個體，並且鼓勵所愛的人與自己分離，導致許多精神疾患和不必要的痛苦。」

彭柯醫生和佛洛伊德一樣，認為像大樹這樣的自我犧牲是「自戀」，因為它的快樂就在於他希望孩子不要離開它，跟他在一起玩兒。心理學家稱之為「共生現象」。這在生物界是低級細胞生命的形式。在人類的家庭關係中，指的是夫妻關係，或者父母與子女之間的關係非常黏合，不分你我。家庭成員沒有「我」或者「你」，只有「我們」。個人的生活目標就是家庭的目標。這種關係看起來很親密，但在實際上，並非真正的親密，而是黏合在一起。因為靠得太近，各自缺乏空間成長，相互受到影響，最終會出現衝突。或者家庭成員都奔著家庭的同一目標而犧牲自己，讓大家取得共同的舒適感。

「共生」引起「黏合」。這種黏合的現象就是一個人在無意識當中，把自己當成了另外一個人；這人在另外那個人身上看到自己。這樣做的結果，是察覺不到自己把想法、行為、態度、反應、情感以及性格等都轉嫁給另外那個人。哈丁博士說：「這種態度其

實是在說，我想讓你開心，讓你的生活順利。我不想讓你受一點苦和累。這跟對孩子扮演上帝的角色沒有區別。」

這種黏合有許多的表現形式。譬如，孩子需要分擔大人的感受。一位父親心情不好的時候，兒子不知情，放學回家高高興興地但對父親說：「我的同學小虎借給我玩他的平版電腦。」父親回答：「你為什麼要用人家的東西呢？自己的電腦不能用嗎？你怎麼這樣下賤？再說，玩多了電腦會影響功課。你要知道什麼才是對你最重要的。還有，小虎這小孩不愛讀書，根本就不能跟他交朋友。」但是，有一天，父親心情很好，而兒子放學回來，臉上青紫了一塊：「我跟同學小明打架了。」父親會對他說：「哎呀！小孩子在一起，哪有不打架的？沒關係嘛，你怎麼不記得，上次小虎給你玩他的電腦呀？你要學會跟同學處好關係。」

有的時候，父母會對孩子說：

「你沒看見我正在為奶奶生病的事情煩著呢，你怎麼還在聽音樂？你是鐵石心腸啊？你要學會分擔父母的痛苦。」「當你快樂的時候，不要忘記父母為你受的苦。」

「怎麼回事？大家都開開心心，你這樣哭喪著臉，不是破壞氣氛嗎？快點高興起來。」

夫妻之間還會聽到這樣的話：

「你跟妻子過好日子的時候，別忘了你可憐的媽媽，曾經為你犧牲了一輩子，此時此刻正一個人孤單單地守在燈下。」

　　「子承父業」是常見的黏合表達方式。很少人會把它視為不正常的現象。有的時候，父母甚至還會誇口「在我兒子身上找到我的影子」，「這孩子跟他爹一個樣，將來會有出息。」有些寡婦會說：「看見我的兒子，就想起我過世的丈夫。我的心裡就得到安慰。」

　　網上有一篇文章讚揚母親：

　　兒子是她一生的使命，精神的慰藉和永遠的話題。同事們笑稱她是圍著小雞轉的老母雞，她卻引以為榮。操勞過度和精神壓力導致她經常失眠，但她卻告訴我們，有時深夜無法入睡，她總是坐起來，看著四個熟睡中的孩子，她就心滿意足，可以再睡一會。我們在她眼中永遠都是孩子，我永遠最小，永遠需要她照顧。即使我的孩子都上中學了，我回到北京時她還要為我鋪床和做飯；哪怕她自己都站不起來時，還要叮囑保姆為我做飯。不論我出門回來多晚，她照例都要見到我進門才能入睡。

　　美國心理學家瑪格麗特・馬勒（Margaret Mahler）認為，人從出生到三歲的這段時間，是從與母親的共生關係，到與母親的分離關係。一個人能夠成功完成這個分離過程，是一個人未來成熟的基礎。一個都無法與成年兒女分離的母愛，除了給兒女的心中增加負疚感和能力不足的感覺之外，還給了兒女什麼？

　　傳統文化鼓勵「黏合」，用「血濃於水」，「急人所急，想人所想」，「你儂我儂，你中有我，我中有你」，「親密無間」，

「彼此不分你我」，以及「好得像一個人似的」等，來形容這種關係的親密程度，讚賞和鼓勵這種黏合。所以在傳統文化中，很常見的是父母稱孩子「你永遠是我的孩子」。孩子也喜歡稱自己是「父母永遠長不大的孩子」。在很多時候，這種「黏合」被「血濃於水」的親情蓋住了。

當父母把孩子看作是自己的延續部分，他們沒法視孩子為一個獨立的個體，因而在情感的層面上，也無法適當地回應孩子的需要，或者認同和識別孩子的情感。「小孩子家懂什麼？」父母會這樣認為。他們高興的時候，孩子也應該高興；他們認為好的東西，孩子也得認定不是壞的；他們認為對的，孩子不能以為有錯。在這樣環境下長大的孩子，很難識別、接受和管理他們自己的情感。

在《非誠勿擾》的相親節目中，常常會有男嘉賓提出不希望找一個「太粘人」的女友。網站上有人描寫這樣的男女是「找媽媽情感模式」。但是他們也許不太瞭解，一個「粘人」的女友，是因為她從小就不是一個「獨立的個體」。儘管她個頭很高，看起裡像個大人，甚至事業也很成功，她根本就沒有在心理上長大。這些人結婚以後，照樣會把這種情感模式帶進婚姻關係中，導致婚姻失和，或者造成兩人的衝突。譬如，一位丈夫好幾天不開心，並且衝著妻子發火；因為妻子不願意跟著他一起愁眉苦臉的。「弟弟剛離婚，媽很難過，我怎麼可能高興？你要是愛我，你就不會這樣開心。」

這種「黏合」也會被集體自戀掩蓋住了。有一首歌唱到：「我

和我的祖國，一刻也不能分離。」「我們依戀長江，因為你有母親的情懷。」《非誠勿擾》（1012520）有個女嘉賓說生活中最高興的事情，就是在奧運會上，看到冉冉升起的國旗，令她心中激動不已。當今世界著名心理學家埃里希‧弗洛姆博士（Erich Fromm）在《解剖人的毀滅行為》一書中指出：「對父母的孝順、忠心的表達，得到集體的認同，不會有人產生異議。「集體自戀的對象不是個人，而是個人所屬的集體。深情地稱呼我的祖國、我的宗教等是最奇妙、最具文化特徵、最有力、最具有和平的表達方式。聽起來一點也不瘋狂，相反，像是在表達對國家的熱愛和忠城。」弗洛姆博士指出，這是「集體自戀」的表達形式。

「共生」及「黏合」產生看似「和諧」的家庭。心理學家詹姆斯‧特雷（Dr. James Tille）稱它是一種「功能紊亂的和諧」。大樹難以忍受孩子與他在情感、身體上的分離，就沖著大樹完全的犧牲，孩子已經有了「大樹情結」，要是不回來跟它在一起，不能不感到內疚和不安。這個孩子當然是一個無能的人，他沒有機會開發自己的潛能，不得不一輩子依賴大樹生活。

一些年前，有個牙都快掉光的外地老太太在廣州火車站拾破爛。她穿著皺巴巴的衣服，臉上也髒兮兮的，瘦弱的肩上扛著一個沉甸甸的袋子。當別人問她為什麼這麼大年紀還來拾破爛時，老人家微笑著，很自豪回答：「我的任務還沒完成呢！小兒子還在等我賺錢給他娶媳婦啊。」「我的小兒子今年二十八歲啦，他在家鄉的

工廠上班。」不管是老太太的兒子沒有能力自己籌辦婚事，還是母親覺得應該到外面討錢為兒子娶媳婦，母親和兒子都不會意識到，兒子和他未來的妻子將要為母親今天的犧牲付出怎樣的代價。

有一位母親抱怨她的「啃老族」女兒，說她每天都要為已經成年的女兒洗衣做飯：「我要是不做飯，她就不吃；我不洗衣服，她的髒衣服堆得到處都是。那怎麼辦？總不能看著孩子不吃飯吧？」現代研究發現，為什麼有些人戒酒困難？原因就在於他們可以依靠父母。這些父母一方面抱怨和擔心他們的「啃老族」子女，另一方面，誰也不願意放手。這就像要解決空氣污染，又不去發現污染源一樣，問題當然不會得到解決。

（3）愛中沒有負疚感

看到孩子回來了，大樹笑了。大樹用它的「笑」，把負疚感裝進孩子心裡。于丹教授沒有提及因為大樹「自我犧牲」的行為，促成了那孩子生活上的無能，她用這個故事教育大家：

老樹就是我們的父母，我們都是在樹下玩大的孩子……可是，真等到我們回到樹根邊的時候，心裡就已經有太多的遺憾了……所以，這個世界上，有一種至深的悲愴叫做「子欲養而親不待」。如果真的到了那一天的話，我們就是捶胸頓足，涕泗磅　，再三追悔，都過去了，來不及了。（《論語感悟》，p.7-21）

負疚感，中文字典的解釋是覺得自己抱歉，對不起人的意思。中文的內疚感、負疚感等，都表達著同一個意思。心理學家把負疚感定

為是一種精神上和情感上經歷的痛苦。這種痛苦來自人感覺到自己做錯了事情，或者該做的事情沒有做；或者想要做的事情沒有勇氣做；已經做的事情而沒能完成等。如果一個人違背了起碼的道德標準，或者犯了罪，這個人沒有覺得自己內疚的話，他倒不是一個精神正常的人，有的時候這種人會是很危險的。對父母的負疚感，很多時候是一種模糊不清的情感。心理學家稱之為「假負疚感」。

在佛洛伊德看來，假負疚的情感是在孩子成長的過程中造成的。當父母親諷刺挖苦孩子的時候，或者對孩子沒有善意的時候；小孩子感覺到被父母拒絕、忽視，他的精神生活中就會留下跟愛有關的創傷。他會覺得父母的愛是有條件的，以後他就生活在這種心理暗示和威脅之下，內心總有焦慮不安，感到自己處在一個無法預見的，轉眼就會失去的假負罪中。美國阿斯伯里神學院教授，心理治療師西門子（David Seamands）教授認為，假負疚感源於孩子希望得到父母的認同，久而久之就會把父母的價值觀轉化成自己的。譬如，父母告訴孩子：「你是家裡唯一的希望。」「你生來就是要照顧哥哥的。」「我為你犧牲了自己的事業。但這是我做媽媽的責任。」「要不是為了你，我早跟你爸離婚了！」這樣的話會在孩子心理成為負擔，孩子會覺得他必須完美、必須成功、必須做得好，必須努力讓自己強壯來卸下父母肩頭的重擔，所以學會了擔當責任，以此來討好父母。阿德勒博士認為，假負疚感來源於一個人拒絕接受自己自信心低下。榮認為是不能接受自己意識當中不愉快的

部分，榮稱這部分是「陰影」。屯尼爾醫生的觀點是，假負疚感是他人論斷與暗示的結果。

屯尼爾醫生寫過一本書《負疚感與恩典》，在世界上很有影響力。書中指出，假負疚感會導致「易怒」、「頑固」、「進攻性強」、「缺乏安全感」，以及「絕望」等情感；會使人產生恐懼，而恐懼正是「神經質」產生的根源。

西門子教授稱「假負疚是一種殘酷的、具有毀滅性的工具」，是「情感敲詐」。為什麼？

第一，負疚感會讓人越做越多，但不管多麼努力，還是掉進要表現自己的狀態裡不可自拔。

第二，作為情感敲詐，負疚感可以是控制別人最好的武器。

在日常談話當中，男人會因為母親活得不盡如意而指責自己沒有能力，會說些諸如「我對不起我媽，我很內疚」之類的話。尤其是當這個人功成名就的時候，他的母親卻去世了，他會說：「我很難過，因為我沒能讓我媽享到福。」假負疚感可以使人癱瘓，也可以殺人不見血。

美國有一部電影，講的是一個調皮搗蛋的人被法庭送到精神病院。結果他在那裡仍然不守規矩，反而領著病友熱熱鬧鬧地開派對。醫務人員拿他沒有辦法。醫院裡有一個護士長，平時總穿著一身白衣，說話柔聲細語的，一點看不出她的邪惡。有一天這個搗蛋鬼開了派對之後，這位護士長對他說：我認識你母親，你覺得如果

我告訴你母親這件事,她會怎樣?結果,這個人自殺了。因為護士長的話對他是一種心理暗示,他為對母親那種扭曲的責任而自責,痛苦不堪。他在對母親的負疚感下面瑟瑟發抖。

兒子之所以害怕母親知道他在醫院裡的表現不好,是因為他母親從小就運用負疚感作為工具來撫養他長大。有的男子成人後對此感到憤怒,就完全對母親置之不理;但很多男人卻會因負疚感沒有能力面對母親。不論哪一種表現,實際上,他們都害怕母親。這種人不光有華人的男子,白人男子也有這種趨向。母親總是依賴心理控制,非常嫻熟地運用負疚感來控制兒子。

這樣的影響有兩個:第一,毀滅兒子的婚姻。特別是當婆婆不喜歡兒媳的時候。母親可以用很多心理暗示,譬如用沉默、譏笑、諷刺、悲哀的表情、言語等等來控制兒子。第二,男人也無法真正愛母親,或者愛其他人。因為他不明白愛的順序。這是造成很多夫妻離婚的原因,即使不離婚,他們的妻子也很痛苦。這也是一種最具中國特色的家庭衝突和婚姻失和類型。

幾年以前,一位從中國到美國探親的母親,看到兒子每每回家都要先親吻太太,心中大為不快。有一天,母親對兒子說:「我無法忍受你每天回家親你老婆。我今天要看到你給她一巴掌!」兒子從來不抗旨,因為從小到大一直是母親眼中的「好孩子」、「孝順兒子」。

但這一回,兒子愣在那裡足有兩分鐘。他感到害怕、無奈、痛苦。他愛母親,也愛妻子。何況這是在美國,打人是違法的。兒子

正在不知所措的時候，聽見了汽車的聲響。妻子下班回來了！這時母親又喝斥道：「你聽見沒有？你如果今天不給她一巴掌，我就一頭撞牆死給你看！」說著，母親真的從沙發上站起來。

工作了一天的妻子，這時像往常一樣帶著疲憊的身體和幸福的期待走到丈夫跟前。冷不防，看見鐵青著臉的丈夫突然舉起右手，狠狠朝她臉上打了下去。

母親長長地舒了口氣，重新坐回到沙發上。

震驚的妻子，摀著火辣辣的臉，含著眼淚，抓起桌上的電話……幾分鐘後，一把錚亮的手銬銬住了兒子的兩個手腕上。兒子在母親面前被員警帶走了。後來，這對曾經恩愛的小夫妻辦理了離婚手續。

你相信這位母親真的會「撞死在牆上」嗎？她雖然發誓要傷及自己，用健康、幸福乃至生命來威脅兒子，但她一般不會這麼做。她只是在帶兒子入戲而已。但這一招不僅有效，而且最成功。因為她製造了緊張空氣，把過錯從自己身上推得乾乾淨淨，不知真真假假，讓兒子覺得全是自己的錯，所以，這個時候必須選擇效忠母親，義不容辭地救母親脫離痛苦。兒子用坐牢和失去婚姻的代價，保證了母親演出的成功。

更多的時候，處在婆媳糾葛中的母親既不哭，也不鬧；她用一種悲傷的神情、悲哀的眼神、悲涼的聲調告訴子女：我的幸福、我的健康，都在你的手裡啊！你的解決辦法只有一個：給我想要的！我不必親口告訴你我要什麼。別問！什麼都不要問！我的眼睛已經

告訴了你。你去猜、你去想；猜不出、想不到，我就受苦給你看！那就是你的錯。你不給我一個滿意回答，我就病給你看！痛苦給你看，死給你看！

假負疚感不僅僅反映在對父母的態度和行為中，也延伸到成年人的其他關係當中。一個人可以與他不愛的女人結婚，因為對方的家庭曾「有恩」於自己或者家人。一個女孩子可以因為「感恩」而「以身相許」。那些被成功驅使而早逝的精英，那些被憂鬱症或者其他精神問題折磨的人，那些成為「二奶」或者「小三」的人，在他們的心中，假負疚感常常是「背後的操盤手」，讓他們成為他們現在的樣子。

于丹教授在對「大樹的故事」解讀中，排列出一個生活的順序：

不夠孝順→感覺負疚→重新孝順。

如此形成一個惡性循環。它保護了父母擁有子女的至高無上的權利；將孝順的理想化與不孝順和負疚感混合在一起，試圖在孝順的美德中訓導子女。這種家庭結構的宗教，由一個負疚的繩索牽著子女，恐怕他們永遠無法「到世界上走得更遠」。

可是，把傳統文化的「孝道」插入原著所宣導的自我犧牲精神當中，用一系列「禁止」和「教導」試圖實施孝道，結果只能把意識包裹起來，使人掉進假負疚的情感當中，被假負疚感所驅使。但是，假負疚感是個強大的武器，一個看不見的殺手，對成年人的婚姻、家庭、幸福、乃至生命具有極大的殺傷力和破壞力；它就像是一個人心中的敵人，用人的失敗來羞辱人自己；它吞沒了人的活力和創造力，成為

人的主人，而人卻成了假負疚感囚禁的犯人——道德教育的犯人。

人為了假負疚感付出的代價實在很高。

「烏鴉反哺」與「孔融讓梨」

「孝文化」是以父母為中心的傳統文化，也是中華文化的代名詞。它的經典方式，就是灌輸給人「回報情結」。香港大學周·史提芬（Stephen Sau-Yan Chao）撰文指出：「中國父母只教導孩子符合道德的標準，即孝順父母為第一美德；不會考量孩子的心理需要。孩子長大要孝順……中國人追求成功的動力因素是自我犧牲的順服。」「孝文化」不僅誤導父母在情感上虐待孩子，更以高尚的理由保護父母在情感上對孩子的虐待行為。它給了父母要求子女回報養育之恩的權利，讓成年子女以犧牲自己的人性來回報父母。

父母之愛是本能嗎？東西方的傳統文化和社會習俗都有這種說法。但事實未必如此。父母選擇要孩子與父母愛孩子有極大的關係。顯然，不是所有的父母是因為愛孩子才要孩子。有些父母迫於社會和家庭的壓力生孩子；有些女性選擇生孩子是為了能夠確保在家庭的地位。尤其是女性生了男孩，她在夫家的地位和權力會大大提高。有些「二奶」或者「小三」會利用孩子作為手段，威脅包養她們的男人與原配離婚，娶她們為妻。有一位女士對輔導師說：「你必須讓我在六個月之內懷孕。只有這樣才能保住我的婚姻。」有些人成為父母純屬偶然。有些人則需要一個孩子來填補生活中的缺憾，或者因為他

們需要一種親密的關係，所以要找一個小孩子來愛。中國人很少收養孩子。即使收養，也不是因為要給那個可憐的孩子一個家，而是他們自己需要一個孩子。這樣，好讓他們可以「老有所依，老有所靠」。甚至有些現代職業單身女性，選擇通過試管嬰兒的方式，擁有一個孩子，因為她們「年齡大了，怕以後沒有孩子。」

隨著近年來離婚率的上升，很多中國的母親選擇放棄孩子的撫養權。即便是她們想要保留孩子，父母家人也會力勸她們：「不要這麼傻！帶著小孩子，妳怎麼還有機會嫁人？」文學常常這樣形容父母離異的孩子：「父母一離婚，孩子的天空就塌了，成了無人要的孩子。」帶著這樣功利的目的，生來就有缺陷的孩子會如何？毫不奇怪，在醫院裡，或者大街上，會有被遺棄的嬰兒。甚至還有不少報導，嬰兒被扔到垃圾桶裡。也毫不奇怪，中國是最多孩子等待被領養的國家之一。

但是傳統文化不談父母生養兒女的動機，以及由此產生的對兒女的愛。不論父母選擇要孩子的動機是什麼，文化認為父母給了兒女生命就是「恩」，兒女將來要「回報父母的養育之恩」。這種概念和倫理觀被傳統文化視作一種美德，從小就灌輸給孩子。

「烏鴉反哺」的故事記載在《本草綱目‧禽部》：慈烏：此鳥初生，母哺六十日，長則反哺六十日。」這個故事是說烏鴉小時候，都是由媽媽辛辛苦苦飛出去找食物，然後回來一口一口餵牠吃。漸漸地，小烏鴉長大了，烏鴉媽媽也老了，飛不動了，不能再

飛出去找食物。小烏鴉會反過來找食物餵養母親。這個傳說故事被中國人作為最好的回報父母之恩的典範，用來教育兒童。甚至認為，在某種程度上，縈繞在人們心頭的「反哺情結」，至今仍是維繫社會及家庭走向和諧、溫馨和安寧的重要力量。《養心教育》一書的作者把回報父母養育之恩列為成功教子的第一祕密。作者認為：「不求回報的愛是倫常的顛倒。」「不求回報豈能有孝？」從時間上說，兒女一輩子也回報不完父母的養育之恩；從數量上說，怎麼做也無法回報父母的養育之恩。網上有一篇文章寫道：

父母對兒女的「愛」是有條件的，兒女對父母的「孝」是無條件的。中華文化把父母對兒女的「愛」假定成必然，所以不拷問，而餘下的所有努力都貢獻給培養兒女如何對父母無條件地「孝」。所以整個中國民族幾千年的歷史，就是供養父母、給父母養老的歷史。**(15)**

中國的孩子從小的時候就被教導要犧牲個人的利益，滿足父母和家庭的利益。「孔融讓梨」是一個家喻戶曉的故事，視為孩子的道德典範。父母親用這個故事來教育孩子為家庭貢獻。四歲的孔融是一個很有天分的孩子，因為懂規矩、會背詩深受父親喜愛。有一天，父親買了一些梨拿回家，給了孔融一個大的。但是小孔融卻搖搖頭，拿了最小的梨。他對父親說：「我的年齡最小，應該吃最小

---

15. http://blog.sina.com.cn/s/blog_4dff568e0100rne5.html

的梨，大的留給哥哥。」父親非常高興。

　　這個故事的美德是孩子沒有把大梨留下，而是讓給哥哥的能力。聽起來是一個很好的故事。但是問題在於，四歲的孩子應該不應該先犧牲個人利益，照顧別人的利益。小孔融因為把大梨讓給哥哥，得到父親的稱讚。父母親看到孩子懂得顧全家庭的利益而犧牲自己的利益，都很喜歡，但是他們不知道，這種不現實的期望遠遠超出了孩子的能力，會弄殘孩子的精神。

　　有傳統文化的支持，父母可以理所當然通過述說為孩子的犧牲，來要求成年子女報恩的態度。「我為了你的緣故」、「我為你做了這些、那些」就成了父母要孩子回報的合理提醒。父母供養一個孩子上大學不是一件容易的事情，尤其是經濟上比較困難的家庭。等待這個讀了大學的成年子女的，無疑就是要回報家人為他做出的犧牲。既然他已經被早早地灌輸了欠父母的思想，他必須全心想著幫助家人獲得好的生活。因為這個原因，男人會過多資助他的原生家庭，卻忽視妻子兒女。如果一個受過教育的女性不寄錢能給父母，她會為無法報效父母親而內疚。

　　下面這個故事來自一位「二奶」的自述：

　　她出生在一個貧寒的家庭，自幼成績好，家人認為是「一個聰明的孩子」，而將「全家的希望」寄託在她的身上。為了讓她能夠讀大學，弟弟輟學打工。她的父母親到處借錢，還堅持賣掉房子，住在牛棚裡。她說，感到承載著家庭的重任，有太多的壓力，所以

第一次考大學沒能通過。她想找一份工作，但是父母親告訴她，必須考下去，直到考上大學。因為他們經常對鄰居們說：「我們的女兒讀書最爭氣。等供她讀完大學後，她就會為我們家蓋起村裡最好的房子。」當大學畢業的時候，她告訴父母，她已經找到了一份工作。父母非常高興：「我和你爸也總算是熬出頭了。」這個年輕女子寫到：「我其實沒有找到工作。為了回報家人的親情，我最後不得不選擇做了別人的二奶。」

　　「親情之債」就是讓許許多多的年輕女子成為二奶，或者許許多多男人毀掉婚姻關係的另一個原因。「親情」裡面裝有什麼？期望、責任、義務、負疚、羞恥、自我否認、自我犧牲、自我欺騙。通過「以實際行動」回報親情，來贏得一個人兒時沒有得到的父母的認同：「這回爸媽會愛我了！」屯尼爾醫生形容這些人就像一個被壓上賭注的賽馬，要不惜一切代價贏得勝利，他們就被這種情感所毀掉了。他們不曉得，並沒有欠下家庭為他們付出的犧牲；相反，既然他們能夠進大學是家庭的榮耀，家庭倒是因為這份榮耀而虧欠了他們。

　　貧窮不是原因，扭曲的價值觀才是導致問題產生的原因。當一個女孩子生長在一個貧寒的家庭裡，她看到父母掙扎在貧困中，目睹著父母的沮喪和無助。而父母親時常用言語和非言語，向女兒傳遞著低人一等的資訊，同時又把他們的期望深深植入她的腦海中，一點也不會意識到，他們的做法將會帶給女兒什麼樣的情感。

　　這種扭曲的價值觀，會讓一個貧寒的家庭裡長大的孩子不斷提醒自己：貧窮就是恥辱。用這種道德觀教導孩子，將來這個孩子若無法滿足父母的期望，讓家人過上富裕的生活，孩子會感覺不孝。一個女孩子不能在生意或者學業上成功，無助、羞恥和內疚就會讓她絕望，而選擇做「二奶」也就成為唯一能夠「回報家人親情」的途徑了。

　　誰說父母都是愛孩子的？在這樣的家庭裡，父母的愛就是有條件的。當這個年輕的女子能夠提供物質給家人享受的時候，她就可以贏得父母曾經沒有給予她的愛，贏得父母對她「孝順」的讚賞，因為她「令家人感到自豪」。每次回家，她就受到皇后般的待遇。「二奶」常常會聽到父母親面帶微笑對她說：「我們沒有白養妳」。「妳沒有讓我們失望。」「妳沒有給我們丟臉。」「我們這輩子有依靠了。」「鄰居都羨慕我們有個好女兒。」「現在我們該享福啦！」在大多數情況下，父母是知曉女兒如何大把賺錢，但是他們會假裝糊塗，甚至有些父母為了不失去好的生活，竟然說服女兒保持與男人的「二奶」關係。「想一想啊，如果妳離開他，我們怎樣能夠住得起這樣的房子？妳不介意我們再過以往貧窮的日子嗎？妳忘了鄰居怎樣瞧不起我們嗎？」「這年頭，笑貧不笑娼，誰不是衝著錢來呀？！」但是如果女兒的「二奶」關係最後以悲劇收場，做父母的往往會立即改變對女兒的態度，或對女兒唉聲嘆氣，或者指責女兒有辱門風，有些則威脅與這個犧牲了個人尊嚴的可憐女兒斷絕關係。就像前面那位女子所說：「我為親情付出了代價。」

每一個二奶都有一部悲劇和情感創傷的故事。是兒童時期沒有得到愛，留下的傷痛和渴望；是她們背負的親情、對家庭的「責任和義務」，讓很多年輕的女子飛蛾撲火，絕望地填補這個愛的空白，希望在做「二奶」的關係中找到滿足。她們為自己製造了被愛的幻覺，最後還是會發現，想屬於那些有家室的男子，只能增加她們害怕沒人要，或者被拋棄的焦慮；或者淪為置一切而不顧，傷害別人的罪人。

　　這種「回報父母養育之恩」的文化，很容易造就父母忽視親子關係，而注重向子女陳述他們給過子女的「犧牲」。有一位成年兒子回鄉探親，母親不是與他享受母子在一起的時間，而是經常淚漣漣地告訴兒子：「你小的時候，我為了你受了多少苦啊！」「你還記得嗎？那一年冬天你生病，我硬是一個人背著你走幾里路，把你送到醫院，醫生說，再來晚幾分鐘，你就沒命了！」父母用這種陳列自己為子女的付出和所做的犧牲作為手段和槓桿，強迫成年子女和配偶完全盡忠孝順他們。這種要求可能是公開的：「沒有我當年的犧牲，哪有你現在的好日子？」「你的錢（財產等）還不是我的錢？！」或者「這就是你對我為你做出犧牲的回報嗎？」

　　有的時候，父母用冷漠和拒絕的手段懲罰成年子女沒有滿足自己的願望。子女大老遠回家看望父母，但是父母覺得子女「娶了媳婦忘了娘」，或者在某些方面沒有滿足自己的要求，或者期待著子女「揣摩自己的心意」，滿足自己的某些要求，於是對子女冷冷淡淡，若近若離，繼續給子女發送著「雙層資訊」——你明白了嗎？

想讓我高興，你該知道怎麼做！大多數時候，在父母「雙層資訊」環境中長大的子女，會心存負疚，也會想辦法討父母喜歡。

這種態度不僅導致這個成年的孩子會因父母不滿意而感到愧疚，往往還會導致成年子女的婚姻觸礁。因為他們的配偶也被迫要求跟著他們一起孝順他們的父母。學者易中天在《中國的男人和女人》一書中寫到：「好妻子的意思就是婆婆的好奴才。」

父母對子女的感恩態度要求也可以是無聲的。即便他們意識不到，他們也會希望孩子為他們的犧牲給與補償。《養心教育》的作者鼓勵父母應該在孩子面前扮演「苦情戲」。因為「父母為子女犧牲太多」，但是，「家長過於內斂，很多時候希望孩子明白自己對他們的愛和良苦用心，但卻又無法表達出來，總希望孩子自己去領悟」。所以作者提倡家長要：「放下面子，做一點苦情戲是完全必要的。」「應該夫妻配合，找適當的時機，父親在母親不再的情況下談母親的辛苦和不容易。母親在父親不在的情況下真切地跟孩子談父親的辛苦和不容易。時間長了，孩子漸漸也就懂得體會父母的辛苦和不易，也就會真的尊重和體諒父母。」作者認為，這種做法是「與孩子的情感交流過程」，是「成功的教子之道」。

雖然很多成年女子沒有必要在經濟上資助父母，但「養兒防老」之類的古語仍然影響巨大，因為父母視孩子對他們的孝順，為他們唯一的精神支柱。有些父母完全依賴孩子填補他們的孤獨。下面的現象可以用來描述父母不滿意的時候，如何一聲不響地懲罰成年孩子。

2007 年 2 月 15 日，南京的一份報紙上，刊登了一位寡居母親的「徵子廣告」。這位母親曾哭著對兒子說：「你就是我將來唯一的希望。」但兒子不顧她的反對，選擇移民美國之後，這位母親變得絕望。她不願與兒子一同住在美國，但是一個人在中國又感到孤獨，於是決定與一位未成年人簽訂協定，如果對方願意陪伴她的晚年直至去世，那人將可繼承她的房產。

　　這則廣告曾引起強烈反響。幾乎所有的評論都指責兒子「不孝」，並且讚揚這位母親「為兒子犧牲的愛」。此後，類似的廣告不斷出現在報紙和公共媒體上。沒有誰會注意那些透過「徵子」來打發日子的老人，製造出了怎樣的負疚牌殺手鐧，毀掉他們子女的精神。

　　還記得那個因憂鬱症自殺的許麗陽嗎？死了還要被指責為「不孝」！

　　「回報父母的養育之恩」，還包括要滿足父母的期望。一位碩士畢業生孫鳳芹為了報答婆家對她讀書期間的支持，決定滿足婆婆想抱孫子的願望，讓夫家有兒子繼承家業，在懷孕十周的時候，孫鳳芹與婆婆找到一家私人診所，做了「絨毛穿刺術」來鑑定胎兒性別。結果導致「胎兒發育異常，左側胳膊、右側小腿和左腳未見發育」。最後不得不住進了醫院，實施了引產手術。

　　成年人要滿足父母的期望，小孩子也不例外。即便是被家長們稱為「小太陽」、「小皇帝」的孩子，一方面被大人們溺愛，一方面也同樣要滿足大人的期望：不哭不鬧的孩子就是好孩子，會背誦

古詩、會說英語、會畫畫的孩子就是好孩子。

中國的父母公開宣稱他們對孩子的期望：「我吃夠了沒有讀書的苦頭。所以你必須完成我的夢想。」「你是唯一可以改變家族貧困命運的人。你必須努力達到目標。」父母可以要求孩子上大學，僅僅是為了圓他們當年沒有機會上大學的夢想。他們可以期望孩子做生意、發大財，為的是他們遭遇過經濟上的困難。他們會催促孩子成就學業，為的是在孩子身上實現他們曾經失敗的理想。有一個年輕人，談到被大學錄取時說：「雖然讀清華大學可以讓我有更好的未來，但是我明白，是媽媽希望我有一個更好的未來。她達到了她的目標。她很高興。所以我也很高興。因為我的幸福來自母親。」

如果孩子惹來麻煩、出了問題，人們首先想到是同情父母、批評孩子。在南充儀隴縣義門鄉，有一名在單親家庭長大的男孩，翻牆進校偷了東西。校長回憶這孩子的母親被叫到學校的時候，先為自己訴苦，再把責任推給學校：「一進來，他媽媽就說自己命苦，小明三歲時，她丈夫就跑了。」「娃娃很不聽話，希望學校好好教育。」「家裡用來修磚房的錢也不見了，銀行卡肯定是小明偷了！」這位母親還在小學校的大會上責怪她的兒子：「同學們要好好讀書，聽老師的話；遵守學校紀律，不要像我家孩子那樣。」不料她的話音剛落，便一頭栽到地上，還來不及搶救，便去世了。鄉親們議論說：「（她）可能是急死了的！哪個不想望子成龍嘛，出了這樣不聽話的娃娃，當媽的多難受！」

誰也沒有關注一下，當這位媽媽的兒子更難受！

這樣的情形並不罕見。做孩子的有什麼地方讓父母不高興，孩子的老師、親戚、朋友、周圍的鄰居等、也會對孩子說：「你這個孩子應該懂得感恩你的父母。因為你的生命是父母給的。你的責任就是讓父母開心。」如此一來，努力滿足父母的期望，就成了孩子的掙扎。要不然，孩子會聽到父母告訴他：「你叫鄰居怎麼說我啊？」

於是，為父母爭光、給父母帶來榮譽，成了兒女生活的最高道德規範和追求的目標。因為這個原因，孩子經常不得不犧牲選擇生活的權利，為的是滿足父母的期望。很多論及父母對孩子的溺愛問題，大都談到溺愛孩子的害處，但很少提及給予孩子的負擔。最重要的原因在於，中國是一個集合體的文化，孩子並不是一個個體，而只是家庭的延伸體：他必須為家人而活。滿足父母的期望，光宗耀祖被視為一種美德、一種責任、一種義務。這是一代傳一代的文化價值觀。

當前中國，「一個孩子政策」使得這個問題顯得更加突出。這一個孩子不僅承載著父母的期望，他的肩上還扛著八個大人的期望，包括祖父母、外祖父母等。在《兒童情感虐待》一書中，喬爾·柯維茲（Joel Covitz）博士寫到：

在家庭系統裡，獨子處在一個危險的地位……問題就從高估這個孩子開始。父母對於後代所有的幻想，都集中在一個人身上。這個獨子總是處在聚光燈下。他總是有壓力。父母對於這個獨子的幻想通常是他的一個負擔。當孩子接收到無意識的資訊，你是我的唯

一，你是我的希望；早點結婚，讓我抱上孫子；我希望你成為一位專業人士等，這孩子就會感覺到他已經像一個被編好的程式，履行著討父母喜歡的方式，他還不能令父母失望。」

為了「盡孝」，子女會過上另外一種生活。

第一，這人無法原諒自己的失敗和錯誤。他無法允許自己生活得好。他會對自己說：「我怎麼可能住在舒適的房子裡，享受自己的生活？父母為我付出那麼多，而他們至今還生活在貧困之中？」「我現在有家了，可我怎麼能看著母親現在一個人獨自生活？」這種方式的「報恩」，好像是在贖罪一樣。他的心理糾結不僅讓他自己受盡負疚之苦，也讓他的配偶和孩子成為他負疚的受害人。

第二，透過自我犧牲來回報養育之恩。即犧牲自己的生活來報答父母的養育之恩。「父母在，不遠遊」讓許多人放棄外出發展的機會，或者不切合實際地省吃儉用，把錢寄回家；或者不顧實際情況把父母親接過來同住。甚至不惜離婚，也要照顧好父母。

在《非誠勿擾》電視相親節目英國專場中（20120212），一位男嘉賓上場做自我介紹，就先報告自己的學術成就，然後談到他從母親出了一次車禍之後，他就開始「有心病」：「媽媽告訴我她去度假了。後來我知道了真相，揭開了我心裡的傷痛。我把自己關在房間裡，整整哭了一夜。我意識到這個事件極大傷到我。」

這位男嘉賓的自白引起臺上的討論：

主持人樂嘉：「為什麼這個一個小車禍讓你的情緒如此激

烈？」

男嘉賓：「父母送我們到海外接受教育，他們想要的遠遠超過我們的理解。很多事情他們瞞著，不讓我們知道。」

主持人黃菡：「你是說因為距離和分離，哪怕父母有一個小小的事情，也會讓你擔心是嗎？」

男嘉賓：「是的。因為媽媽在她康復期間告訴我，她完全是依靠我支持她的力量和安慰。我努力討她的喜歡。我應該說，我的內疚感遠遠大於車禍本身。」

女嘉賓A：「我們理解你的情感。我們生活在海外，父母總是隱瞞真相，所以我們覺得內疚。」

主持人樂嘉：「然後呢？」

女嘉賓A：「內疚。然後我們感覺不能孝順父母。」

主持人樂嘉：「然後呢？」

女嘉賓：「然後會影響我們對生活的決定。」

主持人樂嘉：「然後呢？」

女嘉賓A：「然後我們內心掙扎。我們希望能做得更好，獲得更高的成就，可以回報父母。」

主持人黃菡：「現在清楚了。你為了自己的將來去海外，然後你懷著對父母內疚的心。這是你必須要付的代價。」

男嘉賓：「是的。」

女嘉賓B：「男嘉賓，你現在的任務就是找一個孝順的妻子讓

媽媽高興。」

這一段討論顯現出中國孝文化親子關係的幾個特點：

對於母親：

雙層信息：父母想要的，他們並不表達；他們告訴兒女的，並不是他們內心想要的。

共生與黏合：母親的健康、幸福完全依賴兒子。

對於兒子：

假負疚感的產生導致：

（1）努力討父母喜歡。

（2）內心的精神掙扎。

（3）個人生活受到影響。

（4）追求成功的動力受到影響。

（5）婚姻關係受到影響。

在孝文化的概念裡，父母有權力擁有兒女，而子女只是父母生命的延伸部分，是父母生命的意義和期望、寄託，是父母的安慰，但從來不是他們自己。兒女首先要把父母的需要放在首位，這是美德；不論他們年紀多小，也要奮不顧身滿足父母的需要。小孩子可以與父母顛倒角色，承擔父母應該承擔的責任；成年子女可以娶一個孝順的老婆；甚至可以靠賣身來讓父母過上好日子。他們生活在

假負疚感中，不敢探索和體驗生活，卻總在想著如何討父母喜歡。有一篇文章寫道：「小時候就常聽父親這樣說：你是我生的，沒有我哪來的你，所以你就得聽我的。常聽母親這樣說：我一把屎一把尿把你拉扯大，我容易嗎我……嗚嗚嗚……」文章結尾寫道：「中國是一個有罪的國家，中國人從一出生就是債務人。嬰兒的第一聲啼哭意味著：他已欠下了父母的生育之恩、養育之恩、教育之恩，還有些雜七雜八的恩。」(16)

子夏給司馬牛的忠告

于丹教授在《論語心得》裡講過一個故事。故事的大意是，孔子的學生司馬牛告訴同學子夏，因為沒有兄弟他感到憂傷和痛苦。子夏聽了以後勸導他要順應天命，通過修身養性，做一個有良好修養的真君子，以此來贏得他人成為自己的兄弟。子夏給司馬牛的建議歸納起來有兩條：第一，司馬牛應該怎麼做才戰勝痛苦與憂傷；第二，司馬牛應該付出努力掙得他所想要的兄弟。這條建議聽起來很合人心意，但是卻違背了人性，只能產生海市蜃樓的效果。

首先，改變看法並不能醫治憂傷。子夏的建議沒有提到司馬牛應該如何看待因憂傷而產生的情感反應。司馬牛為什麼憂傷？他渴

16. http://www.douban.com/group/topic/7716668/

望一種關係——一種溫暖的、愛的關係。他向同學子夏敞開心扉，因為希望子夏聽到自己的心聲，並且得到子夏的安慰、理解、鼓勵和支持。但是子夏並沒有給司馬牛想要的。既然司馬牛沒有辦法決定和左右他是獨子的命運，那他就只有承認並且順應這個事實。無疑，子夏給與司馬牛的勸導是非常理性的。面對苦難和憂愁，能夠擁有平和的心態，坐看雲起、一任滄桑，並且以美好的心情對待世界，對待周圍的人，當然是理想的精神境界。子夏給與司馬牛的心理輔導看來非常聰明，但沒有到位。

一個人沒有兄弟，或者生活中遇到缺憾和苦難而感到憂傷是人的本性。假如說一個人罹患絕症，你覺得這個人只要接受現實就夠了嗎？難道只要他接受了現實，身體上的疼痛，和心裡對死亡的恐懼，以及對生命的嚮往，就會自動消失嗎？光是想著接受現實沒有幫助，他必須先要理智、誠實面對自己的身體狀況，承認自己的病情，不壓抑因病痛而產生的情感反應，願意尋求和接受醫生的治療才真有希望得到痊癒。

如果一個男人失業，妻子對他說：「沒關係，我的薪資也能養家。」你覺得這個男人聽了會覺得如何？如果你所愛的人去世，人家告訴你：「不要再難過了，你要堅強點！人死不能復生。再說，這對病人也是解脫。」你想你會停止悲傷嗎？

如果以前沒有得到配偶的善待，你對此耿耿於懷，人家勸你說：「過去的事情都過去了，你們現在不是生活得很好嘛？幹嘛舊

事重提？這樣會傷感情的。人總要往前看。」你覺得這樣的忠告會讓你有怎樣的感覺？恐怕會讓你的情緒更糟。你會覺得孤獨、不被理解，會感到不滿意。你會覺得這樣的忠告顯得既禮貌，又蒼白無力。屯尼爾醫生說：「如果我們的回答是給人忠告和理論，我們是把自己放在比對方更高的地位，而不是站在同一位置。我們關心的只是思想，並不是人。」

「你應該這樣做」、「你必須那樣做」，或者「你不應該這樣說」、「你應該那樣說」等，在心理學裡，是一種認知障礙。西雅圖的臨床心理學家帕洛特博士（Dr. Les Parrott）論述道：「這樣的字眼只能有破壞作用。它們就像是種子，你種下了，它們就會瘋長，毀掉好的蔬菜。」

現代社會有許多成功的女性因為各種原因選擇獨身。她們經濟上獨立，也可以不介意來自社會和家庭的輿論壓力，生活灑脫、自由。但是，這些單身女性的孤獨情感仍然是難以排泄的。因為結婚是大多數人，尤其是女性本能的、自然的願望。你可以告訴她們找個性伴侶滿足性的需要，你可以幫助她們找到釋放母愛的地方；你可以教導她們追求精神昇華，但你不能讓她們壓抑和否認對婚姻的正常渴望。屯尼爾醫生說：「用宗教信仰和道德上的忠告來安慰未婚的女性不會有作用，也不是真正的幫助。把自己奉獻給一個主義，一種思想，不論多麼高尚，都不會讓女性找到奉獻給丈夫和孩子的滿足與體驗。」

這種用改變人的思想來對待生活中的缺憾和苦難的精神，在西

方稱為「諾斯底主義」。「諾斯底」這個詞在希臘哲學裡是「知識」的意思。這種精神跟現實沒有聯繫，是空洞的、表面的。它沒有回答一個人究竟應該如何面對生活中的失敗。越是努力去想，越是努力去做，越是讓人感到沮喪。因此，改變人的思想並不一定能改變人的行為，或者生活；也不意味著讓人的生活變得更好、更成功。靠一種「思想」、「理論」、「宗教」或者「主義」，來強求自己的言行，改變人生活的做法，違背了人性，只能導致人對自己不誠實，更加沮喪或者憤怒，讓人活在自我的幻象裡面，活在不敢面對自己的狀態裡面，形成人內在精神的衝突，很容易成為「神經質」的人。

有一位年輕女孩周曉琳，在婚禮前夕告訴未婚夫，她在加拿大留學期間曾遭人強姦。結果未婚夫取消了已經訂好的婚禮，並且離她而去。女孩痛不欲生。好友安慰說：「妳難過什麼？他在妳需要他的時候離開妳，說明他不是一個好男人。妳就不應該再愛他。忘記他，重新開始……」2008 年 9 月 10 日，距離周曉琳聽到好友的忠告僅隔幾個小時，她從高樓上縱身一躍，結束了年輕的生命。在留給父母的信中，她寫到：「我走了。如果有來生，我將報答你們的養育之恩。請原諒我的不孝。我知道你們會說我很傻、很不負責任。但是你們感受不到我的痛。理論上愛可以重新開始，但是我沒有力量去做。」

「不受人生遺憾的困擾」，「不讓過去的陰影影響到生命品質」，是我們的美好願望，但也正是人做不到的地方。現代心理學研究發現，把憂傷等其他情感壓抑或者冷藏，結果只能導致產生心理

疾患。聖經中的偉大人物，包括耶穌在內，都表現過對於苦難的叛逆反應。耶穌在受難前夜的禱告中，求上帝「撤去這杯」；在十字架上，耶穌大聲說；「父啊！你為什麼拋棄我？」人在痛苦中，從被動的接受到真正的接受，靠的不是一種意志、一種願望、一種思想、一種宗教、一種主義，而是一種愛的關係。這種關係就是在人有痛苦的時候，或者處在低潮的時候，或者失敗的時候，他仍然被理解、被接受、被愛，而不是被教導、被批評、被指責、被期望，他就不會絕望，也不必戴著面罩，把自己的情感隱藏起來，不敢表現，還要自我假裝自己優秀。他不必設立各種各樣的心理防衛機能來應對壓力，盡力討好別人。因為他知道，安全感不是建立在他所取得的成績上。他活出來的不是一個外表和形象，而是一個真真實實的人。

如果子夏用愛心和耐心聽完司馬牛的話，然後握著司馬牛的手，或者給他一個擁抱，對他說：「我就是你的兄弟。」這樣的回答不是比給人家忠告和教導強多了嗎？

其次，子夏鼓勵司馬牛努力掙得愛敬的做法，混淆了愛的實質。子夏輔導司馬牛要用實際行動來掙得他人的「愛敬」，得到他想要的「如同手足」的兄弟。他要想得到這種關係，就必須付出努力，靠著自己做為，來滿足某些條件，譬如「減少言行的過失，充分尊重他人，謙恭有禮」等。

在傳統文化稱「靠努力掙得愛和認同」視為是一種美德，幾乎成了中國人生活的一種方式。傳統文化鼓勵依表現「討人喜歡」：

在家討父母喜歡，在外討老闆喜歡、討朋友喜歡。報紙雜誌中常有
這樣的描寫，一個人到了新的公司，「由於工作努力，很快贏得大
家的喜歡」。兩個人相戀或者結婚，得不到對方父母的祝福，那是
自己沒做好，所以要想辦法，又是買東西，又是甜言蜜語，又是搶
著幫忙，「經過長期不懈的努力」，「終於贏得老人的心」。一個
女人為了能夠討心上人喜歡，放棄自己的追求，極力迎合對方的愛
好，盡力表現自己是對方理想的伴侶。

靠自己的努力掙得他人的愛，是人的本能。心理學家發現，
要靠努力掙得的愛，完全扭曲了愛的意義。生活的自然法則裡，真
正健康的關係不是靠一個人努力討好他人掙得的。西門子教授根據
聖經的教導和發展心理學的原則解釋，一個人若試圖用努力來贏得
被愛，或者得到他人的認同，他還會慢慢地，但肯定地，構成一個
幻想的自我形象，一個能夠滿足他人所有的期望和要求的「超人」
式的「我」。他真正的想法、感受和願望受忽視和壓抑了，他沒有
機會發展真正的自我，變成了一個「假我」。懷德菲爾德博士等人
用「共同依戀」，心理學家卡倫‧霍妮（Karen Horney）等人則用
「神經質」來解釋這種人格特徵。西門子教授總結出，當一個人離
開了他的「真我」，活在「假我」裡面的時候，他在行為表現中開
始發展各種人格缺陷的特點。

這種人格缺陷從日常生活中可以隨處拾得：

「我需要加油！不然不會得到認同。」——獲得認同就是好的

標誌。

「如果我有機會讀大學，我今天的生活就不會是這個樣子。」——為自己的失敗解釋。

「我一定要做出成績來！」——帶著憤怒證明自己。

「我的婚姻失敗了，但我一定要在工作和事業上做出個樣子。」——扭曲了對生活的順序和價值觀。

「這是個弱肉強食的世界，我必須強大才不被人欺負。」——負面情緒導致競爭心態。

　　看看我們周圍的人，那些在生活中努力和拚搏，最後終於用取得的成就，贏得丈母娘的認同，抱得美人歸，但婚後有幾個全心全意愛妻子的？那些熱愛家庭的女性遭遇婚姻失敗後，她們不去梳理自己的經驗教訓，從中學習，反而在事業的成功裡尋求安全感。結果呢，工作上的辛勞更增加了她們的煩惱和壓力，也讓她們更感覺孤獨。

　　子夏給司馬牛的建議，靠意志等來戰勝缺憾與苦難，不考量人性的需要，這樣的意見壓抑人的情感，冷藏自己的情緒。如此狀態之下，人活不出自己。靠自己的行為，努力掙得的愛，只能扭曲人的性格，發展病態的人際關係。因為人心靈的成長、健康的兄弟情誼，不是靠壓抑、恐懼、好行為，也不是靠純道德的理論，而是需要有愛的關係。

「儒家思想」與「律法宗教」

　　文化價值觀影響著父母對兒女的愛，也影響著兒女如何回應父母之愛。學者易中天指出：「如果說目前出現的兒童與青少年問題，大部分是由於家庭和學校教育失敗所致；那麼，中國教育的失敗，則不能不歸結到中華文化的失敗。」（p.219）艾略特·歐翰納博士（Dr. Elliott Ohannes）把中華文化失敗的原因，歸咎於儒家以負疚感為主導的孝文化。在基督教神學的概念裡，以負疚感為主導的宗教被稱作是「律法主義」，也叫做「律法宗教」或者「道德宗教」。

　　「律法」這個詞源於希伯來舊約聖經。當以色列人離開埃及，開始前往迦南地的時候，上帝給這支老老少少一百多萬人的隊伍制定了一系列的律法，其中「十誡」就是基本的律法。上帝讓以色列的領袖摩西向他們頒布了這些律法。通常稱「摩西律法」。這些律法包括禮儀法、民權法以及道德法三個方面，都是為了保護以色列人的健康，讓他們能夠過一個聖潔的生活，讓每個成員都能在愛中，在一種負責任的方式中滿足需要，並幫助他們建立起一個強大的民族。譬如上帝讓他們不要招妓，是為了他們不在旅途中染上性病。無疑，律法的出發點是好的；所講的都是對的，目的是讓遵守者受益。在所有的律法中，上帝特別強調，最大的律法就是「愛」。

　　但在以色列的歷史中，以色列人不僅常常違背上帝的律法，而且還將這些律法濫用、誤用。到了耶穌的時候，宗教領袖把這些律

法變成了一堆不明不白的清規戒律和道德說教，神學家通常稱之為「律法主義」，或者「律法宗教」。

這群被猶太人稱為「拉比」的知識份子，在解釋和教導人們律法的時候，添加了不少宗教傳統和自己的意思。因此，大多數百姓以為遵守「十誡」就是「致富」的手段；能避邪，會得到上帝的保護，不受外人侵犯，也不受自然災害影響。信上帝就是在行為上「該做什麼」，「不該做什麼」。愛本來是內心自然生出的情感，但是律法卻將它變成了一種責任：你應該愛。如果沒有能夠遵守這些「行為準則」，或者沒有能夠在行為上「做」出符合道德標準的事情，就要受到批評和指責，讓人感到負疚，甚至用上帝的懲罰來威脅人。耶穌稱這些人是「法利賽人」，希伯來文的意思是「假冒偽善的人」。

律法宗教的內涵有三個方面：

第一，人的價值是建立在個人努力的基礎上；

第二，試圖教導人如何用自己的努力掙得個人的價值；

第三，人際關係的基礎建立在如何靠個人的努力掙得。

律法主義的顯著特點是強調遵守規矩、道德，注重外在行為表現；總是用教訓、批評來對待別人；常常置人活在假負疚感中。

耶穌當時反對宗教領袖濫用、曲解上帝的律法。他告訴人們，這些宗教領袖遵守律法的目的，是為了讓他們看起來很有德行，像個聖人，並不是因為他們尊敬上帝。耶穌一再強調，心中沒有愛，

守住再多的條條框框也沒有用。後來正是那些維護律法主義的宗教領袖，借羅馬人之手把耶穌釘死在十字架上。

今天有不少所謂信仰基督教的人，實際上所信的是「律法主義／律法宗教」。他們的信仰是由一系列「應該」「不應該」、「可以做」或「不可以做」的清單構成的。這些人以為，要想得到上帝的愛，就要好好表現一番，用自己的好行為去掙得。聖經就是上帝給人的另一套權威性的道德標準。人若做得好，將來可以上天堂；不討上帝的喜悅，將來下地獄。屯尼爾醫生指出，反對基督教的人，並不是反對耶穌，他們實際上反對的就是基督教中的律法主義，或者說，那個殺害了耶穌的律法宗教。

儒家思想被視為中華文化的精髓。儒家重視家庭、和諧、道德，具有一定的價值。但是，儒家的思想體系與基督教的律法主義在實質上是一樣的。

簡單說，律法主義和儒家思想的基本特徵都是「應該」。

「你應該做個好丈夫、好妻子。」

「你應該努力工作，不怕吃苦。」

「你應該事業成功，讓父母為你感到驕傲。」

「你應該珍惜今天的生活。」

「你應該常回家看看父母。」

這類「應該」可以隨手開列出一張大單子。

自然，除了「應該」，還有「不應該」的清規戒律。不少人

知道自己的父母從小對自己並不好，父母的行為影響到自己今天的生活。他們心裡清楚自己的婚姻關係失和，乃至破裂跟父母的擾和有直接的關係，但是他們在意識裡感受不到對父母的怨恨，這就是「應該」的使然。他們認為，自己應該不去理會那些令人不愉快的事情，應該有足夠的內在力量不讓自己受到影響；不應該讓父母受到委屈，而應該讓父母晚年享受幸福等等。

　　出身在德國，後來移民美國的心理學家卡倫‧霍妮寫了一本書，叫做《神經質與人的成長》。書中描述了「應該」不理會實現理想的可行性、不理會實現理想需要滿足的外在條件，也不理會自己的心理條件或狀況。譬如，我應該事業和家庭兼顧。但是我沒有考量時間和精力夠不夠？我的工作性質是否允許在工作的同時，又能照顧好家庭？工作中的壓力會不會讓我感到沮喪？而在工作上我是否能夠完全拋開家庭的問題以專注於工作？霍妮稱這些「應該」是人們「內心的獨裁者」，支配著人們應該怎麼做人、應該成為什麼樣的人、應該如何感受、應該如何認識社會等等。她形容「應該」是「神經質的榮耀」：「應該，充滿了傲慢的精神，皆在加強人的榮耀，好讓這人做得像上帝似的。」

　　「應該」在人際關係當中，展現出幾個特點：

　　（1）喜歡給人教導和忠告。

　　用這種方式告訴人哪些是對的、那些是不對的；或者哪些是該做的、哪些是不該做的。在司馬牛的故事裡，子夏給司馬牛的忠告

絕對是好心好意，是為了司馬牛好。但是這樣「好心好意」的忠告無法產生好的作用。

這裡面有兩方面的原因。第一個原因：有些事情不是憑美好的願望和意志，想做就做得到的。中國人在勸別人的時候，常常愛說：「過去的事情已經過去了，不要再想啦！」講話者的動機是好的，話也是真誠的，但這正是我們做不到的地方。屯尼爾醫生指出律法有兩個心理上無法解決的問題：首先，人都是軟弱的、可憐的。他們建立的是理性的大廈，但遇到事情他們還是受心的支配；縱然他們有高尚的理想，但又做不到；看起來堅強，內心卻藏著懼怕。現代心理學和耶穌的心理學認為，你能做的就是理清過去的傷痛，才能邁向未來。解決過去的遺留問題，才能給今天一個機會；而明天不是掌握在你的手裡。其次，人在面對痛苦、死亡、疾病、生命的意義時，律法根本束手無策。

第二個原因，人的本性裡都不願意受人指揮。人只喜歡聽好話，聽令人安慰和鼓勵的話；都希望被愛、被理解等。譬如，如果有人告訴你要怎麼做，你的第一本能的感覺，是這樣的話不順耳，你可能不得不聽，但心裡不想聽。

美國神學家保羅・札爾（Paul Zahl）寫道：

「你應該」、「你不應該」這樣的話，是理解人的心理學以及人行為的關鍵。說話人所講的，對於聽者來說，都像是在指責……帶著攻擊的腔調……任何斷言、任何評估——即便是祝福——聽起來也像

是負面的……是「應該」這個字眼刺激了相反的回應。這個字眼就是一個永遠也不能夠在人的生活中，創造平安、祥和以及滿意的字。

這種「你應該」、「你不應該」之類的話，只有當聽的人不把這樣的話看作是道德貨幣時候才管用。試想想你的配偶對你說：「你應該去學電腦。你的專業已經不吃香了，連個好工作也找不到。」「你應該多去長官家走動走動，這樣你升職的事情才有希望。」「你應該多運動，別老窩在家裡。」「你應該多吃水果，不要肉吃的太多，不然有害健康。」「你以後不要再跟那個人來往，對你沒有一點好處。」你聽到這樣的話，心裡會有什麼感覺？再想一想，配偶聽到這些話的時候，會是一個怎樣的反應？

對孩子也是一樣。你對孩子說：「你要好好做學習，不然的話，將來就只能像那個端盤子的人做招待。」你以為這是在鼓勵孩子嗎？縱然你的心是為了對方好，但這樣的話沒有能力傳遞愛，不僅沒有效果，反而會引起人本能的心理防衛。屯尼爾醫生指出：「你給孩子忠告，但是你大腦的狀態比你的忠告更重要。你可能是因為害怕，這樣你不必想，就把害怕暗示給孩子。不管你的忠告合適與否，你把孩子的思想轉向邪惡，向邪惡投降。」

（2）批評和論斷。

當人做得不對，或者沒有做好的時候，批評被視為是對對方的幫助；或者像判官一樣，對失敗者下一個評語，貼一個標籤，給一個結

論：你就是一個這樣的人。以為用這樣的辦法能激勵對方改正錯誤。

許多人習慣指責配偶：我全心全意為了這個家，累死累活的，可是他／她呢，只知道顧及自己，從來不在乎我的感受，也不管我的死活。聖經裡有一個瑪利亞，耶穌到她家聚會的時候，她忙著做這做那，而她的妹妹悠哉地坐在耶穌旁邊聽道。瑪利亞氣得瞪著眼睛說她妹妹：妳沒看見我在廚房忙了半天嗎？妳就不曉得來幫忙媽？！豈料妹妹輕輕回敬一句：妳自己願意做的，朝我發得哪門子火？！

用自己定義的道德標準去衡量別人，可以得到自我滿足，但卻毀掉了關係。

一位母親帶著女兒逛商店的時候，父親在書店逗留。一家人約好一個小時後在郵局門口會合，然後一起去看電影。結果，母女倆等過了約定的時間，還不見父親來。「妳爸爸去哪兒啦？電影都已經開始放映十分鐘了。」媽媽對著女兒抱怨起來。

「這就是妳爸爸，只要有機會，他就把事情弄得一團糟。」

又過了十分鐘，爸爸急急忙忙趕來了，說路上遇到一個朋友，並為來遲一個勁地向妻女道歉。

妻子：「行啦行啦！你不要再說了！反正我們每做一件事情，總是會被你攪亂。你就是這樣的人，從來不會為別人著想，你一向只顧自己。」

這是戈爾曼博士在《情商》一書中寫的一個經典例子。其實在我們的身邊，都不乏見到這樣的妻子：「沒有我，和我們家的幫

助，你怎麼會有今天的輝煌？所以，你不要做對不起我的事情。」

這樣說，不僅給男人壓上沉重的負疚感，也讓女人把自己放在一個道德審判長的位置：

「家裡的裡裡外外，哪一樣不得我來做？」

「孩子從小到大，你管過沒有？」

「你愛過我嗎？你甚麼時候關心過我的死活？」

「我辛辛苦苦拖完了地，你進門連鞋也不脫，看看這地上的髒印子？你考慮過我的感受嗎？你只要一回來就給我找麻煩。」

「連碗都洗不乾淨，你還能做什麼？」

「你一輩子都改不了這個臭毛病！我真是瞎了眼嫁給你這樣的人！」

「我根本不指望你！」

「哪像個男人！」

父母批評孩子也不遜色：

「沒見過像你這麼笨的孩子。」

「你看看人家的孩子！再看看你自己！」

「難道我說你說錯了嗎？」

「你這毛病就是改不了！」

「跟你爹一樣的德行！」

「瞧你這沒出息的孩子！」

「就你這樣的成績，以後只能掃大街，討飯去！」

「你的成績總上不去。我都嫌丟人。」

「我看你還是一把耗子藥吃下去算啦！」

「你自己不覺得啊？害得連爸媽跟著你一起丟臉！」

「你太讓我們對你失望了！」「我算是白養了你！」

屯尼爾醫生說：「面對批評，人防衛自己就像對待飢餓、冷凍、野獸等威脅一樣。批評最大的悲劇，不是把他從錯誤中釋放出來，反而會為他辯護。」他可能不為自己辯護，但會用行為表達他的不滿和抗議，或者根本沒聽見，或者不理睬。如果他的身體不以生病替他發言的話，恐怕他的心已經飛到遠處了。

華盛頓大學的心理學家約翰·高特曼（John Gottman）領導的研究人員發現，婚姻最危險的事情就是批評。想一想你的婚姻關係從哪裡開始走下坡路的？你什麼時候感覺跟對方在一起覺得不舒服的？你什麼時候開始減少對對方的關愛的？恐怕你的答案都是從批評開始。戈爾曼博士稱這樣的批評是：「暗殺人格。因為這不是在批評行為，而是對人格的批評和攻擊。這些粗暴的人格批評和攻擊有很大的腐蝕作用。」「批評是鼓勵人最糟的辦法。」戈爾曼博士提醒到。

（3）注重外在的行為表現。

子夏要司馬牛如何「做」才能得到兄弟。儒家學說要人們怎樣「做」才能算是「孝順」。于丹解釋「孝順」不僅「順著父母，不違背父母」，還要「對於父母的心思做一些認真的揣測，按照他們

的心意做事，做得更含蓄，更不外露」。心理學的研究卻在告訴我們，這樣做的結果，不僅不能夠「做自己」，只會導致人格障礙的產生，和不健康的人際關係。

　　心理學認定，愛不是權威道德加給人的責任和義務；愛是人的一種能力，是從人心裡面自然流淌和放射出來的。弗洛姆指出，人的每個行為背後，都有無意識的動機，外在的行為表現。一個人孝順父母的動機，可能是因為害怕父母，也可能是因為對父母的負疚感。一個孩子小的時候，就能從父母的表情裡，讀懂了什麼是「好」與「壞」。他對「孝順」的倫理判斷標準，並不是自己得出的結論，而是來自父母和社會。到了成年，他也缺乏能力自己判斷好壞。但是，他小時候對父母的害怕轉化成了內在的原則，讓其成為自己的一部分；因為他的無意識會告訴他，你不孝順就是「禽獸不如」，你孝順父母就是「美德」。而前者會讓他感到恐懼，後者會讓他覺得不僅受到獎賞，也更有安全感。他的外在孝順行為可以被文化和宗教認為是「美德」，但心理分析認為，考量「美德」如果與人的性格分離，那麼，「美德」沒有一點價值；而對「美德」的評論也是誤導人群，因為「美德」表達了否定自我、順服、壓抑個性。

　　（4）負疚感。儒家思想和律法宗教，都孕育滋養人負疚的情感：

　　「你讓我的老臉往哪兒放？」

「我死了，你就會後悔的！」

「你不為你的行為感到羞恥嗎？」

「看看我們鄰居的孩子，多給父母爭臉面！」

「你一定要為爭口氣，考上好大學！」

「你為什麼不聽話？這都是為你好！」

「你就是這樣報答我對你的付出嗎？！」

這些忠告、批評、指責、命令和教訓都是好心，但會讓人聽了以後，除了感覺自己好沒有能力，在這個世上闖蕩、成就，剩下的只有負疚感。當負疚感成為一個人的生活方式，不僅讓人感到情感痛苦，更是婚姻中看不見的敵人，是家庭關係中隱形的殺手。

弗洛姆認為，正是負疚感使得子女不敢對父母有任何客觀評論。即便是想到自己不能夠滿足父母的期望，或者像《非誠勿擾》裡的留學生關於孝順的討論，只要覺得自己愛父母不夠，負疚感就來了。

一方面，父母可以以公開的、或者隱晦的方式要求子女「孝順」。反過來說，把討好和孝順父母當做責任，又加強了子女對父母的依賴。弗洛姆認為，負疚感就是一個「無名的權威」。當子女的負疚感使得他依戀父母的時候，他們沒有表達情感的能力。他們只能表達他們應該感受到的、希望的、想要的和相信他們有的情感。當然，他們根本意識不到自己的順服與失敗。他們把這個失敗理性解釋為「我有錯」。他們也就成了「我是你希望我成為的

人」，而不是「我就是我」。

神學家保羅讓對律法宗教特點描述如下：

　・外部的行為與道德規範。

　・目的在於要人順服。

　・是好的、重要的。

　・最易讓人產生怨憤、反感和憤怒。

　・容易讓人叛逆。

　・適得其反。

　・孳生恨意。

　・註定失敗。

　・沒有解決問題的途徑。

　・人類有反對它的基因。

　・把愛變成了責任。把愛的自由變成為交換的好行為。

　・是最大的促憂鬱藥物。

「儒家思想」與「律法宗教」的目的都是使人進步、向上。這個概念在現代心理學裡，被稱作「消極情感引力」與「積極情感引力」。所謂「消極情感的引力」的特點包括應該如何表述，用批評、指責、期待、嚇唬等方法。美國心理學家理查・博亞其斯（Richard Boyatzis）研究「負面情感引力」與「正面情感引力」課題多年，發現消極情感引力可使血液流向身體裡大的肌肉群，關閉

神經線路，造成免疫系統活動暫停，並產生化學的柯提松來抑制神經元，讓老的神經元過度興奮而變得無用。在一個受到威脅的環境中，負面情感引力可以推動人防衛和保護自己，對付威脅。

「積極情感引力」屬於愛的範疇，包括給予希望、力量、開發創造力等方面。人在積極情感引力狀態下，整個神經系統是啟動的。人是平靜的，免疫系統功能是最好的，身體得到恢復，人會體驗到神經再生，為神經遞質和神經接收（學習的基礎）創造更多的空間。因此積極情感引力可以推動人改變，朝向理想的自我。

博亞其斯博士在一篇文章裡指出：「用正面情感引力教導人，能夠啟動神經線路與內分泌的產生，從而促進開發人的認知、情感能力，使人在生理和心理上預備好思考新的思想；而給人思想、叫人應該怎麼做才有成效，常常產生相反的效果，引起人的防衛，關閉了人的整個系統。」博亞其斯德博士強調，這兩者雖然都有作用，但是兩者的根本區別就在於，「負面情感引力」只能使人永遠停留在「生存」的階段，而「正面情感引力」使人不斷發展。

當父母之愛參進了律法宗教，或者說是「負面情感引力」的時候，愛就被扭曲和損壞了。這樣的父母之愛是病態的——愛的動機與愛的結果正好相反。他們的孩子就會在一個依賴「表現」的氛圍中長大。這個孩子的「真我」被「假我」替代了，形成共同依戀的基本性格特徵（見第三章）。這些長大了的孩子，像意識不到外在的道德觀成為他們內在的主宰一樣，他們也意識不到為什麼會

甘願飽受慢性疲勞之苦，也不敢放鬆，希望成為一個完美主義者，或者無法面對自己的失敗，或者真的會把「要麼去死，要麼精采地活」，一句帶著憤怒要證明自己的口號當做勵志誓言；或者把來自父母的「批評指教」帶給了他們自己的孩子和家人，甚至朋友。

正如在江蘇電視臺的相親節目《非誠勿擾》中，女嘉賓往往對於每個上場的男嘉賓從穿著、言談、動作、生活等其他方面要評頭論足一番。她們善於批評男嘉賓如何不對，喜歡教導男嘉賓應該怎麼做才對等等。再看那些男嘉賓，雖然有些人表示接受，但他們的表情已經顯示出他們的勉強，大多數男嘉賓選擇為自己辯護。當他們無法滿足自己內在「應該獨裁者」的標準時，他們就開始痛恨自己，瞧不起自己。有的人因為覺得太過失望，變得日益沮喪：我努力過了，對我來說真的很難，我活著沒有意義啊！跳樓就是我唯一的選擇！來生再報答父母吧！

不少人指責貧富差距、學校教育和社會風氣等害苦了孩子。但是卻沒有看到包裹在傳統文化中的律法主義對於人性、人格的扭曲，首先貽害了父母，讓父母在扭曲的愛中養育孩子，導致對孩子的情感虐待，在他們的成長中受到心理傷害，使他們成年後在人生的旅途中一次又一次遭遇失敗和挫折，甚至製造出一個又一個悲劇和不幸；並且使得生活的魔咒一代傳給一代。其實，在這個世界上的宗教，從根本上說只有兩類：律法宗教和愛的宗教。只有無條件的愛，才能讓兒女的身心靈健康成長。

第四章

父母之愛的奧祕

愛的新概念：「哈利思」

　　講話風趣幽默的理查・麥克弗森（Richard Mcpherson）先生是美國西雅圖退休的地產商。麥克弗森先生有六名子女，其中有三名是他們夫妻領養的孤兒。每年過節的時候，他們為來自五湖四海，在當地無親無故的移民開放自己的家。1999年，六十四歲的麥克弗森先生在妻子安娜的陪伴下，走進醫院，無償將一個腎臟捐獻給一個在死亡線上掙扎的年輕人。十年以後，麥克弗森先生回答了西雅圖一家報社記者的問題：

　　我不認識羅伯特。我在一次商業會議上，聽到有人說有個叫羅伯特的年輕人，因腎功能衰竭找不到腎臟，正面臨著死亡。我只知道他當時還不到四十歲，他的女兒才六歲。我捐腎給他，是因為我知道他非常需要。他當時生命已經快到盡頭，他的女兒還那麼小。他到處找腎源也沒有找到。而他的生命卻不能再繼續等待下去。我有兩個腎，我能夠幫助他。只要他活下來，他的女兒就不會在年幼的時候失去父親。

　　我的家人有人擔心，有人反對，有一個女兒很憤怒。但是大部

分人支持我的做法。我事先沒有告訴很多人。特別是我的太太很支持我，讓我很感到安慰和力量。

我知道我的年齡有點大，而且任何手術都有風險。我不能控制手術的成功與失敗，但我並不害怕。我的生命是上帝給的，當然腎也是上帝給的。我知道一切都在上帝的手中，上帝知道我在這個世上活多久。我知道人有一個腎照樣可以活。我能夠用一邊的腎救別人的命，我很高興，所以沒有什麼害怕和擔心的。我只做我每天該做的事情，不擔心其他的。

我沒有任何期望。我能幫助別人的，我就去做。你要是期望回報，那就不要做了。你要給人家東西，是你自願要給人家的，你就不要再想要回來，因為那是人家的。如果你給人家的東西，人家不愛惜，那是人家的問題，我才不管呢！我只告訴他，照顧好你的腎，否則我再沒有腎給他了。

羅伯特換腎如今已經十年了。他的身體很健康，全時間工作，養活家人。女兒現在已經讀高中了。我的生活跟以前一樣，沒有變化。我的身體一直很好。家庭很幸福。我的女兒去年收養了一個女兒，我們又有了一個可愛的孫女，非常開心。

理查‧麥克弗森先生在一把年紀的時候，把一個腎臟捐給了一個陌生的人，而他想的只是這樣做的結果，就能夠幫助一個年輕的生命起死回生，並且使年幼的孩子不失去父親；他收養孤兒、開放自己的家、幫助有困難和需要的移民等，沒有希望任何條件，不求

任何回報。這種愛的意義源於希臘文「Charis」（ha-li-si），英語翻譯成「Grace」，中文翻譯成「恩典」。

但不論是希臘語的「Charis」，還是英語的「Grace」，這個表達愛的詞實際上無法翻譯成準確的漢語，這個詞被稱作是無法翻譯成中文的兩個詞之一。（另外一個詞是integrity：正直。）因為傳統文化裡並沒有這個詞的概念。中文詞典對「恩典」的解釋為「恩惠。給予或受到的好處。」署名「心境」的作者認為：「『恩』這個詞在中文或中華文化中，總是必須和『報』連在一起，使接受者無法保持平等的心態和人格，使施與者有機會站在道德制高點上實施『精神綁架』。由此看來，這個詞翻譯成「恩典」，融入並且符合中國傳統文化對於「愛要回報」的含義，但卻恰恰誤導人對於這個詞原意的理解。

希臘原文Charis和英語辭典Grace的定義是：「運用愛心、仁慈、憐憫，是一種讓他人受益或為他人服務的性情。」在希臘文和英語裡面，這個詞屬於一個古老的神學概念。它代表著一種眷顧失喪的人，或者因為痛苦憂傷而在情緒上受到困擾的人。這種愛不是為了讓被愛的人仰慕自己，而是出於自願，毫無保留地把自己給了不如自己的人；它沒有擁有被愛者的慾望，也沒有享受被愛者的慾望，只是願意無條件地服侍被愛的人。這種愛的動力，不是因為被愛者有什麼值得愛的地方，或者有沒有、能不能得到回報；它是自發的、不顧及自己利益甚至生命的愛。為求更確切地表達「愛」的原文意思，本書採用希臘文Charis的音譯「哈利思」。

　　大自然可以幫助人們理解什麼是「哈利思」。當人欣賞盛開的花兒，或者享受溫暖的陽光，或者呼吸新鮮的空氣，人就會理解什麼是愛：花兒綻放不是因為有誰說它美麗；人可以歧視它、不理會它、不喜歡它，它照樣綻開；人可以掐斷它，它也不會計較，來年照樣向人開放。陽光和空氣也一樣是「大自然的餽贈」，它們從來不要求人們回報；但它們也從不強迫人們欣賞它們。

　　華盛頓大學教授約瑟‧庫克博士（Dr. Joseph Cooker）解釋「哈利思」就是白白得到的禮物或好處。譬如你的薪資是工作掙來的，叫做「報酬」；你在比賽中打敗了對手，所贏得的叫做「獎品」；你因著優質服務或傑出貢獻受到表彰，那叫「獎勵」。你得到是因為你的努力和付出。但是，當你不能夠工作、贏不了獎品、得不到獎勵的時候，你還是收到了禮物，這就是愛——「哈利思」。

　　庫克博士用了以下幾種比喻描述「哈利思」：

　　第一，用人來比喻。當放蕩不羈的兒子花光了從父親那裡強行索要的財產，變得貧困潦倒，回到家裡的時候，父親沒有一句責備的話，而是設宴歡迎浪子回頭。在新約聖經裡，收稅的人最受人瞧不起。耶穌卻和他們做朋友，到他們家做客。當孩子病重，母親不顧一切，守護著病兒，那就是愛；當顧客刁蠻無理的時候，服務生還是照樣以禮相待，那就是愛；當一個學生被大家視為「笨蛋」，都不願理睬他的時候，老師仍然天天耐心輔導他做功課，那就是愛；當配偶曾經狠心拋棄了你，而他現在身患重病，孤苦伶仃，而

你卻接納和照顧他，你就是給了他愛。

第二，用愛來比喻。愛是一個泛指。譬如一對幸福的夫妻，丈夫對妻子憐香惜玉，妻子對丈夫溫柔賢慧，兩人可謂情深意濃，散發出愛情的美麗芳香，展現出愛情的巨大力量。如此完美的愛情裡不需要有愛。但是，天有不測風雲，人有旦夕禍福。有一天，夫妻中的一方突遭厄運，罹患重病，失去了他（她）給予對方的能力，只能接受對方的給予，而對方義無反顧地接受現實，愛心不變，這個愛情花朵絢麗多彩，美麗芬芳。這就是愛。

第三，用律法來做比喻。愛不是要人遵守的一大堆可以做得到的和不可以做得到的法律條文；告訴你怎樣做是對的，怎樣做是錯的；倘若違背了這些規矩，你就不可以得到你想要的。譬如，一個人可以說：「我不愛妻子（丈夫）是因為她（他）不可愛，因為我們志不同，道不合，她（他）沒有情趣，不懂體貼，傷過我的心，所以，不值得我愛。」換句話說，就是妻子（丈夫）要想得到他（她）的愛，是有條件的，她（他）必須靠努力掙得那份愛和仁慈，在滿足了某些條件之後，方能得到丈夫（妻子）的愛情。而愛是無任何條件，不帶任何條件地接受，只因為她是他的妻子，或者他是她的丈夫，不是她（他）通過某些努力，做出某些犧牲來交換的愛情。

神學家保羅·札爾描寫「愛」的特點為：

* 當你一無所有，沒法回報的時候給予你的愛。

* 給你就是給你，跟你沒有關係。

* 當你不可愛的時候一樣愛你。

* 當你可惡的時候還是愛你。

* 跟被愛的人怎麼做一點關係也沒有。

* 跟衡量被愛的人是否值得愛沒有關係。

* 跟被愛的人有沒有內在的天分沒有關係。

* 「值得愛」的概念是錯誤的。

* 是「單方面」的愛。

* 不帶著負疚感和期望接受。

　　彭柯醫生描寫「愛」的特點是：「用來滋養、支持、保護和加強對方的生活與心靈成長。」譬如兩個孩子都在準備高考。一對父母對孩子說：孩子，我們愛你，因為你是我們的孩子。你努力就是了。另一對父母對孩子說，孩子啊孩子，你是我們家唯一有出息的人。我們知道你不喜歡這個專業，但你還年輕，不懂得這個專業將來對你大有前途。可憐天下父母心，你要聽我們的話，千萬不要辜負了我們對你的希望啊！你覺得哪個孩子會在高考中發揮得更好？如果你是這個孩子，你願意聽到哪一種話？

在基督教信仰裡，耶穌就是愛最高的展現和啟示，他用生活表現了什麼是愛：耶穌在出來傳道之前，在一個幸福的家庭環境裡長大，繼父和他的母親對他的愛，讓他度過了無憂無慮的童年生活。他沒有在「小小年紀就撐起一個家」：要照顧病中的父母；要掙錢養家；要想法阻止父母離婚；要擦乾父母的眼淚；要做一個「開心果」，討父母親高興；要實現父母的期望；要聽父母安排自己的生活。最後，耶穌願意背負人的痛苦，並為救贖人獻出自己的生命。耶穌是在用自己的生活經歷告訴人們，沒有得到愛的人，沒有能力也沒有力量去愛別人。

律法說，你要完全順服，完全捨己，完全奉獻。愛說，造物主創造的生命和自然有它們成長和發展的規律。只有不違背這個發展規律才能不斷成長、成熟。律法說，你要回報父母的養育之恩。愛說，孝敬父母，是上帝的誡命，但是你對父母的孝是從心底裡自然發出來的，不是因為害怕、責任、義務、負疚。律法說，你要努力，好好表現，才能讓人家愛你；愛說，愛是禮物，是沒有條件的，愛不是靠你的表現「買」來的；律法說，你要意志堅如鋼，要挺得住，絕不能倒下，絕不讓父母丟臉，「不成功，便成仁」。愛說，你敢於把軟弱表現出來，敢於把叛逆表現出來，敢於把眼淚流下來，敢於把憤怒吼出來，願意從心底裡自由地接受愛，體驗愛，你會得到心靈的醫治，你就能擁有愛，並且有能力給予愛。

「浪子回頭的故事」與父母之愛

　　耶穌又說，一個人有兩個兒子。小兒子對父親說，父親，請你把我應得的家業分給我。父親就把產業分給他們。過了不多幾日，小兒子就把他一切所有的，都收拾起來，往遠方去了。在那裡任意放蕩，浪費貲財。既耗盡了一切所有，又遇著那地方大遭饑荒，就窮苦無依了。於是投靠那地方的一個人，那人打發他到田裡放豬。他恨不得拿豬所吃的豆莢充飢，也沒有人給他。他醒悟過來，就說，父親有多少的雇工，口糧有餘，我倒在這裡餓死。我要起來，到父親那裡去，向他說，父親，我得罪了天，又得罪了你。從今以後，我不配稱為你的兒子，把我當作一個雇工吧。於是起來往父親那裡去。相離還遠，父親看見，就動了慈心，跑去抱著他的頸項，連連親他嘴。兒子說，父親，我得罪了天，又得罪了您，從今以後，我不配稱為您的兒子。父親卻吩咐僕人說，把那上好的袍子快拿出來給他穿，把戒指戴在他指頭上，把鞋穿在他腳上。把那肥牛犢牽來宰了，我們可以吃喝快樂。因為我這個兒子，是死而復活，失而又得的。他們甚是快樂。（路加福音：15：11-24）

　　這個故事是耶穌講的一個關於愛的比喻。這位「浪子回頭」中的父親，他愛孩子並不是因為孩子「做」了什麼，而是因為孩子「是」誰。首先，父親愛他的兒子，不是因為兒子是可以為他「傳宗接代」的人，也不是因為這個兒子生來就是「帥哥」、「靚

仔」、嘴巴甜，會逗父親開心；不是因為兒子表現得多麼優秀，多麼可愛，多麼「值得」愛。這小子不僅不像大兒子一樣幫助父親打理生意，他就是一個不務正業、地地道道的逆子。父親給他錢的時候，並沒有要求兒子「回報」。到後來這小子拿著父親的錢，在外花天酒地，事業失敗，淪落到成了叫花子的地步，知道自己的錯誤，回到家裡，父親一樣的愛他、接受他，僅僅因為他是父親的兒子而已。這並不是說，父親看到兒子做錯事或者失敗了也同樣感到滿意。他懂得教導孩子做一個有責任感的人。但不會因為孩子做的事情讓他不滿意，就不再愛他。父親對兒子有清晰的認識。他愛的兒子，不是他所期望的、想像中的兒子；不是他「記憶中兒子的模樣」，或者「在兒子身上看到妻子的身影」，因而把他對妻子的愛反射到兒子身上。父親知道他愛的就是這個兒子，而不是他腦中形成的對這個兒子的思想。父親對自己有清晰的認識。他知道愛兒子的動機、情感、需要。換句話說，他誠實對待給兒子的愛。正是父親無條件的愛和接受，為浪子創造了討父親喜歡的願望和能力，並且自願選擇回到家中，成為一個父親希望成為的孩子。

現在來看看「浪子回頭」這個比喻裡，「愛」的內涵：

第一，愛給予自由

首先，父親沒有阻止兒子離家出走。父親當然知道小兒子的選擇是錯誤的、是愚蠢的。但是，父親沒有黑著臉對兒子說：「你敢走出這個家門，就別再回來！看我不打斷你的腿！這個家有我在，

你別想由著自己的性子來！」父親沒有哭喪著臉威脅兒子說：「我
一輩子辛辛苦苦掙下這份產業為誰啊？還不都是為了你們兄弟嗎？
現在我一天天衰老，需要你們兄弟幫助打理生意，你怎麼可以離開
呢？我和你媽的心都讓你傷透了！你這樣做是在折我們的壽啊！」

父親不僅沒有阻攔兒子的離去，還答應了兒子的要求，將給他預
備的財產提前分給了他。儘管父親知道兒子將為他的選擇付出代價。

在兒子離開之後，父親沒有給兒子任何心理壓力，天天帶信
給他講一大堆回家的理由和道理，應許兒子你只要回家，你可以擔
任公司的總經理，你會前途無量；也沒有悄悄派人跟蹤兒子，暗地
供給他的需要，安排他的生活。父親也沒有用各種手段威脅強迫兒
子回家，告訴兒子你再不回來，我就要取消你的繼承權！父親也沒
有聲淚俱下地對兒子打電話：「兒啊！你是我們身上掉下的一塊肉
啊！是我們一把屎、一把尿拉扯養大的，你母親懷胎十月容易嗎？
你還記得你小時候，我是怎樣在雪夜裡背著你去醫院的嗎？你怎麼
忍心這樣對待我啊！現在，母親因為你不在身邊生病臥床不起，茶
水不進；母親是因為你生病的啊！你這不是要我們的老命嗎？你要
是有孝心，就趕緊回來！否則，你媽若死了，你將抱恨終身！」要
不然乾脆來一句：「你要是再不回來，我撞死在牆上給你看！」

父親給了兒子選擇的自由：選擇自己的生活，按照自己的時間
表成長。

「自由選擇」的概念在舊約聖經的《創世紀》裡開篇就已經清楚

展現出來。上帝創造了亞當和夏娃，並且給他們預備了最好的生活環境，既沒有壓力，又衣食無憂，但是上帝並沒有想要擁有他們，或者想要控制他們。上帝告訴他們什麼是安全的、幸福的，什麼是危險的、痛苦的，但是上帝給了人自由選擇生活的權利。是亞當和夏娃自己受不了魔鬼的誘惑，選擇了錯誤的生活並為此付出代價。

上帝幹嘛要放一個智慧果樹在伊甸園？因為上帝知道，他們不可能永遠待在家裡，將來他們走出伊甸園的時候，他們將面臨著各種各樣的誘惑。所以他們必須在進入社會前做出準備。上帝沒有對他們說，我把這果子樹鎖起來，不讓你們吃，完全是為了你們好。「自由」表明對一個人的尊重。這就是人權。即使知道亞當和夏娃的選擇錯得離譜，上帝也沒有干涉他們，而是允許他們在錯誤和失敗中學習與成長。

在《聖經》新約路加福音中記載了馬大和馬利亞兩姐妹的故事（路加福音：10: 38-42）。她們兩個人各有自己的韻律。耶穌在她們村莊講道的時候，姐姐馬大主動在廚房忙活，妹妹馬利亞則喜歡坐下來聽道。姐姐在廚房弄得叮叮噹當，讓妹妹知道她的脾氣。最後，見妹妹還是置之不理，她無法再忍受了，對耶穌說：「你去叫我妹妹來幫忙。」她的這句話裡顯然含著對妹妹不滿和批評。姐姐感到在某方面不如妹妹，所以，在廚房裡找到可以大顯身手的地方。她大概也不喜歡洗刷碗筷，所以，要批評妹妹不去幫忙。耶穌這樣回答姐姐：「你為什麼為許多的事思慮煩憂？……馬利亞（妹

妹）已經選擇那上好的福分，是不能奪去的。」耶穌是在告訴她，你不要以為妹妹沒有洗碗就應該感到內疚、該受到妳的指責。是妳自己選擇在廚房裡做活。妳不可以強求別人選擇你要的生活。

電影《丘八狗》裡面有一個片段呈現了尊重他人自由選擇的理念。這部電影取材於日本一個真實的故事。有一個大學教授收養了一隻流浪狗。小狗漸漸長大之後，每天跟著主人到火車站，看著主人坐火車上班；晚上主人下班的時候，這隻狗一定守候在火車站外面，接到主人之後一起回家。後來，主人突發心臟病去世。主人已經成年的女兒接管了這隻狗。不料這隻忠實的狗不願意待在家裡，寧肯風裡來、雨裡去在車站癡癡等候主人歸來。主人的女兒看著這隻從小一起長大的狗狗的舉動非常難過。她摟著狗狗，流著眼淚對牠說：「親愛的，你知道我多麼愛你，我想讓你跟我住在一起。你知道爸爸不會再回來了。你是我們家庭的成員，在家裡比你在火車站白等要好。可是，如果你還是堅持要走，我尊重你的選擇。」影片這時出現女主人慢慢起身，輕輕打開大門，然後，她就這麼一直看著狗狗深情地回望了她一眼，頭也不回地往火車站跑去。

保羅‧札爾寫道：愛，對於很小的孩子來說，就是要有規矩。這是為了保護孩子的安全。譬如小孩子要注意火啊、電啊、交通信號等等；等孩子到了一定的年齡，有了自己的思維能力以後，就要尊重孩子自己的想法，家長可以引導，但不能強迫。屯尼爾醫生說過：「強迫來的愛根本就不是愛。」在一個有愛的家裡，父母親不

會把自己的思想、意志、品味等都強加孩子。假如一個高中生不吃早餐就上學去，父母會平和地告訴他說，不吃早餐對身體有什麼影響，既不會強迫他吃，也不是沖他發脾氣，或者嘮叨個沒完，甚至端著個碗跟在孩子後面，直到看著孩子吃完為止。

想像一下這個小兒子最後聽了父親的話，留在家裡，像哥哥一樣幫助父親做生意。之後娶妻生子，過著安穩富裕的生活。父親對他說：「你看，不聽老人言，吃虧在眼前。你要是當初不聽我的話，執意跑到外面去闖的話，說不定今天會是什麼樣子呢！你哪裡會有今天的一切！」但是兒子內心的鬱悶，老父親可能永遠不會知道。「也許我會活得更精采。」兒子會這樣偷偷向朋友傾訴。事實上，有多少人會自豪說：「這輩子我最滿足的事情，就是父母為我的生活做出的選擇和安排」？

自由就是愛的另一個辭彙。當孩子有自由選擇他的生活時，他才能與父母建立起真正的關係。

第二，愛不是靠努力掙來的

在「浪子回頭」的比喻裡，父親沒有對兒子說：「小子，你用什麼實際行動讓我說你是個好兒子呢？你得向你哥哥學習，加倍努力才行。」「你配得我的愛嗎？」「你有什麼值得讓我愛的？」「你看你哥哥多麼孝順！街坊鄰居哪個不說他好！不像你，讓我整天為你操心，還丟盡了臉面！」

這位父親的小兒子沒有這些心理負擔。他知道父親愛他，不是

因為他做得多好，有像哥哥那樣的表現；他不需要努力表現自己來討父親的認同。

《創世記》就描繪了這樣一位妻子，雅各的太太利亞。雅各娶了她們兩姐妹。利亞知道丈夫不愛她，總想著用生兒子的辦法得到愛情。而丈夫就是愛她那個不會生孩子的妹妹。所以，利亞每次懷孕，她就說：「這回丈夫要愛我了。」但最終她也沒有得到丈夫的愛。有一些女孩子，給人做了「二奶」。為了讓早日「轉正」，跟對方生了孩子，最終的結果還不如利亞，大多數落得個人財兩空，即便那些歷盡艱難，當了「正室」的女性，也沒有幾個善終：男人不是回到前妻身邊，就是又被「三奶」替代。

愛是免費的禮物，當你想要靠努力表現去掙得愛的時候，愛就不再是愛了。

第三，愛不需要回報

「浪子回頭」故事中的這位父親，沒有要求兒子「報答養育之恩」。他沒有告訴兒子：「你的生命是我給的，我從小把你養大，現在你翅膀硬了，就想溜啊？你還有良心嗎？太自私了！」「當初我是怎樣靠自己省吃儉用，打零工供你讀書的？不然你有今天嗎？你就是這樣報答我嗎？」「你辜負了我對你的期望。」「你在外面要是有個三長兩短，我將來老了靠誰去啊？」「你要是將來沒有出息，我就是死了也不能閉眼！」

父親也沒有演「苦情戲」，一個人愁眉不展坐在外面，一根接

一根抽悶菸；看到兒子進來，便開始低聲抽泣：「你只要覺得到外面自己生活得好，你就去吧！別管我了，反正我這把老骨頭也活不了幾年啦！」

「哈利思」是單方面的愛。

第三，愛不會改變

這位老父親並沒有因為兒子不聽話、不孝順就不愛他。這個散盡了父親錢財的浪子回來後，老父親沒有斥責，沒有大道理的教訓，沒有冷漠的和藹，沒有愁眉苦臉的嘆息；相反，他給兒子的是熱烈的擁抱和親吻，是預備好的肥牛宴席，是上好的袍子和戒指，是歡喜快樂，是完全的寬容和接納。

完全的寬恕，是「哈利思」最大的特點。

「哈利思」是使人成長的力量。正是父親的「哈利思」，激勵兒子認識到自己的錯誤，有勇氣改正錯誤，並且選擇回到父親的家裡。

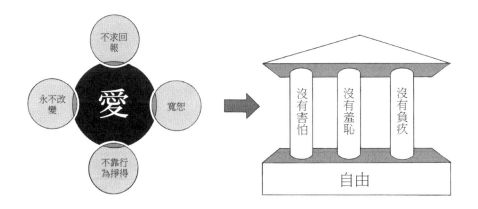

愛的力量

　　只要探索今天人們在生活中所發生的任何問題，就不難發現，其根源都是因為害怕。從父母對孩子溺愛，到對孩子進行挫折訓練，都是因為害怕孩子將來不能在社會上立足。長期以來，害怕成為人們行為背後的動機，而愛的力量卻被低估了。許多人沒有看到，愛才是解決問題的真正動力，用聖經的話說：「愛的力量可以戰勝死亡。」

　　屯尼爾醫生說，害怕總是創造出所害怕的。有一位好好先生很愛太太。平時在家喜歡跟太太說說笑笑，親親熱熱。可是，每當母親造訪他們家，這個先生就成了「換臉人」。他不僅對太太保持一副不拘言笑的面孔，甚至不敢跟太太多說上一句話，偶爾跟太太說句話，連對太太的稱呼也省去了，冷冰冰地一聲「喂」！他回老家探親的日子裡，在母親家不敢與太太聯繫，只有借外出母親不在身邊的時候，才會戰戰兢兢給太太打個簡短的、公事公辦式的電話。因為他對母親的害怕，使得他不敢在母親面前表露出對太太的愛。這位先生既怕母親不喜歡看到自己與太太恩愛而不理他，又怕太太會因為他在母親面前一副唯唯諾諾的樣子而生氣；但是他的行為使得他的太太對他漸漸失望，影響了他們的親密關係。

　　「害怕情節」始於伊甸園的亞當與夏娃。舊約聖經的開篇《創世紀》裡記載，亞當和夏娃原本無憂無慮生活在一個美麗的花園裡。每到傍晚時分，上帝來叫了他們一起去散步聊天，同享快樂時光。但是

他們吃了禁果之後，心態就變了。於是他們聽到上帝在園中行走的的聲音，沒有再像往常那樣歡喜地迎上前去，反而因為害怕慌慌張張、急急忙忙躲進樹林中。害怕的結果是他們不敢面對現實，導致孤立、憂鬱，並迅速走向毀滅性的生活——失去了與上帝一起享受的時光，失去了他們兩人之間的親密關係，繼而生出羞恥和負疚的情感。

　　聖經用許多的事例，展示出人的恐懼感，及由此而生的羞恥感和負疚感帶給人生活與人際關係的致命打擊。當上帝告訴以色列人前去佔領迦南地的時候，以色列人因為害怕不敢前往，結果他們在曠野兜兜轉轉了四十年，為他們的害怕心理付出慘重的代價。當他們看見非利士人巨人哥利亞的時候，他們嚇得跑掉了；看到非利士人的軍隊，他們嚇破了膽，以至於自己的軍營大亂，結果他們失去了戰鬥力。害怕更是迫使軍師亞希多弗因為失寵於押沙龍王而自殺身亡。以色列的傑出領袖大衛王，因為害怕與手下戰士的妻子通姦被發現，設計殺死了對他忠誠的士兵。當面對先知質問他的罪過時，他完全把持不了自己，用「麻風病人」來形容自己的情感。

　　耶穌的門徒彼得因為害怕，在羅馬兵面前三次否認認識耶穌。雞叫三遍的時候，彼得突然間感到自己做了多麼錯誤的事情。這種模糊、焦慮的意識將他置於羞恥和負疚的情感中，令他痛苦不安。沒有勇氣面對害怕的結果，會令人陷入孤立與憂鬱的狀態；而真的面對害怕，正如神學家布呂格曼‧布魯斯（Brueggemann Bruce）所言：「他們一定會失敗，因為他們沒有追蹤害怕的根源。」

害怕，以及由此生出來的羞恥感與負疚感可以毀掉父母與子女的生活。在舊約聖經裡，以撒的妻子利百加偏心小兒子雅各，設計幫助雅各騙取了大兒子掃羅的長子名分和祝福，導致兄弟倆關係不合。雅各不得不逃離家園，在遠方的舅舅家做了多年的苦力，而他的母親利百加到死也沒有機會再見過她心愛的小兒子。

害怕是一切問題的來源。在第一章裡提到的凱麗母親未婚生子後遠走他鄉，幾十年後仍然拒絕與找上門來的親生女兒相認。難道這位母親聽到女兒的聲音，心裡真的無動於衷嗎？可是害怕現任丈夫知道她的過去，害怕與女兒相認影響到現在的生活，於是她選擇了躲避。還有那位因為害怕母親以頭撞牆的兒子，閉著眼睛給了下班回家的妻子一記耳光，結果把自己送進了監獄，也斷送了他原本幸福的婚姻。不管時代如何變遷，這些古老的故事和天天發生在每個人身邊的故事，不斷在提醒人們：害怕的情感依然喜歡成為人們生活的主宰，依然在製造著一個又一個不幸和悲劇。

依靠讓人害怕不是解決問題的辦法。某對夫妻的婚姻關係一直不和睦。妻子很容易在家裡發脾氣，跟丈夫吵鬧；丈夫覺得妻子的神經質，甚至歇斯底里的發作讓他感到傷腦筋。兩人嘗試過尋求婚姻輔導，但結果還是不理想。也曾想過離婚，但是因為孩子和經濟上的原因也難以實行。後來，有一個朋友對這位妻子做了一番開導：「妳好好想想啊，你的丈夫現在正處在事業的高峰期，要地位有地位，要錢有錢。以他現在的條件，可以隨便找一個年輕的女孩

子。而你呢，人老珠黃。妳想清楚啊，這日子妳要不打算好好跟他過的話，就分手。反正妳丈夫有的是機會再娶一個年輕女孩子。」這位妻子聽了朋友的話，果然在家裡安靜許多，處處小心不敢發作。丈夫對朋友感謝道：「還是你老兄厲害，一番話就制服了我老婆。」這位丈夫沒有意識到，妻子「安靜下來」並非出於她明白了真理，她的性情讓她自然變得溫柔，而是因為害怕丈夫「再找一個年輕的女孩子」。害怕一方面讓她不敢對丈夫發脾氣，同時也積攢著她的怨恨和憤怒。果然，這樣的太平日子持續了一段時間以後，家裡終於再度火山爆發——一切又恢復到原先的老樣子。雙方對他們的婚姻關係更加失望，成了一樁沒有在法律上解除婚約的「死亡婚姻」。害怕也可能使得這位妻子一直「安靜下去」，不過即使她不開口，她的身體也會以各種病症述說她心裡的壓抑。

再看看那些希望確保孩子一生平平安安、永遠不會遇到試煉和挑戰的父母，他們為孩子做了一切努力，把孩子送到「資優班」、「才藝班」，甚至漂洋過海，送到國外讀書，希望孩子將來有出息。可是這些父母不理解，他們讓害怕控制他們對孩子的愛。這些父母以為，只要能為孩子設計好未來的藍圖，孩子的人生旅途就會穩穩當當。這是不可能的。屯尼爾醫生指出這種養育孩子的過程是「成了一系列謹小慎微地應對孩子未來可能失敗的行動……是極大地開發負疚感，尤其是那些渴望孩子成功而給予孩子最好教育的焦慮的父母」。這些父母不明白，「生活就是生活本身，而不是我們希望它是

什麼樣。」歐翰納博士提醒道：「生活充滿了未知數和苦難，所以父母要允許孩子失敗，孩子在失敗之後需要父母無條件的愛。」

用「浪子回頭的故事」來做一個假設，有幾種情況可以讓他產生害怕的黑色情感：第一，他花了父親的錢，又讓父親失去尊嚴，他害怕面對別人指指點點，害怕父親整天拿他說事，害怕父親因為他的悖逆一氣之下罹患高血壓，甚至半身不遂；他一定會因為自己的叛逆和失敗，心裡糾結而無法原諒自己。他會對自己說：「我怎麼這麼沒用！我還有什麼臉面回家！」

倘若他真的成為一個成功人士，他覺得自己不在父母身邊，不能孝順父母，就像在《非誠勿擾》節目中的那些海外留學生，害怕自己不能「回報養育之恩」。於是心裡的糾結讓他陷入負疚感當中。當負疚感成為一個人的生活方式時，不僅讓他自己的情感時時處處受折磨，還會令他的婚姻關係大受影響。

但是這個浪子的回頭，向人們展示出愛的力量。浪子回頭，是因為父親無條件地愛他。這就是一種關係。歐翰納博士說：「當人經歷了這種關係以後，這個人就跟以前不同了。」這種力量不僅給人帶來自由、希望和改變，還能創造奇跡。因為，「愛中沒有懼怕」。

這是因為，愛不同於道德說教、宗教信條、理論等等；愛的這種關係裡面，不僅有同情，有關愛等愛的見解溝通，還有看不見的、內在的、心與心之間的溝通和連接。所以愛被稱為是「一種神奇的力量」。屯尼爾醫生形容愛是一種有創造力的能力，當它像汨汨流水

般進入被愛者的心中之後，這人就會得到醫治。人不再緊張，不再恐懼害怕，不再有負疚和羞恥感，而是產生改變的動力，有力量獲得自信、靈感和活力。「哈利思可以化解問題，就像陽光融化霧氣。沒有人真能夠解決問題⋯⋯沒有人知道問題是怎樣解決的。」

首先，兒子不必因為自己的過犯無地自容，一蹶不振；不必因為自己創業失敗，或者因為吸食毒品而破落感到害怕和絕望，覺得自己在外沒有混出個模樣，沒有出人頭地而羞愧難當，不敢見爹娘的面；他不必假裝自己優秀，展示自己多麼能幹，用報喜不報憂等等心理防衛機能，偽裝和掩飾自己的真實面目。

其次，兒子因為違背了父親的旨意，不得不承受自己選擇的後果，最後淪落到挨餓、吃豬食、住豬圈的地步。這是他必須為自己所犯錯誤付出的代價。但是兒子明白，安全感不是建立在他的成就上面。他知道父親不會拒絕他，而是會接受他。他對父親愛他的回應沒有任何精神壓力和思想負擔。

如此，兒子的心理、精神和情感狀態就不一樣了——他沒有害怕、羞恥和負疚感。這讓兒子產生改變的動力和勇氣。

於是，兒子沒有因為自己的錯誤而產生心理負擔。空手而歸、傷痕累累的兒子會這樣想：我錯了！我真的做錯了！我願意改正錯誤，回到父親身邊。這段經歷讓我學到功課，我將重新開始生活。

倘若兒子真的成為一個成功人士，他會因為與父親有一個健康的關係，輕輕鬆鬆做他的生意，不論身處何地，他會與父親分享他

對生活的體驗、見解等。當父親去世的時候，他會想，我與父親的關係給我留下許多美好的記憶。現在，父親走了，我很難過，我會想念父親，但是我仍然有能力去愛。

於是，他把父親的愛傳給妻兒老小，和其他的人。他的孩子也學會了尊重他人的選擇，接納不同的人，也讓別人活出自己的品質；在遇到事情的時候，他的孩子也懂得給別人有足夠的空間和自由，按照人家的步伐和節奏成長，而不是為別人的事情做決定，為別人的生活做安排。

他活得自由，也讓別人活得自由。這樣，他的婚姻生活、親子關係，以及人際關係都會健康發展；他的潛力更是得到全然的開發，使得他的事業蒸蒸日上。

愛的力量，讓人產生改變的動力。有這樣一個男孩子，他的父親只讀過三年的書。每次他在學校闖禍之後，回到家裡戰戰兢兢，想法躲開父親。父親看到他進門，趕緊放下手中的木工活，走上前迎接兒子，把他抱在懷裡並對他說：「你知道你是我的兒子嗎？你是我的。」然後他會給兒子倒杯咖啡，把點心拿給兒子，說：「肚子餓了嗎？吃些小點心，晚餐媽媽做了你愛吃的牛扒呢！」幾十年後，獲得了歷史學、神學、法學、語言學和圖書館資訊科學等五個博士學位的歐翰納還常常回憶起父親的話：「正是因為我感受到父親的愛，讓我有動力好好學習，就像那個回頭的浪子。」

愛不僅有能使人改變的動力，也讓人產生自信心。于丹教授

在《論語心得》一書中，用一個寓言來闡述自信心的來源。在這個寓言裡，生活貧困的小孩子因為「從來沒穿戴過漂亮的衣服和首飾」而深感「自卑」。直到女孩十八歲那年，女孩帶著媽媽給她買聖誕禮物的錢來到商店，從鏡子裡看到售貨員給自己頭上戴上一個緞子做的頭花以後，聽到售貨員讚揚她的美麗，她才突然感覺「這一朵頭花使她變得象天使一樣容光煥發，」以至於讓女孩「心花怒放」，「內心無比陶醉，不無激動」，因此拾回她的自信。

于丹接下來總結說，「一個人的自信心來自哪裡？它來自內心的淡定與坦然」。只要有「輕看身外之物的得與失」，就能「做到內心強大」。但仔細讀這一段話，就會發現其中的自相矛盾。

于丹的意思是說，人有沒有自信心，關鍵在於人的態度，即要「輕看身外之物的得與失」。但是，在這個寓言裡，讓女孩覺得變得美麗的原因，恰恰正是她頭上那朵美麗的頭花。當這個女孩子沒有戴上這朵頭花的時候，她是「自卑」的，覺得自己是「小鎮上最抬不起頭來，最寒磣的女孩子」，連走路都要「繞開人群，貼著牆角」。是這朵頭花的裝扮，讓她能得到周遭人們的肯定、認同和讚賞。戴上這朵頭花的女孩，不僅吸引了人們的眼球，甚至連讓她心儀的帥哥也熱情邀請她做聖誕舞會的舞伴。這樣看來，女孩的「自信心」並非來自她的內心，正相反，就像現代人紋身、整形美容一樣，這個女孩對美麗的概念，她的情感完全被外部環境的衡量控制著。她並沒有內在精神的源頭和堅實的精神基礎。

　　這個靠著一朵花和被人認同來找回自信心的小女孩不知道，與外部連接而來的認可和力量是不穩定的，這樣的影響讓人充滿恐懼和負疚感，讓人失去的是生活在恐懼和害怕中，不能夠活出自己的自由。一朵花可以暫時讓她看起來美麗，如果她的自信心回歸來源於此，那麼假如她因年老或者其他意外的原因，失去外表的美麗，她還會有自信心嗎？

　　美國西雅圖一個小男孩肖恩是個相貌嚴重變形的殘疾人。在十歲以前，他就已經經歷過三十幾次的手術。肖恩無法改變他嚴重變形的面孔，和他含糊不清的發音；更何況他沒有一個健康的體魄。儘管肖恩的父母養育他，要付出比養育其他姐妹更多的辛勞，但是他們從來不在家上演「苦情戲」，他們相信真正的愛不是玩遊戲，而需要誠實。肖恩從父母那裡學到了一個明確的價值觀，他不因為長相不如別人而感到自卑，他也不會用外在的東西裝扮自己，更不會因此而壓抑自己，覺得心中遺憾，在學校或者在人群中太不起眼。肖恩知道他的人際關係不是建立在外表的美麗上，這種力量讓他推倒心靈的城牆，活出從心裡自然流露出的灑脫，勇敢地成為他自己。在朋友家裡的聚會上，他會熱情地跟認識和不認識的人打招呼，參與大人對生活和信仰的討論，大膽發表自己的見解；在大家閒聊的時候，肖恩會幫助主人為大家遞上飲料、茶水、咖啡和點心，還不忘記囑咐大家：「茶水／咖啡很熱，小心燙著。」

　　小肖恩寫過一篇作文，題目叫做〈爸媽如何愛我〉：

我是個戈爾登哈氏綜合症（goldenhar syndrome）的孩子。這種病需要花很多的錢治療，好讓病人看起來像個正常的人。一般說來，這種病會影響到病人的心臟、脊椎、大腦等身體的多個器官。我很幸運我的心臟和大腦沒有受到影響。

　　爸爸媽媽用滿足我的一切需要來愛我。他們從不強迫我做不喜歡做的事情。譬如，我不喜歡吃椰菜，也不喜歡收拾房間，不過他們倒是鼓勵我去做。

　　爸媽讓我在一個基督信仰的家庭裡成長。把我送到一所基督教的私立學校。讓我讀很多的書，教我倫理道德，幫助我讀聖經。爸媽帶我去不同的地方，讓我接觸很多的好人。

　　爸媽用鼓勵我做自己感興趣的事情愛我，哪怕我做很古怪的事情。他們帶我去圖書館，因為我在圖書館可以借到我最喜歡的東西：圖書。我贊同書上反對墮胎和安樂死的做法，我認為墮胎和安樂死的做法是不對的。

　　爸媽也用開玩笑的方式愛我。他們總跟我開很多的玩笑。每當動手術的時候，爸媽都守候在身邊。每次做睡眠測試時，爸媽都要確認我躺得舒服，並且為我準備好我需要的東西，像是我的聖經、睡眠呼吸暫停器（BI-PAP），還有我的眼鏡等。睡眠呼吸暫停器是一種需要特殊設備的東西，幫助我在測試的夜晚呼吸用的。爸媽還輔導我的家庭作業，幫助我發展運動技能。

　　我做錯事的時候，爸媽也會用管教的方式愛我。他們從聖經裡

的箴言中學到：他所愛的孩子，他必管教。他們教會我，如果小時候我犯錯不得到糾正的話，那我以後長大了就會付出很大的代價學到教訓，譬如被罰款或者坐牢。

父母親的愛，讓他成為一個謙卑、溫柔、活潑的孩子。儘管他不知道此生還要經受多少次手術，但是他仍然帶著勇氣和樂趣追求自己的理想。他來自內心的自信、平安，他對人的關愛和謙卑，他對人生的追求和智慧，讓他成為人們眼中最英俊、最優秀的孩子，一個人見人愛的小天使。

人要有自信心這話沒錯，人的自信心來源於內心也是對的，但是，自信心的來源是愛，並非外部的物質條件。如果那個小女孩的母親能夠像肖恩的父母那樣，無條件地愛孩子，讓孩子體驗到安全的、溫暖的、健康的親子關係；一如既往、持之以恆關心和回應孩子的情感需要，幫助孩子在傷心害怕的時候安靜下來，幫助孩子學習表達內心的感受和思想，並且常常在家裡對她說：「孩子，我愛妳。因為妳是我的女兒，你沒有花戴也一樣美麗。妳在媽媽的眼裡永遠是最美麗的。」這個女孩就能夠像肖恩一樣，知道她的人際關係不是建立在她外表的美麗上，這種力量就會推倒那堵心靈的城牆，讓她活出從心裡自然流露出的那份灑脫，勇敢地成為她自己。這個女孩就會像肖恩一樣說：「我就是我，世界上只有一個我。不論我的個人條件和外部條件如何，我都一樣可愛。」你想她還會因

為生活上貧窮而感到自卑嗎？她會勇敢地成為她自己。

愛能創造奇跡，而寬恕就是愛產生的最大奇跡。1991年的萬聖節，美國愛荷華大學的留學生盧剛，開槍殺死了天體物理系的三位教授，然後開槍自殺。原因是因為他找工作不順利，為了優秀論文評獎的事與校方和系裡多有爭執。曾經是北大高材生的盧剛，寫下「無論如何也咽不下這口氣」、「死也要找幾個墊背的」之後，製造了震驚美國和中國的槍擊血案。

事發之後，死難者之一的該大學副校長安妮的三位兄弟寫給盧剛的親友這樣一封信：

我們剛剛經歷了這突如其來的巨大悲傷，在我們傷痛緬懷安妮的時候，我們的思緒和禱告一起飛向你們——盧剛的家人，因為你們也在經歷同樣的震驚與哀痛。安妮信仰愛與寬容，我們想對你們說，在這個艱難的時刻，我們的愛與你們同在。

安妮的三兄弟把這封信譯成中文，附在盧剛的骨灰盒上。當時在場的中國留學生林欣記錄了他參加安妮葬禮的情形：

招待會上，三兄弟穿梭在中國學生當中。他們明白中國學生的負擔，便努力握手與每個中國學生交談。如沐春風的笑容，流露出心中真誠的愛。許多女生哭了，我的「黑手黨」朋友，高大的男子漢也在流淚。愛的涓流從手裡到心裡，臉上的淚水綻放微笑……我所面臨的這種「無緣無故」的愛，是這樣的鮮明真實，我卻無法

解釋。我依稀看到一扇微開的門，門那邊另有一番天地，門縫裡射出一束明光……剎那間，（我）三十多年來建立起來的價值觀、人生觀，似乎從根本上被動搖了……這樣的生，這樣的死，這樣的喜樂，這樣的盼望，怎能不讓我嚮往？大哥弗蘭克握著我的手說：「你知道嗎？我出生在上海，中國是我的故鄉。」淚水模糊了我的眼睛，心裡卻異常溫暖。突然發現脊背上的涼意沒有了。心裡的重擔放下了。一種光明美好的感覺進入了我的心。

林欣寫到：「那一刻改變了我。我的靈在愛中甦醒。」

一位署名為「鳥鳴空山」的作者，用盧剛事件與藥家鑫事件相比，就藥家鑫在殺人伏法後的八九個月之後，受害人仍然向藥家追要二十萬元引起的風波在網上撰文：「中國有五千年歷史，五千年有很多好東西，也有很多壞東西，中國人的不厚道就是其中之一。雖然藥家父母有教子無法的責任，但藥家鑫畢竟是他們的兒子，他們也很痛苦（是誰都得痛苦，不管兒子有多壞）。藥家鑫已經為自己的罪行償了命，再侮辱、責怪他的父母就是這種思想的殘餘。」「鳥鳴空山」對安妮三兄弟給盧剛親友的信讚嘆道：「這是何等的胸懷！這是何等的寬容！」

無私的、不求回報的愛，給了悖逆的浪子力量改變，也給人產生自信的力量，使人自由地成為自己；更可以使人走出心靈的羈絆，化解心中的怨恨。約翰‧鮑威爾（John Powell）教授是美國人權問題的

權威人物，也是法律學教授。在論到愛的時候，他說：「除了無條件的愛，什麼也不能讓人心得到擴展，讓人的潛能得到發展。」

父母之愛的定義：掌握父母之愛的金鑰匙

「成熟父母之愛的核心，就是父母親在家裡透過真理與慈愛，注入和發展孩子的信任感與勇氣。」

——艾略特・歐翰納博士

世界上對父母之愛的描寫很多。在文學裡的描寫，在詩歌與音樂中的讚頌，以及在每一個故事裡，都會讀到父母之愛的偉大。但是還沒有人給父母之愛提供一個確切的定義，讓父母們懂得如何具體養育孩子；以至於父母常常因為不知道從哪裡下手而感到困惑。許多父母遇到問題，譬如發現孩子在玩伴中被排斥和孤立，玩電腦太多等等，他們四處取經，希望找到解決一個個問題的答案；這些方法因為不得要領，都停留在問題的表面，只能「治標」而不能「治本」；可是父母沒有一個可以打開所有疑惑的金鑰匙，所以他們很難真正掌握育兒的方法，常常不知道「掌握的度」該在哪裡。父母之愛是創造，是藝術，但是很少父母懂得如何開發創造力，也沒有學習做父母的藝術。事實證明，過去幾千年來代代自然承傳而成為父母的傳統與習俗，扭曲了父母之愛的意義，不利於孩子心理、情感和心靈的健康發育成長，許多方面是過時的、沒有效果的，已經無法適應當今社會的發展。歐翰納博士對於父母之愛的確

切定義，可以說從根本上回答了父母之愛的具體方向和內容。

這個父母之愛的定義是一個順序，說明父母養育孩子的具體範疇。本節對歐博士給父母之愛的定義分解開來，力求展開這個定義的意義與內涵。

「成熟……」

成熟主要指父母的兩個方面：第一，性格與情感能力；第二，處理關係的能力。

「……核心」

核心就是主要的部分。譬如母愛當然也有父愛嚴厲的一面，但是母愛基本的特點和主要的部分不會改變。

「……在家中」

「在家中」說明家的重要。屯尼爾醫生寫到：

家是孩子成長的地方。是孩子獲得安全感的地方。如果孩子在家裡無法適應，他的心會到處流浪，沒辦法安穩下來。將來他到哪裡也無法形成真正的連結。他會感到自己被排除，被忽視。他跟別人的交往也是表面的。一個在健康家庭裡長大的孩子，將來他到處能找到歡迎。生活對於他不是尋找，而是選擇。

人的性格是在家裡被塑造成的，父母對孩子的身心發育有著不可推卸的責任。這並不是說，父母親一定要每分鐘都守在家裡。譬如成熟的母親懂得她是家庭的守望者，而不是傭人或者奴隸；她懂得

給家一個溫暖的、生氣活潑的「靈魂」；懂得家務事是一項重要的工作。每一個男人都知道，家裡有一個可愛、聖潔的妻子，對丈夫是多麼大的轉化力量；她對家庭和孩子的影響力大過一切外界因素。

「……真理」

真理就是父母對生活的定義。是他們用什麼思想、主義或者價值觀引導孩子；教孩子認識自己，認識人生，認識人性。

認識真理的父母能夠在三個方面幫助自己：

（1） 讓孩子確信他得到父母無條件的愛和完全的接納。

（2） 父母知道不是所有的傳統、習俗和社會上流行的教導都對養育孩子有好處。

（3） 父母自己不會因為負疚，不能給予孩子他們想要給的就拚命努力，弄得自己疲憊不堪。

認識真理的父母可以在以下三個方面幫助孩子：

（1） 幫助孩子認識自己。人是什麼？我是誰？這是一個基本的心理問題。一般說來，能夠回答這個問題的人，不會產生心理障礙。一個人可以介紹自己是醫生、工程師等。這只是一個外表，一個形象，而且常常是一個扭曲的形象。認識真理的父母教孩子發現真我。

（2） 幫助孩子認識人生：一個人有明確的生活目的，才能有健康的性格，健全的人格。認識真理的父母能幫助孩子

尋找生活的目的。

（3）幫助孩子認識人性。阿德勒博士說過：「人性的科學是
一門藝術。」認識真理的父母不是想辦法把孩子培養成
他們想要的人，而是瞭解自己的孩子，敏感地發現孩子
的個性和特性，知道孩子的天賦，不受環境影響，告訴
和鼓勵孩子發展天賦，並找到適合孩子的方式教養他。
「望子成龍」、「望女乘鳳」的想法和做法違背了人性
的發展，可以毀掉孩子的性格。譬如，孩子對父母說，
我是個失敗者，沒有天分、不吸引人。父母回答他：你
不需要因為自身的限制向世界道歉。你可以抬起頭說，
我就是我。

真理的誤區：父母不認識自己是誰。

「……慈愛」

真理導向慈愛。慈愛就是有同情心、憐憫心，能夠理解對方，
給與愛憐、溫柔、慈祥。只有理解人不會是完美的，才能產生慈
愛。慈愛不是容易學的態度。

父母，尤其是母親不知道如何表達慈愛對孩子的心智發育影
響很大。孩子的態度變得固定了。他識別不了愛，也不會正確使用
愛。因為他對慈愛的本能沒有得到發展，他對生活的整個態度，是
逃避所有的愛和慈愛。愛的界限就這樣早早地被劃定了。譬如，你
教孩子男兒有淚不輕彈，男人流淚是可笑的，是沒有男子氣概。以

後男孩長大之後就會害怕表露情感。他與正常的愛做對，好像這些東西要奴役他們。阿德勒博士曾說：「在壓抑愛的殘酷教育後，孩子從他的環境中撤退，一點點地丟掉了他靈魂中最重要的方面。」

　　慈愛不是溺愛。被溺愛的孩子拒絕與人分離。譬如他會說，我愛你，所以你應該為我做什麼事情。他的愛是讓別人依賴／依戀他。因此他會不擇手段獲取愛。這樣的孩子沒有預備生活，因為他們沒有機會練習戰勝困難，只要一出門，就會受失敗之苦。卡爾‧榮認為父母以為他們的自我犧牲就是慈愛，但實際上這樣的做法是沒有能力愛孩子，也沒有能力愛自己。所以他們過度保護孩子，以此來補償他們的能力不足。

　　孩子再大也是孩子？這種說法是沒有把孩子看成是獨立於自己之外的個體。屯尼爾醫生說：「所有的心理學家都知道，母愛的本能可以成為控制的源泉，從而有害於孩子的成長發育。」「母親必須讓孩子有權利過自己的生活，生、死、痛苦、喜樂。這些是最基本的人權。我想讓你幸福，我想不讓你受苦的之類的話是可怕的。看起來慈愛，實際上殘酷，只不過是試圖扮演上帝的角色。」

　　懂得慈愛的父母具有以下素質：

　　‧不希望孩子成功，只希望孩子成人。

　　‧理解孩子不是完美的。

　　‧沒有心理負擔，不會總挑孩子的缺點和錯誤，嚴格要求孩子。

‧理解愛不是自我犧牲。

‧不把愛當做交換的手段。

‧看重自己。

‧不刻意展現自己的美德。

‧意識並及時回應孩子的需要。

‧不以負疚感教養孩子。

‧懂得放手。

慈愛的誤區：父母，尤其是母親身心太累，沒有能力和力量給予慈愛。

「……信任感」

慈愛導向信任感，孩子因著慈愛獲得安全感。父母親未必做得盡善盡美，但能持之以恆，跟孩子建立一種溫暖的關係，滿足孩子的情感發展需要。這樣孩子將來遇到困難的時候，他會求助於別人，也有能力相信別人的力量、能力和好心。如果孩子沒有機會在小時候建立信任感，將來他對人就會猜疑，因為害怕失敗緊緊保護自己。他會認定：「在這個世界上，只有靠我自己。」這種生活的態度會導致產生偏執型人格障礙。

能夠給予孩子慈愛的父母會在以下幾個方面幫助孩子：

＊懂得如何敏感地回應孩子的需要。

＊懂得幫助孩子建立溫暖的關係。

＊懂得幫助孩子接受不同成長時期的挑戰。

信任感的誤區：從小就教孩子害怕。給孩子打上「敵對世界」的烙印，那孩子將來就以為世界上都是敵人。

「……勇氣」

當父母用真理和慈愛為孩子注入信任感之後，孩子就會生出勇氣。因此，孩子會懂得：

‧生活就是在恐懼和勇氣之間。人生活中最先有的挑戰是人內在的力量。人的內心有三種挑戰：慾望、恐懼、憤怒。如果人沒有方向可循，而只曉得滿足最原始的需要，他就會產生許多內在的衝突，導致不開心。有勇氣的人面對困難、挫折、威脅和危險等，能夠控制自己，不受他人影響。

‧孩子會懂得勇氣的概念不符合人的邏輯性。

‧物質不能夠代替人的性格品質。

傳統文化已經無法回答當今父母養育孩子的問題，滿足父母養育孩子的需要。歐博士給父母之愛所下的定義，給了父母之愛提供了一個堅實框架，使父母親懂得如何在這個框架裡愛孩子，並且知道自己不在框架裡的時候；在這個框架裡的父母之愛，並不是父母自我感覺如何愛孩子，或者想要怎樣愛孩子等來自動物本能的情感，以及主觀上的意願；這個框架裡的父母之愛，是父母觀察和滋養孩子的本性，按照孩子成長的規律，讓孩子成為他應該成為的人，而不是父母親想要成為的人。簡單地說，這個定義使得父母能夠裝備自己，成為一個真正愛孩子的父母。只要在這個愛的框架

裡，父母不必謹慎該如何把握「度」的問題，因為父母都有自身的
限制，都不可能做得完美；事實上每一個父母在育兒的整個階段
中，都會犯下這樣或那樣的錯誤。如果父母更好地得到做父母的裝
備，許多錯誤可以避免，許多遺憾不會產生，許多孩子可以健康地
長大成人，許多社會悲劇也不會發生。裝備自己做父母，對於父母
自己也是在心智上成長的過程。

　　與子同行，與子共同成長，難道不是為人父母最大的快樂嗎？

第五章

走向成熟、健康的父母之愛

今日的見解與昨日的父母之愛

仔細觀察過去幾千年來，傳統文化對於父母之愛的影響，就不難發現中國式父母之愛，是以父母的利益為中心，不利於孩子的情感與心理健康發展。科學的發展與進步，也將帶動父母走出過去育兒的無知與不足。知識在不斷發展與進步，許多昨天不知道的事情，今天已經成為普及的常識。父母之愛跟任何事情一樣，都是從不知到逐漸認識，慢慢完善；就像從黑夜到天亮，有一個過程。

麥克米倫博士（Dr. S. I. McMillen）寫了一本書《沒有了這些病》（*None of These Diseases*）。這本書記載了外科醫生給病人實施手術前洗手的歷史變遷，根據麥克米倫博士的記載，1840年的威尼斯是著名的醫療中心。在奧雷根閭尼·卡肯豪（Allegemenine Karkenhaus）的醫院裡，有六分之一的婦產死亡，這個驚人的比例與當時世界上其他醫院婦產科的死亡比例相同。產科醫生認為便秘、延遲哺乳、恐懼和空氣污染是導致產婦死亡的原因。

死亡的產婦被推到解剖室。主治醫生和實習醫生每天早上上班後的第一件事情就是解剖在二十四小時之內不幸死亡的產婦。接

著，醫生們也不洗手，馬上進入產房，在不帶手套的情況下，開始為產婦做產前檢查。

有一位年輕的醫生塞梅爾維斯（Dr. Ignaz Semmelweis），被任命為婦產科的主任。他觀察那些主治醫生和實習醫生檢查過的產婦往往生病、死亡。他觀察了三年之後，在這家婦產科建立了一項規章制度：每一個接觸了屍檢的醫生，在給產婦檢查前，必須仔細洗手。

1847年4月，在這項規章制度生效之前，在該婦產科有五十七位產婦死亡。當年的六月，每八十六個產婦中，僅有一人死亡。這個資料強有力地顯示出屍體上的病菌被帶到產婦身上。

然而那些帶有偏見和歧視的醫生，以及妒忌塞梅爾維斯醫生的上司們卻對他極盡諷刺和挖苦，結果醫院沒有跟他續簽第二年的聘用合同。塞梅爾維斯醫生的繼任扔掉了產房裡的洗手盆。很快產婦的死亡率又恢復到醫生檢查產婦需洗手以前的數字。塞梅爾維斯醫生後來在他家鄉的一家醫院謀到職位，但是他要求醫生在檢查病人前洗手的規定仍然得不到同事的認同，以至於同事在醫院的走廊上遇到他的時候，沒有人願意跟他講話。

但是今天，醫生為病人做檢查前洗手是一項醫療常識。醫生在為病人做手術前，都會仔細洗手。記載這段事件的麥克米倫博士感嘆道：「經過多少世紀，付出多少代價，人終於走出來了。」

不斷發展和進步的科學技術，給人們提供了新的亮光，給人們提高生活的品質帶來更多的機會。五十年以前，人們並不知道遺傳

基因與酗酒和吸毒的關聯。直到1990 年 4 月 18 日，《紐約時報》報導「科學家發現了酗酒跟一種特別的遺傳基因有關……為預防這種可怕的疾病打開了希望之窗。」過去西方國家並沒有視家庭為一個系統，只是知道個人的需要，不會注意到每個人在家庭中的角色，所以不曉得「替補配偶」這個詞。很少人明白正常的親子關係與黏合的親子關係。近年來結構家庭治療學的發展，出現了「情感亂倫綜合症」這個辭彙，並且找到它的恰當定義和治療方法。

美國社會對於兒童成長發育的認識也走過了一段漫長的歷程。在一百年前的美國，也沒有人認識到對兒童的情感虐待問題。到了十八世紀，美國有一群「兒童拯救者」，開始尋求解救兒童脫離危險的生活環境；解救那些得不到好好照顧的兒童。這場運動涉及到包括童工、基本教育、健康、寄養、收養等問題。後來，羅斯福總統在白宮親自主持了一個關於兒童的會議，討論兒童的身心靈發育，以及兒童保護機構的設立。經過近百年逐步的發展，尤其是六十年代末到七十年代初，心理學發現了心理虐待對兒童成長的損害，「受虐兒童症狀」引起美國公眾和專業人士的關注。此後，對兒童的性虐待也受到人們極大的關注。在今日的美國，為保護兒童免受身體和情感虐待，已經發展和建立起一整套較為完善的法律和社會系統。但這並不意味著美國的兒童心理和情感都得到健康發育。事實上，美國在兒童發展上的研究往往與政策脫節，它的研究成果並沒有在父母當中得到普遍運用。即便是對兒童的保護措施與

治療手段，也往往顯得過於僵硬和機械化。

有句老話「移風易俗」，意思是隨著時間的變化，有些傳統和風俗，已經不合時宜了。這不是捍衛傳統文化的問題，這些觀念與科學發展不相符合，對建立個人、家庭以及社區沒有好處。

改變意味著進步和成長。婦女裹小腳的風俗文化從南宋時期就開始了。先是皇帝要求宮廷裡的舞女裹小腳，結果所有舞女為了取悅皇上都開始裹小腳。這種「時尚」很快傳遍整個社會。儘管裹小腳對婦女的身體是一種嚴重的摧殘，人們還是相信裹小腳是婦女的一種美德，以至於做母親的，都會要求女兒從小把腳裹起來。十九世紀末期，到中國的海外基督教宣教士呼籲廢除這種殘酷的習俗。這些宣教士成立了一個「自然腳」的組織，要求教會辦學，解開女孩子的裹腳。隨著中國與西方國家的進一步交往和發展，西方文明也影響了中國人對裹小腳的看法，尤其是知識份子率先覺醒，帶動整個社會開始用邏輯思維和科學思考，看待裹小腳的文化習俗。現在，裹小腳早已成為中國婦女在歷史中的一個悲劇。沒有女孩子會視裹小腳為美麗，也不會有誰為裹小腳付出健康的代價。男人剪辮子也是一場革命。曾幾何時，男人剪掉辮子被視為恥辱。然而，人們逐漸明白了因科學帶來的進步思想，廢除了男人蓄長髮，以及跪拜的文化習俗。

父母養育孩子的觀念也在發生變革。以前嘴對嘴餵飯給孩子很常見，現在人們也認識到這種的餵養方式是多麼不健康。過去養育孩子完全依賴家庭。以前很少有人對心理學感興趣。近年來，心理學受

到普遍的重視，越來越多的人熱衷於運用心理學對養育孩子的作用。

今日的見解，以科學的方式向人們展示了過去父母養育子女的誤區和偏差。過去人們只知道天下沒有不愛孩子的父母，父母不論怎麼做，都是「為了孩子好」，都是「愛」的呈現；因為孝文化的教導，子女往往會「為了母親的微笑」，一輩子生活在負疚感中來回報父母的養育之恩。這種生活方式扼殺了生命的創造力。科學的進步展示，真愛的意義取決於兒女是否能夠身心靈健康成長，而不是來自父母的感覺，或者傳統道德的教導。跟進時代的進步和科學的發展，改變對父母之愛的認識和實踐，改進為人父母之道，給予孩子符合科學的、有利於孩子情感和心理健康發育的愛，絕不是一件容易的事情。不僅需要時間，更需要有決心、有行動邁出改變自己的第一步。

一半是「養分」，一半是「毒素」

耶和華神所造的，惟有蛇比田野一切的活物更狡猾。蛇對女人說，神豈是真說，不許你們吃園中所有樹上的果子嗎？女人對蛇說，園中樹上的果子，我們可以吃，惟有園當中那棵樹上的果子，神曾說，你們不可吃，也不可摸，免得你們死。蛇對女人說，你們不一定死，因為神知道，你們吃了果子眼睛就明亮了，你們便如神能知道善惡。（創世紀：3: 1-5）

很多人熟悉這段舊約聖經裡記載的，發生在伊甸園裡的故事。這次事件發生之前，亞當和夏娃夫婦倆在伊甸園裡過著平靜快樂、

恩恩愛愛、無憂無慮的生活。蛇引誘夏娃吃上帝不許他們吃的果子，而夏娃不加思索地回應，並且還叫她丈夫亞當也吃。蛇在與夏娃詭詐的對話中，對她說：「你們不會死。」這話是真的。這對夫婦吃了禁果之後沒有死；蛇對她說：「你們的眼睛會明亮。」這話也是真的。但是，蛇沒有說的是，眼睛明亮之後，會看到什麼。蛇隱藏了真理。隱藏真理本身就是撒謊的一種形式。同時，蛇扭曲了真理。蛇告訴他們：「你們便如上帝知道善惡。」結果，他們並沒有看到希望看到的光明，也沒有得到上帝的智慧。相反，他們為所看到的感到羞恥、內疚和害怕；於是他們開始躲藏，開始互相指責對方，互相推諉責任，最後失去了家園。幸福一去不復返。那句包裹在真理裡面的謊言，徹底毀了這對夫婦的幸福生活。

蛇用類似的手法，將養分和毒素一起摻雜在傳統文化裡；而摻雜在養分裡的毒素害苦了一代又一代的中國人：

「父母之愛是本能」嗎？這話是真的。但是「本能的愛」實質是什麼？對孩子成長有何影響？這句話沒說。

「父母給了兒女生命」是真的，但是父母都是為了愛才把孩子帶到這個世上嗎？這句話沒說。

「窮人的孩子早當家」這話也是真的，但是這個早當家的孩子日後會過上怎樣的生活？這句話沒說。

「父母的愛是最偉大的愛」，聽起來很讓人安慰，但是，這個「偉大」的具體內容和理由是什麼？沒有解釋。

「都是為了孩子好」是真心實意的願望，但這個愛的過程讓最後愛的結果是否實現，這句話沒說。

　　「讓孩子在挫折中成長」，結果孩子能長成一個情感成熟健康的人嗎？這句話也沒有說。

　　「天下沒有不是的父母」，這句聽起來很讓為人父母受用，它授權了父母永久、無條件地擁有子女和使用子女的特權。

　　「中國父母對兒女表達愛的方式是含蓄的」，這話非常具有中華文化特色，但是這個結果讓人看到更多的把批評當讚美。給孩子注入「獲得父母認同」的基因，讓它成為兒女生活的標準；把孩子拉進父母的婚姻中，讓孩子擔當「父母感情的紐帶」；「追求成功」沒有什麼不好，父母的職責就是開發孩子的天賦和潛力，讓孩子獲得成功；但是追求的動機直接影響著成功後的效果，卻從來不提。

　　中國傳統文化中有許多優秀的「養分」；但是其中有一個最大的毒素，就是扭曲了愛的定義：愛期待著回報；愛需要努力掙得。結果，愛把負疚感和羞恥感變成人們的一種生活方式。

　　有一篇文章描寫了中國的社會環境：

　　小時候，大人（父母）是絕對的權威，父母一聲令下，誰敢不從。那時的規矩有兩條：「一、父母永遠是正確的；二、父母如果錯了，請參考第一條」。在這種思想的指導下，哪天不小心做了點壞事，都不用等大人來罵，自己早就羞愧難當，慚愧萬分了，而且，那時有強烈的榮譽感和責任感，學習要出眾，工作要爭先，

為了家庭的榮譽，為了父母的臉面，那真是上刀山下火海，怎麼能光宗耀祖怎麼來。所有的努力都只為一個目標，讓父母顯擺……結果，亂花漸欲迷人眼，漸漸讀不懂世界；不識廬山真面目，慢慢猜不透人生。**(17)**

我們不能說，有些所謂的「專家」和「學者」給父母的教導是有意把「毒素」摻夾在「養分」當中；他們也是蛇的受害人。很多時候，他們不瞭解愛的概念並不屬於任何民族或者文化，不是「涇渭分明」的東西，也不存在「西式」或者「中式」，而是人類生活中的自然法則；儘管中西方在對自我的概念、應對機能和情感表達模式上會有不同，但是，中華文化當中存在的誤區，在西方文化中統統都找得到。於是他們假設某種思想如「哈利思」是「西方文化」，然後他們用中華文化的觀點來解釋所謂的「西方文化」，結果越解釋越不明白，越離譜，以至於斷章取義，把曲解、亂解，或者一知半解的概念介紹給家長。有的時候，人一不小心，就會「中毒」。因為當「毒素」包裹在「養分」裡面的時候，那是很危險的。聽起來很不錯，看起來也很好，但同樣是一個陷阱，會像亞當和夏娃一樣付出代價——受害的是自己和孩子，還有孩子的孩子……

17. http://www.wenxuecity.com/news/2011/12/16/1569342.html

認識猶太文化

　　近年來，中國有不少人讚揚猶太人的文化：看人家猶太人成功啊！原因就在於猶太人注重孩子的傳統文化教育。所以，我們要向猶太人學習，讓我們的孩子也繼承我們的儒家傳統文化。但是，猶太人的文化和中國的「傳統文化」在內容上完全不同：猶太人的傳統文化，眼光從宇宙開始，而中國傳統文化以父母為中心畫圓。

　　猶太傳統文化的核心，是上帝創造世界，我創造生活。因此猶太人是把日常生活中發生的每一個事件——不論是計畫好的，還是未曾預料到的；不論是快樂的，還是痛苦的；不論是喜劇，還是悲劇，都看做是一個點，而這些點是有方向的、有次序的；將這些點連接起來，形成一個模式，回答「我是誰」的問題；解釋一個人為什麼到這個世界上來，要怎樣生活，將來要到哪裡去。日常生活中的每一件事情都有意義。所以他不會生活在一個不可預知的恐懼中，擔心「孩子沒有考上好大學，將來怎麼辦？」「日後老了沒人照顧怎麼辦？」等等。這樣猶太人在每一天睡覺前，躺在床上的時候，他可以像上帝在創造了每一天之後所講的，也說上這句話：我今天對生活的創造「是好的」。

　　猶太人傳承給下一代的傳統，並不是「你必須」、「你應該」之類的道德教導，而是生活的經歷——不論是好是壞。就像猶太人的民族領袖摩西，在生命終結的時候，回首他一生的經歷——有奇妙的，

也有恐懼的；有成功，也有失敗；有做對的事情，也有做錯的事情。但不論是怎樣的日子，他都經歷過了；現在，他將要離去，把接力棒交給新任領袖約書亞之前，他把自己和以色列民族以往的經歷連成一條線，讓年輕一代看清過去的次序，以及未來的方向。

猶太人的育兒觀，也跟他們的曠野經歷有關係。猶太人早年在埃及受盡歧視和壓迫，生活苦不堪言，最終向上帝呼求。上帝差派摩西到埃及，把以色列人領出埃及。猶太人跟著他們的民族領袖摩西離開埃及之後，因為不聽上帝的話，總以為自己有本事，按照自己的方式做事，結果原本只有十一天的路程，他們一百多萬人的浩蕩大軍，整整在曠野裡走了四十年。這段生活經歷，讓那些猶太人銘刻在心。育兒觀是猶太人在曠野學到的功課之一：

愛與放手。上帝帶猶太人出了埃及，給了猶太人新的生命。在曠野的旅途中，上帝為他們提供了生活所需，以至於他們「連一雙鞋子都沒有穿破」。但他們並不怎麼領情。剛出埃及的時候，上帝在西奈山下對他們定了一些規則，要他們遵守。但是，隨著他們在曠野漸漸長大，上帝並沒有強迫他們遵守那些對他們建立民族有利的律法。

猶太人把這四十年的曠野經歷視為一個人的「孩童時代」。父母對孩子的愛就像上帝愛新建的猶太民族。一個嬰兒或者小孩子意識不到父母給與生命的愛，不會把父母的養育當回事情，就好像理所當然一樣。孩子小的時候，不會明白父母不會讓一個兩三歲的小孩子自己過馬路。人往往長大了，才會明白那些條條框框原來都是

為了保護自己。

　　隨著這支老老少少的大軍在曠野前行，他們受到許多挑戰。在這漫長的旅途中，猶太人一而再，再而三地按照自己的想法行事，往往到無法收拾的地步，又向上帝呼求幫助。上帝並沒有強迫他們遵守他為猶太人規定的律法，但在猶太人求助的時候，從來沒有拒絕過向這群頑固不化的猶太民族伸出援手。這就像一個人在進入成熟的過程中，也會遇到許多苦難和試探，父母不會沒有停止對孩子的關心，但還是對孩子放手，尊重孩子的自由和個人權利。

　　自由意識不是一個心理學概念，也不是神學的問題。自由意識是愛的禮物、愛的代名詞。

　　「奶」和「蜜」。當上帝要摩西帶猶太人出埃及的時候，摩西困惑地問上帝：我能把他們領到什麼地方去呢？上帝曉喻摩西說：你把他們帶到我賜給他們的地方。那是個流奶和蜜的地方。

　　流奶和蜜的地方，形容那是一塊肥沃的土地。在聖經裡「奶」象徵養育生命，「蜜」象徵著對生活的熱愛。在曠野期間，上帝不僅按他們所需供給他們瑪哪做食物，使得以色列人身體得到餵養；並且讓他們明白，他們雖在曠野裡居無定所，但生活對他們依然美麗、奇妙、美好；依然充滿意義。

　　在猶太民族的文化中，「奶」和「蜜」象徵著母愛。猶太人的母親懂得，不僅要能夠給孩子「奶」；更要能夠給孩子「蜜」。母愛的本能可以讓母親心甘情願，無條件地為養育兒女擠乾奶水，燃

燒和犧牲自己的一生。然而，不是所有的母親都有能力讓兒女感受到生活的甜蜜，勇於探索和挑戰黑暗，在生活中不斷成長。她們用「奶」養育了兒女，卻沒有把「蜜」也給兒女，而往往把焦慮、恐懼、懷疑、敵意，憂鬱等帶給了兒女。

猶太人的母親懂得，養育之「奶」值得讚頌；但是她們不會忘記：沒有「蜜」的母愛「看似慈祥，其實是殘酷」。她們懂得，母愛的基礎是要預備兒女與自己的分離。兒女有母親「蜜」的滋潤才有能力面對未來的生活。能夠給兒女「奶」是母親的偉大；不能夠給兒女「蜜」是母親的失敗。而一個能夠給與兒女「蜜」的母親，一定是一個懂得生活，熱愛生活的人；是一個自信的人，一個快樂的人，一個成熟的人，一個幸福的人。這樣的母親明白兒女到了一定的年齡，必須掙脫母親。雖然這對母親來講非常難以接受，但是她有能力，有力量放飛她的兒女，鼓勵兒女展翅高飛，不畏懼、不退縮，用信心、勇氣探索和擁抱生活。她明白她所給與兒女的「蜜」才是兒女在人生的道路上應對困難和挫折，承受壓力和不幸所需要的最大「養分」。

「蜜」從何來？那是蜜蜂不辭辛苦採得百花釀出來的。母親絕非一生下兒女就能自然成為一個好母親。能夠成為好母親需要像蜜蜂一樣耕耘，需要用謙卑的心，肯花時間吸取知識，學習和練習技能。

中華文化不是像猶太人的歷史，始終有一位上帝在與他們互動；中華文化沒有上帝救贖的歷史，也沒有一位領袖帶領他們走完曠野。

于丹稱中國人的上帝就是父母。于丹在講完「大樹的故事」後寫到：

老樹就是我們的父母，我們都是在樹下玩大的孩子……老樹就是我們的父母，我們都是在樹下玩大的孩子……對於孩子，父母有著太多的牽掛，譬如怕他念書念得不好了，怕他為人不夠正直了，惦記他沒有錢買房子，惦記他的車不好被同事笑話了，惦記孩子的孩子要去受什麼教育了……可是，真等到我們回到樹根邊的時候，心理就已經有太多的遺憾了……可以說，父母在我們心裡可能永遠是懼大於喜的，因為我們能做的太少，父母能給的太多。所以，這個世界上，有一種至深的悲愴叫做「子欲養而親不待」。如果真的到了那一天的話，我們就是捶胸頓足，涕泗磅沱，再三追悔，都過去了，來不及了。（《論語感悟》，p.7-21）

于丹在書中給大家的忠告是：要「孝順」。具體的做法是：「順者為孝。我們的孝心就是不違背（父母的意願）。」「對於父母的心思做一些認真的揣摩，按照他們的心意去做事，做得含蓄，更不外露，會讓父母心裡更自信，讓他們有更多的肯定。」

這幾句話有幾個方面值得思考：

第一，父母的害怕感不會給子女帶來任何益處。心理學的研究讓人瞭解到，父母的「害怕」會弄殘孩子的心靈，給年幼的孩子種下一顆沒有自信、不如別人的種子。孩子將來長大以後，沒有能力應對生活中的變化。屯尼爾醫生指出，自信心低下本身就是假負疚的種子。子女能在父母的「惦記」和「怕」中獲得生活的「蜜」嗎？

　　第二，如果父母怕孩子因為沒有靚車被人笑話，他們沒有幫助孩子發現真我，反而在鼓勵孩子把自信心建立在外部的物質基礎上。這難道就是父母要給孩子的價值觀嗎？心理學在對「共同依戀」或者「神經質」的概念中，清楚解釋了依據外部環境生活的人，會形成怎樣不健康的性格特徵。

　　第三，一個要靠揣摩別人心思生活的人，還會活出自己嗎？他能與父母形成健康的關係嗎？答案顯而易見。在家養成揣摩父母的心，在外就習慣了學會揣摩別人的心。他扼殺了內在的「真我」，剩下的只有帶著面具的「假我」。

　　第四，父母的自信心，或者幸福感，不是來自孩子對他們的孝順，或者孩子的成就，這點，與于丹本身對自信心的解讀自相矛盾。于丹既然強調「自信心來自強大的內心」，那麼父母何苦還要依靠子女的孝順行為，來增強他們的自信心？

　　第五，如果父母的愛是無條件的，那麼孩子無需要爭取用行動獲得父母的認同。一個想要獲得父母認同的成人，其實是一個從小就缺乏父母之愛的人，這是所有心理異常的根源。

　　顯然，猶太文化與中華文化在根本上不同。對於人與生活的關係態度，心理學歸納為兩種方式：第一種，對於環境中所有事件的認識和見地，都跟自我（ego）連接起來，只有當發生的事件跟自己有關聯的時候，才會賦予這個事件內容。「各自只掃門前雪」、「事不關己，高高掛起」的說法都描述了這個理念。第二種

方式，人與所處環境的關係源於每一個人和他的存在，都連接著歷史的進化長河，是永恆河流的一部分。在這種形式的生活體驗中，人的過去不是一個人的過去，而是與個人無關的歷史的一部分。這種跟環境相處的模式和個人體驗生活創造了一個跨越時間的背景，是「永恆」與「永生」的觀點。顯然，中國傳統文化屬於第一種，猶太傳統文化屬於第二種。前者限制了人的眼光和潛力發展；後者給人帶來生活的勇氣和活力。譬如兩位中年母親都不幸失去兒子，那位視生活為創造的母親儘管很痛苦，但是她懂得如何「化悲痛為力量」，她的生活中仍然有陽光雨露，她仍然有能力繼續愛人愛自己，過好每一天。另一位視兒子如生命的母親，她的心永遠「空了」，她的世界「永遠倒塌了」，她再沒有了愛的能力，更看不到生命的海平線之後的風景。

美國西雅圖有個普通的年輕人雅各，父親是一位猶太裔醫生。雅各大學畢業後在一家跨國高科技公司謀得一份高薪的管理工作，如果他一直做下去，很有機會在公司升遷，或者自己創業，成為富翁。可是雅各卻決定放棄有前景的工作和事業，從頭開始學醫，將來像父親一樣，做一名救死扶傷的醫生。雖然這個決定意味著雅各將有十年漫長的艱難之旅，不僅要花掉他所有的積蓄用來付高昂的學費，還必需兼職掙錢租房和生活，但是雅各卻說：「我的目標就是像父親一樣，做一個救死扶傷的好醫生，這對於我是最有意義的工作。」但是雅各並不是一個書呆子，他有著一副高大健美的體

魄,經常活動在運動場上。他每月按時交納租金,勤儉維生;與室友關係融洽,從不計較個人得失,一向默默在別人注意不到的需要上提供幫助。雅各父母沒有害怕過兒子未來的生活,也沒有覺得兒子這樣做會得不償失。相反,他們鼓勵兒子追求自己的理想。雅各租住的地方離父母不遠,早已退休的父親聚集同僚,討論如何改進美國現行的醫療制度時,會邀請雅各參加,讓兒子聽聽醫生們對美國當前醫療制度不樂觀的看法和想法。可見,雅各的生活是朝著一個明確的目標往前進的;而這個過程中的每一個天,都是他在生活中的「創造」。如果以父母為中心畫圓,那麼雅各的生活將是另一番景象:父母好不容易把我培養成才,現在他們老了,可是卻沒有能力、時間和精力照顧父母,我於心何安?他的生活中心放在「子欲養而親不待」上面,他心裡更多會是負疚感和焦慮,很難體驗到他每天對生活的創造「是好的」。對於父母來說,他們尊重兒子的決定,讓兒子在參與中,瞭解父輩的生活經歷,認識他所選擇的職業。因此他們與兒子之間建立了親密的關係。

「創造」生活,而不是「忍受」生活,那麼生活一定是美好的;鬆開「你必須」、「你應該」的捆綁,才能去掉「負疚感」和「羞恥感」,活出生命的風采;該放手的時候給孩子自由,而不是「越俎代庖」,或者用「父母的牽掛」拴住子女的心,讓他們「每逢佳節倍思親」,看見明月就「低頭思故鄉」,這樣他們才能高飛;而父母也會帶著滿足和喜樂欣賞子女矯健的飛翔。相信「天下沒有不愛孩子的父

母」的文化，相信「愛孩子是父母的本能」的情感，也許可以滿足給孩子「供奶」，但絕對無法給孩子造出「蜜」來。

醫治中華文化

讓中國人感到驕傲和自豪的傳統文化，實際上並非全都是「養分」，而是含有「毒素」；中國式的父母之愛不利於孩子的心理和情感健康成長，這個觀點不太容易讓人接受。然而，中國當前年輕的一代所展現出的病態性格如「自私」、「瘋狂」等，病態的生活狀態如「剩女」、「啃老族」、「閃婚閃離」、「二奶和小三」以及不斷出現的暴力行為等，讓中國人的現狀絕不亞於三十年代的稱呼「東亞病夫」。從某種程度上說，比「東亞病夫」這個稱呼更糟。只要不識別出文化的病理根源，不認識到以愛為名對孩子的情感虐待，中國的父母只能繼續停留在對愛的盲點上，繼續以愛為名損害孩子的心身發育，社會也就繼續為這個看不清的盲點製造的悲劇買單。老一代的性格與情感缺陷由下一代人接棒。這樣的惡性循環於是一代傳一代，結果也只能是「一代不如不代」。顯然，中華文化需要得到醫治。

中華文化一個很大的問題就是排斥和抵制外來文化的新資訊。尤其是跟所謂宗教有關聯的內容。不少中國人認為，我不相信上帝。我是無神論者。沒必要談論嚴肅枯燥的神學，也不必爭論上帝的存在與否，但是人們都想要知道如何生活，你不能否認你有精神方面的需要，譬如你需要和別人連接，你需要得到和釋放你的同情心、愛心，

你希望能對社會、對他人有貢獻。儒家思想是最講精神或者靈性的。只不過是儒家思想推崇「道德」、「倫理」，忽視了生活有其神祕性的一面，從而限制了儒家思想停留在邏輯、理性化的層面上，所以讓人們一下子難以識別「和諧」、「祥和」、「希望」、「奉獻」等其實都是在談精神或者靈性的需要。也沒有必要把父母之愛跟上帝連在一起。但是每一個父母都想要知道如何愛孩子，都想找到真正愛孩子的金鑰匙，能夠使孩子的身心靈得到健康發展。

假如一個人在體驗和經歷了做父母的種種情感之後，對父母之愛進行反思、反省，找出父母之愛的意義，理解父母之愛的本質，總結出從中學到什麼，形成對父母之愛的見解，這就是宗教。簡單地說，宗教就是對日常生活的見解。

要想順應科學的進步和發展，得到愛的真諦，掃清愛之路上的障礙，不是靠人努力去愛，或者懷有多麼美好的願望去愛，或者放棄傳統文化；而是要有眼光，看清楚原來大腦裡面所設置的愛的程式是錯誤的。在這一點上，人們首先要面對的就是，如何清晰瞭解和認識愛，並且明白傾心去愛，為什麼會失敗？為什麼不願意接受新的資訊？

「哈利思」——無條件的、不求回報的愛，顛覆了幾千年中華文化對愛的理解與實踐。只要提到愛，人們的大腦裡早已設置好的程式自然會顯示出「愛要回報」、「如何討人喜歡」、「靠努力得到愛」、「得到認同」等等字樣。中國人的生活就建立在這樣一個

從來沒有受到疑質的信念當中，並且一代一代傳承下來。

美國著名作家尤金妮・普萊斯（Eugenia Prices）寫到：

人類渴望愛，因為人渴望上帝。上帝和愛不一樣。愛不僅僅是上帝的特性之一，「上帝就是愛」……我們怎樣才能知道愛的本質？……我們只能學習認識上帝，才能認識愛。在這個世界上，只要提到愛，總是跟上帝連在一起。**(18)**

把愛與上帝連在一起說成是宗教，這種說法不能成立。因為愛是一種生活方式。你認識它、瞭解它，活在愛中才是重要的。沒必要信上帝，但是上帝展示出的愛的樣板——無條件、不求回報的愛，經現在心理學的研究證明，它是人性格情感健康成長發育不可缺乏的營養素。如果說「哈利思」是新的理念、外來的思想不能接受，這種說法也不能夠成立。曾幾何時，裹小腳在中國最為時髦，但現在誰都會認為那是對婦女的一種摧殘。許多以前在中國沒有的理念也都被人們接受了。

世界在進步，中國也在進步。

但是中國人習慣用最最簡單的概念，認為上帝是西方人的宗教，上教堂崇拜上帝是可笑、愚蠢的做法；不符合中國的文化傳統和國情；所以不接受，極盡排斥、抵制和反對。這是對「宗教」一

18. Make Love Your Aim. Zondervan

詞的曲解。史考特‧佩克醫生指出：「我相信，我們痛苦是因為我們趨向於把宗教的定義定得太過狹窄。我們認為宗教必須包括信上帝，或和其他成員一起用一些儀式來崇拜上帝。」這種眼光大大縮小了認識和瞭解世界的機會。世界上有成就的心理學家們，都深入地研究聖經，從中瞭解人性的奧祕，獲取來自上帝的智慧。屯尼爾醫生說：「聖經所描述的，佛洛伊德解釋了。」對上帝的中國式傲慢與偏見，是阻礙我們通往愛的道路上最大的路障。

美國具有影響力的心理學家羅洛‧梅（Rollo May）說：

我們把宗教定義為生活有意義。宗教，或者沒有宗教，不是表現在知識或者言語上的形式，而是一個人對生活的取向。宗教是一個人最在乎的方面。一個人的宗教態度，在他對待人生存在的價值上看出來。從心理上說，宗教就是一個人對個人存在相處的方式。

當父母和成年子女在「反思」父母之愛時，最終會發現，每一個答案背後都是人內在價值觀的作用。這個內在的價值觀回答了父母是誰、孩子是誰，以及父母跟兒女的關係。換句話說，我為什麼要生孩子？我跟孩子的關係是什麼？我對孩子的責任和義務是什麼？我對孩子的期望是什麼？當一個人思考這些問題的時候，他的內在價值觀就在給他提供不同的答案。

有人認為，「養兒防老」、「光宗耀祖」等；有人把生孩子當作留住婚姻的手段；或者因為「意外」原因懷孕生子；有人認為孩

子是父母的產業，有人把孩子看成是上天給予的珍貴禮物。這不是仁者見仁、智者見智的問題；每一種觀念都以它的內容塑造著父母的思想和觀念，進而影響著父母之愛。而最終得出的答案，即對父母之愛的看法和見解，就是一個人的宗教。

當代著名的心理學家弗洛姆解釋：

宗教並不是指跟上帝或者偶像有關的概念系統，或者是被認為宗教的系統；而是任何大眾共用的、給每個人提供了願意奉行的思想和行為取向的系統。老實說，從這個詞的廣泛意義來講，不論是過去，即使是在將來，沒有哪一種文化可以被稱為「沒有宗教」。**(19)**

從這個定義上講，中國的「孝文化」也是一種宗教。于丹在一個關於家庭教育的論壇上，以「中國傳統文化中的家庭教育智慧」為題，解釋中華文化中對於上帝的概念：

中國人不去膜拜一個外在的神，他們講究的是出門親兄弟、上陣父子兵。中國人信任的就是倫理中建立起來那種篤誠守信的人際關係。所以一個上教堂的人，要是眼前打翻一個杯子，他可能會本能就說，我的上帝。但是一個中國人，可能本能就會喊，哎呀，我的媽啊。這是為什麼呢？就是中國的呼爹喊媽就是西方的神來用的，這就是中國強調家庭教育，認知倫理關係重要性的一個前提。

19. Erich Fromm, To have Or To Be? New York: Harper & Row, Publishers, 1976, p 135

你認識了倫理，你才能到世界上走得更遠，整個親人之間拓展到朋友之間，才能夠有家國天下的關係，這就叫做修身齊家治國，最後才到平天下。**(20)**

講究「親兄弟、父子兵」，相信這種在倫理裡建立起來的「篤誠守信的人際關係」並沒有錯，不過這種關係的本質是什麼，是否能夠使人「到世界上走得更遠」，值得科學的推敲和考察。羅洛‧梅在五十年代寫過一本書《人——為了自己的找尋》（*Man's Search for Himself*）。書中陳述了當時的美國人淺薄、孤獨、焦慮的精神狀態，指出弊病的根源是人失去了價值觀、對自我的意識等；人若想要重新發現自我，找到自我，修復自我，最後成為自己的醫治過程，人必須體驗自我意識，體驗自己的情感，提高自信心。那麼，是什麼因素阻礙了人「體驗自我，體驗自己的情感」，讓人的意識與情感分離？以至於讓人無法從淺薄、孤獨、焦慮等的狀態中解放出來？梅博士指出，是人「心理上與父母之間的臍帶」，尤其是「與母親之間的心理連接」。因為這個原因，導致人無法「愛外邊的人」。

人們把父母當做上帝，但是這個上帝不能表達比人的靈感更高的水準；而是人們自己需要回到嬰兒似的依戀關係中。梅博士以及其他有影響的心理學家，如屯尼爾、弗洛姆等人都曾引用耶穌的

20. www.hebei.com.cn

話，說明「親兄弟、父子兵」的倫理親情關係對人的心理、情感的成熟，以及作為獨立個體成長的阻礙。「你們不要想，我來是叫地上太平；我並不是叫地上太平，乃是叫地上動刀槍。因為我來是叫人與父母生疏，女兒與母親生疏，媳婦與婆婆生疏。人的仇敵就是自己家裡的人。」（馬太福音：10：34-36）這些心理學家提醒人們：耶穌並不是在號召人仇視自己的親人，分裂家庭；他是以最理性的形式，闡述人的心理、情感與心靈的發展，必須離開與家人「黏合」的「情感亂倫」狀態，朝向發展能夠對外「愛鄰居」和「陌生人」。所以當一個人跟他的原生家庭還「粘」在一起的時候，他的家人就成了他心理、情感發展的障礙或者「敵人」；他把愛都留給了母親和家人，那是他愛的第一順序，他怎麼還會有能力愛他的妻子？他怎麼能夠走向更遠的世界？

想像一下在「非誠勿擾」節目中，為自己遠在海外無法在父母面前盡孝而感到羞愧難當，充滿內疚的年輕留學生們，因為這個原因，他們的內心始終在糾結、掙扎、焦慮；如何能夠盡情地投入工作和學習，很好地利用在海外的機會和資源開發他們的潛力？就算他們可以咬著牙，拚命努力奮鬥，最後在事業上小有成就，但是他們能夠欣賞生活的奇妙嗎？到了一定的年齡，他們結婚、生子，一邊忙著建立和經營自己的家庭，一邊想著覺得自己不夠孝順，甘願省吃儉用，多寄錢回家；更多的時候，只要父母有個頭痛腦熱的，或者家裡有點什麼事情發生，他們的情緒一落千丈，自己整天悶悶不樂；甚至要求配偶

跟著自己「有難同當」，「喜我之喜、悲我所悲」。不論是哪種表現症狀，他們都希望配偶在情感上與他們的家庭一同「粘」在一起。如此內心糾結的結果就是導致神經質的產生。

一位猶太女作家解釋「宗教就是有意識地講述自己的故事。」所以，每個人都有自己的宗教。因為每個人對於生活都有自己的見解，有自己明確的、深信不疑的一套思想、信念。父母相信他們要把孩子培養成為什麼樣的人，那就是他們的宗教。一個人一心要出人頭地，那是他的宗教；一個人認為活得健康就好，那是這個人的宗教；一個人相信世界就是弱肉強食，那也是他的宗教。不管是原始的、狹窄的，還是不準確的，每個人都有自己宗教，或者稱為世界觀、價值觀。不過人們往往意識不到而已。做父母的也意識不到自己的宗教觀，或者育兒觀如何影響他們養育兒女。

實際上，那些以「宗教」的緣由，排斥和拒絕認識「哈利斯」的人，往往屬於個人成長中留下的心理障礙。一個成熟人的標誌，就是意識到自己的固執己見。基督教裡面會有許多髒水，譬如它的律法主義往往使教會成為一個最喜歡對人品頭論足的地方，一個最愛表現自己比別人高貴聖潔的地方，一個最多假冒偽善的人集中的地方；也是一個最善於迫害人的地方。但一個人若是一提到上帝，就立馬變臉、全盤否認的話，那不就等於把洗澡水連同嬰兒一起潑出去了嗎？實際上，一個人是否強烈、固執、防衛性地以捍衛文化為名，一味排斥和反對其他任何宗教，甚至一提到「上帝」二字就

立即產生了憤怒、不滿、鄙視、害怕等負面情緒，而表現出拒絕的態度，除了文化上的阻礙，更重要的是一個人的心理因素，即懷特菲爾德（Charles Whitefield）博士所指出的——父母的因素、性格因素，以及情感因素造成的。

如果父母是愛孩子的，是寬容孩子的，那這個人長大以後也會是一個開放、寬容的人。如果父母是愛批評的，那這人長大以後對世界也懷著批評的態度；這種性格特徵，使得人的理解力受到極大的限制，對外界的人和事都處處設防，始終保持高度的警覺，很難打開心扉；談起生活滔滔不絕，好像很有一套，但是往往排斥和反對新生事物。所以，排斥和拒絕上帝的態度，自以為是在捍衛傳統文化，實際上是這些人在一個缺乏愛的環境中長大——沒有得到父母無條件的愛。但這種情況，卻完全被孝文化掩蓋住了。

中國當前有不少人宣導並推行恢復中國的傳統文化運動，認為這是「拯救下一代」的唯一辦法。宣導和推行恢復傳統文化動機很好，可是這些宣導者和專家沒有看到中華文化是以害怕、負疚和羞恥為主導的，強調「回報」；保護了父母對孩子的情感虐待。父母之愛的意義是以父母為中心，不僅阻礙了孩子的心理情感發育健康成長，還將孩子為父母所做的冠以「美德」。這樣做，泯滅了孩子生活的權利，使得孩子從小為了服從父母意願、要求等，心理上沒有了安全感；孩子的生活不是得到父母的愛，而是以對父母的責任界定。結果，害怕、負疚、羞恥主導了中國人的生活。除此之外，

以父母為中心的狹隘的世界觀，阻礙了中國人接受來自他們的窄小世界之外的新資訊，以驕傲和偏見排斥和反對外來的文化，導致中國人缺乏改變的能力，缺乏看見愛之力量的能力。

　　恢復傳統文化運動其實是製造了一個盲點，給人帶來的是自我欺騙和一個共同分享的錯覺。這個「自我欺騙」和「錯覺」讓人們的大腦蒙上層層雲霧，意識不到父母之愛究竟給孩子的成長帶來什麼；不僅如此，還產生錯誤的觀點，看不到父母的責任，把年輕一代出現的問題都歸結於社會和學校；同時竭力為父母辯解。這樣可以保護父母不為自己的育兒過失而感到焦慮。戈爾曼博士說：「當自我欺騙用來保護我們不受焦慮影響的時候，麻煩就來了：我們都被盲點所惑，就這麼樣站在無知的區域裡。」而這個後果，就只能使中國人停留在生存的階段，繼續為意識不到自己所處的盲點、自我欺騙和共同的幻象付出代價。

　　醫治中華文化，意味著「放手」恐懼感、負疚感和羞恥感。只有理解和實踐愛，才能拯救中國年青一代的病態生活以及中國社會的病態現象。理解愛與情感健康的關係，會迫使人們誠實面對現實，幫助人們認識真理，開闊眼界，改變舊思想，放棄無知。使人們擁有一種新的態度和能力愛他們的孩子。

　　醫治中華文化需要重新思考。夏娃讓丈夫亞當跟她一塊吃禁果的時候，這位丈夫腦子也不動一下，立馬順從了老婆的意思。他們的行為常常被人解釋為對抗上帝的叛逆。吉羅德‧梅醫生認為：

「這兩人吃禁果，並非是因為不讓他們吃，而是因為那果子又好看又好吃。因為蛇告訴他們吃了會有上帝的智慧。他們真正的問題不是叛逆，而是愚蠢。缺乏智慧才令他們抵抗不住誘惑。」彭柯醫生認為：「他們精神上的懶惰造成他們的悲劇。」上帝對他們說，唯獨那棵樹上的果子不可吃的時候，他們完全可以問一句：為什麼啊？這樣上帝不就告訴他們答案了嗎？但他們偏偏什麼都沒問，也不去思想，結果受騙上當。

很多人就像亞當，懶得思考，只是跟從別人。心理學家稱這種懶惰為「社區依戀症」。意思是說，隨大流，自己並不明白道理。這些人沒有力量，也沒有能力抵抗誘惑，或者「流行之星」的號召。人家說，這是我們老祖宗的文化，他們馬上回應，好。也不問問那裡面究竟有什麼，會有什麼結果和代價。「一代不如一代」的現象的確讓人擔憂。但是，停留在自我欺騙和錯覺當中更讓人擔憂。

醫治中華文化需要有眼光。這是去除自我欺騙和錯覺的唯一辦法。這種眼光就是戈爾曼博士所講的：「沒有因為避免焦慮的防衛性動機而被扭曲的理解力；是來自科學研究的發展、歷史的驗證以及神聖的啟示。因為知識雖然會帶給我們痛苦，但有知識比沒有知識要好的多。」耶穌用「新酒瓶裡裝舊酒」（馬太福音：9:17）的比喻，告訴人們要意識到自己會陷入陳舊的信念當中，而只有意識到現實才能成長。這就需要有眼光——看清現實的能力。中國在「廢除裹小腳」和「剪辮子」上已經經歷了痛苦，今天的中國人都會知道，裹小腳和留

長辮子是愚昧的表現。但今天的中國人面臨著又一個挑戰：是繼續無條件地捍衛傳統文化？還是拿出勇氣擁抱和接受科學與真理？

走出中國式父母之愛

在中華文化中，父母之愛被稱作為「養育之恩」。中華文化認為這是最大、最高形式的愛。「父母的養育之恩」包含兩個方面：

第一，父母給了兒女生命，就是父母給兒女最大的愛。因為「是父母把我們帶到這個世界上」。「沒有誰是從石頭縫裡蹦出來，到這個世上的。沒有父母就沒有我們的生命。」這個愛的理念從「孝」字的結構就可以看出來。「孝」是有「老」與「子」共同構成的：父母在上，孩子在下。這個字的結構包含著父母與孩子的關係，就是任何其他關係中都沒有的「合一」。父母與孩子的關係是最可靠、最親近、最重要的關係。所以父母可以像一位網上的作者描述的：「父母可以親你、擁抱你、讚美你、打你、懲罰你，甚至恨你。但那都是愛！」雲易在她的博客文章中寫到：「絕大多數中國人都有一個不加思考的認識：父母無論對兒女犯了什麼錯誤，兒女都仍然要孝順他們，要對他們感恩。原因很簡單，他們至少給了兒女生命。」[21]

第二，父母為孩子「操勞」。它的意義重在父母為子女「做」

21. http://blog.sina.com.cn/s/blog_4dff568e0100rne5.html

了什麼，不考量父母與孩子的關係。譬如父母拚命給孩子掙一份產業，日日夜夜為兒女操勞，為兒女做出自我犧牲；從孩子小的時候就開始找好的幼稚園、學校；風裡來、雨裡去地接送兒女上學、讀補習班、才藝班等等；為兒女找工作、找朋友、辦理結婚、買房、帶孫子等等。中國人把這些「操勞」認定為父母為子女的「付出」；至於父母與子女的關係，以及關心和培養孩子的情感能力和心理健康，恐怕還是一個非常陌生的概念。雲易在她的文章裡寫到：「大凡，中國的父母，只要沒把兒女肉體打殘，或者逼成精神病，就可以被認為是『養育之恩』。」

細細考察，就不難看出中國式父母之愛的特點：

第一，兒女是誰？中國式父母之愛，不把孩子看做是一個獨立的個體。孩子是「父母的驕傲」、是父母「生活的希望、精神的寄託、生命的延續」；但不是有自由意識的自己。父母不僅指望著「享兒女的福」，還要把期望放在兒女身上，並且給予「厚望」，這種做法還被社會和文化認為是正面、積極的思想和行為；是父母的愛、是兒女的福氣。有些人明知自己身患絕症，將不久於人世，但仍然堅持生子，他們並不考慮在虛弱的身體條件和低落的情緒下，胎兒的發育會受到什麼影響；也不考慮孩子一來到這個世界上就失去父親或者母親，對孩子的身心靈成長有何害處。他們會美其名曰「為愛情留下美好的見證」，「給愛人留下血脈」，「可以給愛人作伴」。他們想的不是滿足孩子的需要，而是以愛為理由，滿

足自身的願望。這種事件每每被中國的媒體讚揚為「愛的見證」。

第二，父母與子女的關係？中國式父母之愛是一個以父母的利益為中心、不考量子女心理和情感需要的關係。因為中華文化把「孝順父母」視為做人的第一美德，這樣完全掩蓋了一切為父母的親子關係。子女一生的內容首先是對父母的幸福負責；目標就是「讓父母快樂」。譬如中華文化鼓勵把孩子當做父母間的「情感紐帶」、「親善大使」，為父母或者家人犧牲自己是美德，因為「血濃於水」；孩子應該承擔父母的期望，分擔父母的責任，滿足父母未能實現的夢想。

第三，兒女的生活？「盡孝」。通過自己的實際行動和努力掙得父母的愛，討父母喜歡。這個意思是說，兒女有責任和義務遵守「孝道」，要做得好，讓父母滿足自己的行為，知道自己「要做的」、「不要做的」、「必須做什麼」、「應該做什麼」等等，目標是要靠自己的努力，「讓父母感到驕傲」，「讓父母得到幸福」。

第四，兒女的情感？因為擔心和害怕做不好，兒女往往把負疚感和羞恥感當做生活方式。沒有「功成名就」，就「沒臉回家見爹娘」；在外忙於事業，沒有時間陪父母，那是「愧對爹娘」；如果成家立業，難以照顧年邁的父母，一種「娶了媳婦忘了娘」的「不孝之子」的情感可以讓人寢食難安；所以，「當老媽和老婆同時掉進河裡，你先救哪一個？」選擇先要救的當然是老媽，因為「這輩子只有一個媽，但可以有幾個老婆」。

「中國式父母之愛」也可以叫做「律法式父母之愛」，或者「孝道式父母之愛」。它與「哈利思式父母之愛」比較如下：

「中國式」父母之愛	「哈利思式」父母之愛
想要擁有與享受	願意毫無保留地給予
發現被愛者的價值	創造被愛者的價值
源於自己必須要滿足的某種缺乏	從內心自然流淌出的豐盛
注重外在的標準	內在創造的力量
愛是律法	愛是禮物
愛是有條件的	愛是無條件的
愛來自責任和義務	愛是內心自然的流露和表達
愛是順服道德和律法	愛是憐憫的自發的展示

庫克博士提出在「律法式父母之愛」的家庭裡，比起「哈利思」式家庭，在養育孩子的方式上有著不同的特點：

· 在律法的家庭裡，孩子必須要靠達到父母的期望，努力表現自己討父母的喜悅來掙得父母的愛；在「哈利思」的家庭裡，父母對孩子的愛沒有任何條件，而且任何時候也不會改變。

· 在律法的家庭裡，家長會教育子女怎樣想問題、怎樣做事情；在「哈利思」的家庭裡，家長鼓勵孩子發展自己的潛能。

· 在律法的家庭裡，孩子會努力表現自己來取悅父母親；在

「哈利思」的家庭裡，孩子不會偽裝戴面罩，會展現出自己本來的面貌。

· 在律法的家庭裡，孩子的情感是不被接受的；在「哈利思」的家庭裡，父母會及時回應，並且幫助孩子梳理情感。

· 在律法的家庭裡，父母會使用拒絕、批評、拿自己的孩子跟人家比較，或者不理睬的方式，作為對孩子的懲罰；在「哈利思」的家庭裡，父母親會用鼓勵和指導來教育孩子。

越來越多的年輕一代正在意識到，延續了幾千年的「孝道式父母之愛」給子女心理、情感的發展帶來的問題，以及這種親子關係造成的「不和諧」現象。人們需要掙脫文化的枷鎖，和自身成長背景帶來的限制，走出「中國式父母之愛」。年輕的一代可以通過現代便利的通訊，獲取更多的資訊和資源，幫助他們不再否認現實，不再活在把父母理想化的自我欺騙當中；而是在科學的顯微鏡下，重新審視傳統的文化價值觀，看清楚「孝文化」的實質，擁抱新的、進步的、科學的思想和價值觀。這樣才會讓他們生活得更幸福，並且終止「一代不如一代」的魔咒。「中國式父母之愛」雖然養大了孩子，但科學告訴人們，這種「愛」損害了兒女的心理和情感健康成長，實在沒有益處再繼續承傳下去。

進入「允許之地」

　　「允許之地」是猶太人的祖先以色列民族，在他們的領袖摩西帶領下，離開為奴之地的埃及，經過一段艱難的路程，前往最終目的地迦南。這是一塊「流著奶和蜜」的地方，象徵著富有和美滿。父母之愛的「允許之地」，就是父母有智慧、有能力愛他們的孩子，使孩子在身心靈方面都得到健康發展。而掃清愛之路上的路障，走進「允許之地」，除了要有眼光，認清人大腦裡被設置好的程式，已經不再適合人現在的生活之後，這人需要的就是勇氣。愛就是勇氣在呼喚；也是人對勇氣的回應。

　　第一，人們需要勇氣認識「哈利思」。

　　「哈利思」不是人們頭腦裡面熟悉的概念。相反，這種愛是「反文化」的。在中國的傳統文化裡，愛需要「回報」，需要得到「報答」；這種觀念幾千年來，早已成為中華文化的基因；而中國人習慣了把假負疚感當做生活方式，背負著責任、義務壓抑自己，因此認識「哈利思」對中華文化來說可能很奇怪，很不自然，但「哈利思」是每一個人都渴望得到的，是符合人性發展的愛。是「哈利思」讓人活出自己，過上一個真實、生龍活虎、有創造力、喜樂和滿足的生活。

　　認識「哈利思」，不只是中華文化才遇到的問題。于丹解釋儒家「從小家到大家」的說法，心理學家稱之為微觀與宏觀的關係，

即宗教與現實的關係。按照于丹的解釋，中華文化顯然屬於微觀世界。在這個狹窄的框架裡，人覺得「一切都好」，看不見家庭和文化對人的影響。但是，世界已經不再是以前的世界。登高才能望遠。要發展一個符合現實的世界觀，中國人不能再繼續受到微觀世界的局限，更不能盲目崇拜「文化偶像」；而需要不斷改變和拓展理解力，吸收新的知識，擴大可以參考的框架。丹尼爾・布爾斯廷（Daniel J. Boorstin）在《創造者》（*Creator*）一書中論道：

儒家思想沒有關注到宇宙的起源與終結。人需要對自己在宇宙中的位置有個解釋。而重視家庭、道德和好的統治者的角色無法滿足人的這個需要。

假如人不從自家的微觀世界裡走出來，反而把它延伸到成人的大世界，人將不會享受生活，也不會開發個人天賦；反而會使得生活顯得悲壯、無奈，靠意志頑強支撐；這樣即便「到世界上走得更遠」，譬如有機會移民國外，在學業上和事業上有所成就，但很難出一個像約伯斯、比爾蓋茨等為世界做出貢獻的傑出人才；就生活品質上說，還是停留在維持生存的狀態，仍然在為生存而掙扎，為生存而不擇手段；哪能指望「修身齊家治國，最後才到平天下」呢？

擁抱這份愛不會丟失中國的文化傳統。這樣的進化不僅不會威脅到中國的傳統文化；相反，真正的愛會建立家庭、建立社會；會加強和鞏固中華傳統文化、並將中華文化發揚光大。譬如，一位母

親曾要求女兒嫁給一位有錢人，她認為這樣做是為了女兒將來生活有保障。這就是出於不健康的愛。現在，這位母親同樣願意女兒嫁給一個有錢人，但是她的眼光不一樣了，她想的不再是女兒將來的經濟保障，而是考量這個有錢人的人品好。這位母親現在看到了以前她的「物質眼」看不到的東西。她愛女兒的動機不一樣了：以前是害怕、控制等；而現在是出於真理、理智。但她熟悉的傳統文化方面仍然可以繼續實行。

孝敬父母也是上帝的誡命，但如果人現在活在「哈利思」中，他對父母的孝敬沒有了負疚感、羞恥感等，對父母自然流露出內心的真情與愛意，這只會讓父母得到更大的福氣，又可以加強父母與兒女之間的健康關係。

第二，人們需要勇氣承認痛苦。

一個成年人要真實面對讓他感到不舒服的童年，他所面臨的一個最大挑戰，就是讓人感到不舒服的情感。因此，人會採用一些辦法，讓自己覺得好過一點。譬如，一個人會說：「我的童年還可以。」「很正常。」「不管怎麼說，我的父母還是很愛我的。」美國的研究人員發現，越是在不健康的家庭中長大的人，越是更趨向於否認他們童年缺乏的愛，壓抑和否認痛苦的情感。

有的人會做「和事佬」，認為「雖然我小時候父母對我不好，但他們已經盡力了，也都是為我好」，所以「沒必要翻老賬」。這樣想會更加遠離自己真實的情感。作為成年子女，可能不願意承認

自己對父母懷有怒氣，因為這不符合傳統文化的教導；作為父母，可能不願意承認自己對孩子有虧欠，因為那意味著承認自己失敗和能力不足等。所以很可能對於審視自己的經歷和文化，感到憤怒和不安。不論怎麼說，面對情感和現實是一件非常痛苦的事情。

一個人若要活在「哈利思」中，首先有勇氣回憶童年的經歷：

（1）父母以及祖父母的婚姻關係如何？

（2）他們之間如何表達他們的幸福？快樂？憂傷？痛苦？

（3）他們之間如何解決嫌隙和衝突？

（4）幾代人的生活主旋律是什麼？（譬如酗酒、不合、離婚、外遇等）

（5）你家裡的人如何對待情感的問題？

（6）父母如何表達對你的愛、讚賞？

（7）父母如何表達對你的憤怒、不滿？

（8）你是家裡的英雄？替罪羊？沒人要的孩子？

（9）你的心理創傷是什麼？（譬如死亡、疾病、離婚、父母不合等）

當你回憶這些往事的時候，想一想：

（10）你當時是如何表達你的感受的？

（11）你現在在與配偶的關係中，用什麼方式來表達你的感受？是不是跟過去的方式相同？

（12）你在人際關係中，尤其是在夫妻關係中，會不會想要控制對方？

（13）你會不會責任心太強，以致於忽視了自己的需要？

（14）你會不會害怕被拋棄？

（15）你是不是懂得解決問題？

這些問題只是幾個例子。也許以前一個人不敢正視自己的童年，或者兒女的童年；但是現在有了新的知識武裝自己，他／她需要有勇氣面對痛苦的情感，做一個實實在在的「真我」。很多時候，有必要尋找一位受過良好專業訓練的，懂得愛、並生活在愛中的心理輔導人士，幫助自己梳理過去的經歷，以便能夠掃清路障，邁向未來。

第三，我們需要勇氣嘗試以前沒有試過的新生事物。

根據舊約聖經記載，以色列人在民族領袖摩西帶領下，終於得以離開埃及，結束了在那裡長達四十年的為奴生活。過了紅海之後，他們便在西奈山腳下駐營休整，領受上帝的律法，預備向迦南地進發。也就是從這裡開始，以色列人在享受了從埃及獲得自由以後，面對沒有確定的前程，一路抱怨摩西不該把他們從埃及領出來。他們說寧願留在埃及，也不願面對在曠野裡的飢餓與飢渴。他們覺得儘管以前受到埃及人的壓迫，「至少還有吃有喝。」「誰知道前面的路有多長呢？」「與其這樣冒險前行，還不如回到以前穩定的日子。」

他們到了迦南邊的時候，摩西派出十二個人，先行潛入城內打探情況。結果，這十二個人回來後，個個都驚嘆迦南的確是個「流

著奶和蜜」的富有地方，是他們所嚮往的地方；然而，其中有十個人報告說，當地人高大勇猛，而以色列人根本不是他們的對手。想要進入迦南，那簡直是白白送死。因此拒絕了在那裡定居的可能性。只有兩個人沒有膽怯，鼓勵大家要有勇氣，佔領上帝允許給他們的地方。遺憾的是，大多數以色列民眾因為害怕，聽不進這兩位勇士的意見，正是因為害怕，本來只有十一天的路程，卻導致以色列民族在曠野四十年的長途跋涉，損失慘重。最終，膽小怕事、又總是批評抱怨的老一代全都死在曠野，只有新生的一代憑信心和勇氣，得以進入迦南地。

前往迦南的路程，引發了以色列人對未來的不安全感和懼怕感。因為誰也沒有行過這段全新的、不可預料的路程。什麼事情都可能在路途中發生，這種想法和念頭會令人感到惶恐。有一位猶太人的心理分析家，在談到以色列祖先的這段歷史時評論說：「人們寧願停留在確定的痛苦裡，而不要嘗試沒有確定的痛苦。」

如今的中國人，就像曠野中的以色列人，也是處在發展的轉折當中。老一代人和年輕的一代都面臨著挑戰：要麼活在前往「哈利思」中，要麼為扭曲的父母之愛的後果承受痛苦。因此在愛之路上，人們也會產生同樣的懼怕，而不敢嘗試認識和接受新的理念。許多人就像當年的以色列人，不論在埃及如何受壓迫，那畢竟是清晰的、有條不紊的日子。舊的觀念不論再讓人的情感受到壓抑，那也是人們熟悉的生活；而現在，要向以色列的祖先一樣，進入一個

沒有圖示的地域，在新的環境中成長；要接受和實踐以前沒有見過的、完全陌生的思想和理念，絕對不是一件容易的事情。因為改變需要花力氣，需要不斷排除阻力；而且在短時間內，很多變革會讓人覺得不舒服，甚至有點嚇人。所以，許多人會像曠野以色列人，只看到路上的障礙，卻沒有勇氣嘗試新生事物。

這段記載在舊約聖經民數記的以色列歷史，為人們提供了一個可以參照的行為模式：是像曠野以色列老一代的人，寧願回到過去，回到熟悉的生活方式？還是像曠野中年輕的一代，接受不可避免的改變，接受新思想、新觀念的挑戰；戰勝恐懼，勇於變革，一點一點地認識、瞭解和擁有更好的父母之愛？

中國的年輕一代，在被老一代看做是「叛逆」和不解的行為當中，儘管迷茫缺少方向，但已經展示出他們的探索和追求的勇氣。科技的發展和世界文化的快速傳播，給年輕的一代提供了更大的空間、更便利的條件，認識和掌握老一輩人不瞭解的新生事物。他們就是這個時代曠野裡的年輕一代。

一個人可以不信上帝，但假如「哈利思」是真的，而這人敢於擁抱這份愛，有膽瀟灑走一回，他就明白這是不是他想要的愛了。學習愛就像學習一項技能，沒有任何人能做到完美，一輩子都有提升的空間；沒有一成不變的處方，「條條大路通羅馬」，每個人都有每個人的方式，每個人都有每個人的時間表。人們唯一能做的，就是拿出勇氣說：我希望得到它、擁抱它！只要一個人無畏不懼

地、批判性地分析傳統的文化價值觀，審視新的思想和觀念，並且堅持不懈地走下去，他就會進入「富有」的允許之地——見到並享有更好的父母之愛！

向著標杆直跑

　　近年來，指導父母如何養育孩子的書籍、文章隨處可見。譬如，如何改變寶寶邊吃邊玩的壞習慣、該不該窮養兒子富養女、怎樣幫孩子做好社交等等。這一類書籍和資訊多得有點讓人眼花繚亂，但是卻往往東抓一把、西抓一把，在內容上大多雷同，集中指導父母如何在技術上培養孩子成才，而忽視意識和提高父母自身愛孩子的能力。這給父母帶來更多的是困惑，因為那些東一榔頭、西一榔頭的「如何」技術指導，並不能夠很好地預備他們面對當今社會育兒的種種問題。他們需要的，是獲得愛孩子實際上的操作，是一個詳細的「父母手冊」，能夠幫助他們給予孩子成熟、健康的父母之愛，使他們的孩子的成長猶如一枚導彈，從發射跳板開始就擺正好位置，並且有能力隨時修正導彈在運行的整個過程中，出現的意想不到的問題。

　　這一類的「父母手冊」，其實並不存在。人不是機器，每一個家庭、每一個父母、每一個孩子都有他們與人不同的方面，沒有一個單一的「功能表」可供所有的家庭使用。但是，仍然會有一些指導方向和技能，可以幫助父母漸漸地朝著成熟、健康的父母之愛

邁進。歐翰納博士對父母之愛的定義，給父母提供了一個切實可行的框架，讓父母隨時可以檢查自己是否在框架之內，或者走出了框架之外。同時也讓父母明瞭，他們需要的不是掌握每一種具體的技巧，而是需要重新給愛下一個明確的定義。

正如愛麗絲博士所言，太陽不需要被告知發光，當雲開霧散的時候，太陽自然就發光了。懂得了愛之意義的父母，自然也就懂得如何愛自己的孩子，而不會毫無目標地東闖西撞，試圖獲得育兒的技能。

歐翰納博士提出六個步驟，幫助父母掌握和實踐愛。這六個步驟包括：明白要做什麼樣的父母，知道自己是不是能傳遞愛的父母、明白欲速則不達，明白這是萬里長征，懂得向著標杆直跑。這幾個步驟簡單明瞭，就像一幅「育兒座標」，讓父母可以跟著這張圖往前走而不至於迷失方向。

第一步：我要做怎樣的父母？

相信做父母的都會回答：我要做一個愛孩子的父母。要做到這一步的一個原則，是父母需要改變自己在愛中的掙扎。因為父母無法給予孩子他們沒有的。他們必須首先懂得如何在自己的生活中運用愛。

（1） 父母首先需要面對他們的需要：我得到過父母的愛了嗎？或者說，我的父母是怎樣愛我的？這樣父母就會可以分辨出自己的父母給予自己的愛，是「哈利思式的愛」？還是「律法式的愛」？我現在的需要是什麼？

（2） 在誠實地評估了自己的狀況之後，父母需要識別在生活中，用自己的努力去掙得愛有什麼危害。

（3） 清楚「掙得愛」的危害之後，父母需要把自己移出律法主義的影響之外，把自己置於愛的影響之中。做到這一點，就需要跟懂得愛、並且活在愛中的人交往。因為活在愛中的人，懂得人性的需要，知道人人都需要愛；承認人的狀況，知道自己不可能是完美的。對有些沒有愛心的人保持距離，甚至在某種程度上，斷掉跟他們的往來。有句俗話說，常在河邊走，哪有不濕鞋？跟著好人學好人，跟著巫婆下假神。懂得愛的人，不僅有愛心，更有智慧識別邪惡。

想一想你的父母，或者你見過的父母，他們的哪些育兒之道讓你記憶深刻？讓你覺得溫暖，讓你感到是一種鼓勵？或者想起來覺得有壓力？哪一種父母之愛給你帶來生命的創造力和活力？哪一種愛給你背上負疚和虧欠的十字架？你要做一個怎樣的父母，必須知道自己是一個怎樣的人，你才能知道你能給孩子什麼愛。

第二步：我是一個有愛的父母嗎？

當確認你要離開律法主義的影響，做一個有愛的父母，你要對自己有一個清醒的自我意識：我相信「哈利思」的愛嗎？我對自己說過「哈利思」的愛是我想要的了嗎？我承諾過要每天生活在這種愛裡嗎？你把這幾個問題都認真思考一遍，你會發現自己是不是一

個有愛的父母。

思考自己是否是一個有愛的父母，需要避免兩個誤區：

第一個誤區是自我感覺太好。

第二個誤區則批評自己做得不夠好，或者總是清算自己過去的錯誤。

思考自己是否是一個有愛的父母，並非要給自己一個「對與錯」的評估和結論，也不是要指責自己；而是一個自我意識的問題，是要幫助自己一天一天地練習，最終達到目標。

第三步：我能有效地傳遞愛嗎？

是否能夠有效地傳遞愛，指父母應用哈利思的愛，即無條件愛孩子的過程中，那些做得有效？做好這一步，需要滿足兩個條件：

（1）誠實面對自己：放棄驕傲，謙卑自己。

（2）懂得建立「同盟軍」。

「同盟軍」這個詞是歐翰納博士使用的辭彙。歐翰納博士博學多才，他和太太從國外孤兒院收養了兩個孩子——兩個身體有殘疾，還被診斷為「自閉症」的孤兒。從此太太便辭職在家帶孩子；等到兩個兒子成為少年的時候，夫妻倆決定由歐翰納博士留在家中帶孩子，他的太太出去工作。即便他們都是教育專家，但是他們仍然定期帶孩子，或者他們自己約見他們的「同盟軍」——一位專業的精神科醫生。歐翰納博士說，「同盟軍」就是父母的支持力量。專業人士可以看到父母可能看不到、想不到的方面；最重要的是父

母也會感到有壓力的時候，「同盟軍」可以幫助父母「降壓」。歐翰納博士的大兒子因為身體殘疾的原因，做了幾次手術，歐翰納博士每次在手術前後都會和太太一起，接受「同盟軍」的輔導，從中得到鼓勵和支援。如今患有「自閉症」的大兒子，做了兒童夏令營衝浪小組的組長，正在為將來在音響方面的發展努力學習；曾經見了人就躲到房間不敢出來的小兒子，除了門門功課拿第一外，在家裡會大方、熱情地接待客人，放了學跟小夥伴們一同學習柔道。

一個專業的「同盟軍」，不僅平時可以協助父母，尤其是母親輔導孩子成長，有的時候對於父母自身的認識、糾正孩子的不當行為，或者解決孩子的情感困惑方面，更是不可缺少的資源。尤其是當孩子出現了異常的情感和行為時，父母需要懂得求助於專業的心理輔導人士。

第四步：不要急於求成

學習愛的運用，就是學習生活方式的運用。在愛中成長是終身的努力，不可以急於求成，欲速則不達。養育孩子也是生活的一部分。沒有一把鑰匙可以打開所有的鎖，也沒有時髦的技能可以解決所有問題；更沒有速成的工具，可以助父母一舉大功告成。這個過程是循序漸進的。在這個過程中，不是總盯著過去的失敗自責，而是採取「既來之則安之」的態度，帶著希望，迎接和應對一個又一個的問題，把每一天都看做是一個創造日，讓你在每天晚上躺在床上的時候，也讓說上一句：「今天是好的。」

第五步：認識養育孩子是萬里長征

在這個萬里長征當中，每一天都會遇到律法主義和哈利思的戰鬥，而這個戰鬥會出現在生活的每一個層面上，很容易讓人產生憂鬱、疲勞，甚至亂了方寸。所以，懂得休息和放鬆自己，保持愉快的心情非常重要。尤其是做母親的，更需要懂得這個道理。

首先，女性有著很強的生存意識，建立家庭後，她們總是會過重地關心家庭的經濟是否永遠有保證，婚姻是否永遠能成功，孩子是否能夠達到她們心中的期望等等；還要警惕和防止丈夫不在外面拈花惹草。女性的本能使得做母親的總是離不開家庭與家庭的安全。因此，女性承擔著人們意識不到、也感覺不到的沉重負擔。

其次，女性的家務活與男人在外面的工作，在本質上有著很大的區別。女性日復一日要做的日常家務，都是看似沒有意義而且瑣碎的、重複性的、常規性的，實際上卻是非常辛苦，充滿著挑戰。這些壓力決不比男人在外工作的壓力小。由於男人不看重家務活，使女性感到加倍地煩悶、無聊和疲憊。

第三，現在社會上宣揚女性自主，讚揚女性的個人成就和勇氣的觀點，扭曲了絕大多數女性的生活，讓有些女性產生一個錯覺：我要自強自立，一切靠自己，這樣才能展現出我的力量和成熟。但這樣也讓女性產生被稱為職業婦女的心理疲勞。原因何在？一，她們必須承受上面所談到的家庭主婦的負擔；二，她們必須強迫自己融入男人的世界，和男人在工作和事業上競爭；拚命讓自己適應歷

史設計的男性世界。三，她們在工作上更是付出比男性更多的心理壓力。男人在工作的時候，可以完全專注於正在做的事情，女性則不然。她除了想成功，她想的比男人更寬、更廣。她的思維離不開保護和捍衛家庭的安全，讓家庭和婚姻不受侵犯。

懂得愛，活在愛中的人，懂得休息，懂得幽默。

第六步：往前看

這個意思是說，也許你今天沒有能夠做得讓你滿意，也許有什麼問題今天沒有能夠得到解決，也許你遇到什麼阻力和障礙，這些障礙讓你洩氣、失望，甚至想到放棄，也許今天你遭遇失敗等等。但不管今天的情況如何，你要做的是把今天留到腦後，運用愛繼續明天的創造。

有了這個態度，你會為自己和孩子都創造出一段興奮、幸福的經歷。

愛子有方：發展孩子的「高級功能系統」

在過去幾十年裡，科學對人大腦的結構與發育又有了革命性的進步。先是霍華德・加德納（Howard Gardner）的「智商」理論描述了人怎樣在不同的方面有不同的聰明；接著科學對情感在人生活中的角色有了重大發現：人不光需要智商，人對情感的意識與應對情感的能力，決定著人各方面生活的成功與失敗，包括家庭關係。美國兒童心理學家海姆・戈諾特博士（Dr. Haim Ginott）在六十年代

開始研究兒童的情感發育，自從美國心理學家戈爾曼博士在九十年代寫了《情商》一書之後，「情商」這個詞便漸漸被人們熟悉，在中國也開始走俏起來。

現在，美國的科學家研究人能夠完成多項工作的成功祕笈之後，創立了大腦的「高級功能」一詞。它們是：工作記憶、抑制性控制、認知或者精神靈活性。

工作記憶：是在短期間內保存和掌控大腦中資訊的能力，隨時在生活中調出來供我們使用。它能使孩子在中斷了正在做的事情，譬如正在閱讀、做遊戲等，再回來之後仍可以不費勁地重新閱讀或做遊戲。

抑制性控制：是一種掌握和篩選思想和衝動，抵制誘惑、娛樂、習慣的技能。這個能力可以讓人不會完全成為一個衝動的人，想到什麼就做什麼。孩子依賴這個技能，在課堂上舉手發言；在與同伴做遊戲時，也不會因為一些不爽就生怒氣。

認知靈活性：對已經改變的要求、最需要做的事情、見解等能夠迅速調整的能力。它讓人及時抓住錯誤、修正錯誤，並依據新的資訊調整所做的事情。孩子使用這個技能可以以不同的方式進行科學實驗，直到他們做出實驗來；跟別的同伴有衝突時，嘗試不同的策略解決問題。

繼對「智商」和「情商」的認識和描述之後，科學家發現，人腦的這個「高級功能系統」就好比繁忙機場的控制中心，指揮著南

來北往的飛機起落。人們依賴這個「空中的交通控制系統」來管理我們複雜的日常生活。孩子依賴這個功能成為好學生、好朋友,為未來的成功和生活奠定好堅實的基礎。

但是人不是天生就有這個能力的,而是有這個潛能,但需要在童年開發。這個訓練的過程需要成年人的幫助。成人必須給孩子一個「腳手架」,正如建築工人用它來支撐工作,但是當大樓建好以後,工人會拆掉這個腳手架。父母會幫助兩歲的孩子起床、刷牙、洗臉、收拾玩具。等到孩子長到一定年齡的時候,才能放手讓孩子組織自己的事情,不再給他們方向和提醒。

在現代社會,即使是在美國,許多流行的育兒教育項目注重如何糾正孩子的不當行為,或著重在讀寫能力。但是科學發現,早期教育專案重在讀寫,失去了重要的機會來發展兒童的高級功能,而高級功能對孩子的發育有更多的影響;注重糾正孩子的行為,引誘父母面對一個複雜的、需要更多考慮,特別是需要更有效答案的問題,接受一個簡單的回答。

相較之下,中國的父母除了更加注重和培養孩子的讀寫能力,糾正孩子的不當行為,中國的父母比美國的父母更加忽視孩子的情感世界,忽視孩子不當行為背後的情感,也沒有考慮到情感的培養。譬如孩子尿床,家長很少會想到孩子可能會因為父母之間的衝突引發焦慮,以尿床或者生病的方式來引起父母的關注,希望父母和好。孩子在玩耍中動作猛烈,或者毀壞玩具,是在表達著孩子內

心的某種憤怒與失望。

　　情感培養對孩子的「高級功能系統」發育至關重要。其中情感發展就是一個最容易被中國父母忽視的方面。美國心理學家約翰・高特曼博士（Dr. John Gottman）在對育兒的多年研究中得出結論：父母與孩子之間的情感互動，對孩子長期的心理健康發展會有更大的影響。經過父母情感輔導的孩子，懂得調解自己的情感，難過的時候，得到安慰很容易安靜下來；這些孩子的集中力好，能很好地與人相處，即使是在困難的社會環境中，譬如大一點的孩子在遭到同伴取笑的時候，懂得如何應對；同時他們也更能夠理解別人。簡單地說，他們更瞭解人與情感，所以他們更好地為未來預備了生活。

　　中美之間在對孩子情感輔導方面存在著較大的差距。譬如孩子在玩耍中跌倒了，孩子哭起來；美國的父母一般會鼓勵孩子自己爬起來，或者把孩子扶起來，然後會看著孩子的眼睛平靜問道：「親愛的，你的感覺如何？」「嚇著你了嗎？」而中國的父母則會像離弓的箭一樣，飛奔著去把孩子扶起來，然後焦慮地檢查孩子的身體，並且用急促的言語詢問孩子：「看看哪兒受傷啦？」「是不是小手傷到啦？」「哎呀，看看都磕破皮了！」要不就板著臉教訓孩子：「誰叫你不聽話？！」「老老實實坐下來，別再亂跑了！」在美國的公園裡，常常看到這樣的情形：美國的小孩子看到有人遛狗，會歡快地跑到狗的旁邊，一邊跑，一邊叫：「狗狗！狗狗！」然而孩子會仰著小臉問狗主人：「我可以摸摸你的狗嗎？」完了之

後孩子還會對狗主人說：「謝謝！」，再跟小狗說聲：「再見！」中國的父母或者是祖父母看到有狗走近，多半會趕忙拉起孩子：「快走！狗會咬人的！」

　　高特曼博士的研究證明，成功的養育之道不在複雜的理論中、嚴格的家教中、行為的規範中，而是基於給孩子深深的愛。因此，中華文化中「教子有方」一說也需要重新得到人們的審視。「好媽媽勝過好老師」的說法混淆了媽媽與老師的概念。媽媽的功能是「愛孩子」，老師的功能才是「教孩子」。

　　高特曼博士根據領導下的團隊在育兒方面做的多年研究，寫了一本書《養育一個有情商的孩子》。在這本書裡，高特曼博士提出父母應該成為孩子的「情感教練」，並提出五條具體的輔導方法：意識到孩子的情感反應；明白關注到孩子的情感反應是與孩子親近、教導孩子的機會；關切地聆聽並且確認孩子的感情；幫助孩子找到能夠表達情感的辭彙；和孩子一起探索解決問題的同時，在孩子的行為上設定一些限制。

　　第一，意識到孩子的情感反應。

　　孩子到了幼稚園為什麼哭著喊著怕媽媽離開？為什麼對學校的功課不感興趣，以至於成績下降？為什麼會在大人談話的時候攪擾不停？孩子沒有拿到好成績怎麼辦？跟別的小朋友有了爭執怎麼辦？等等。意識到情感的存在和作用，不應該再受「文化不同」的影響。雖然東方文化的表達方式不同，男女的表達方式不同，但

情感照樣存在，只不過情感的出口不一樣而已。不論是憤怒、傷心等，情感沒有對與錯，如何回應才是重要的。中國人中壓抑和忽視情感的例子可以從常見的對話中看出來：一個人向朋友訴說配偶的不忠，或者工作遭裁員等等，朋友問道：「你感覺如何？」回答：

第（　　）周：

情感	週一	週二	週三	週四	週五	週六	周日
快樂							
關懷							
興趣							
興奮							
驕傲							
愛心							
被愛							
感恩							
壓力							
傷心							
難過							
煩惱							
遺憾							
討厭							
內疚							
羨慕							
後悔							
羞恥							

「我無所謂。」「沒感覺。」即便對情感「有所謂」，成人也有情感失控的時候。父母需要梳理出自己的情感應對方式來源，走出情感反應的誤區，才會對孩子的情感敏感，意識到孩子的情感反應。以下的圖表可以幫助父母學習意識自己以及孩子的情感反應。

　　孩子不是常常直接表達他們的情感，尤其是小小孩，不會意識到他們的情感出自什麼原因，這就需要父母懂得如何在孩子與父母的互動、玩耍中以及每天的行為中對孩子進行「情感解密」。下面這個例子可以幫助父母練習如何開始先從意識到孩子的情感，到輔導孩子的情感：

　　明明晚飯時不太願意講話，匆匆扒了幾口飯就回到自己的房間去了。父母親於是開始議論了：

　　「孩子今天怎麼啦？」

　　「一定是考試沒有考好。」

　　「可能是跟朋友鬧意見了。」……

　　父母猜測了一大堆原因，還沒有提到明明此時的感受。懂得給孩子情感輔導的父母，首先就會意識到孩子的情感反應：是難過？傷心？憤怒？沮喪？還是害怕？等等。

　　第二，明白關注孩子的情感是與孩子親近和教導孩子的機會。

　　假設明明的父母是一個懂得給孩子情感輔導的父母，他們在談論是什麼原因讓明明「情緒不好」之前，先意識到並且承認孩子的情感反應；這樣做是在幫助孩子掌握安慰自己的技能，而這是一

項可以終身為孩子服務的技能；同時，也是與孩子建立健康關係的機會，教孩子解決問題的機會。孩子的情感需要得到父母的同情、認可與理解；這對父母也是一種釋放，因為靠父母的權力或者道德說教，無法與孩子建立真正的親密關係。當孩子能夠與父母交談自己的情感，明白是怎樣的情感時，實際上是在「減壓」。有句老話說，「一針不補十針難縫」，父母沒有給負面的情緒機會積聚在孩子心裡，孩子就會在其中學習成長，懂得如何應對情感，不至於以後會發生「一時衝動」等令人惋惜的事件了。

第三，關切地聆聽並且確認孩子的感情。

明白關注孩子的情感是與孩子親近和教導孩子的機會之後，下一步就是要懂得如何聆聽孩子的心聲。這不僅僅是聽孩子說什麼，而是要通過孩子的身體語言、面目表情和手勢等，從孩子皺眉、咬牙、跺腳等上面發現孩子的情感反應，以非批評的方式，把孩子的話用孩子自己的言語重複一遍；幫助孩子找到情感的正確用詞。

譬如說，父母看到明明晚飯時的表現，問道：「我看見你只管悶頭吃飯，一言而發，好像是不開心的樣子。是這樣嗎？」明明低著頭回答：「考砸了！」不懂得情感輔導的父母可能會輕鬆地對孩子說：「沒關係，你已經盡力了。」或者這樣對孩子說：「沒什麼大不了的，下次考好就行啦。」這樣講當然比把孩子責備一通要好得多，但是明明的父母首先從孩子的語氣、態度以及眼神中讀懂孩子的沮喪、難過；然後對孩子說：「你是說你沒有考及格嗎？還是

沒有拿到你預期的目標？你認真復習了功課，沒有考好一定會心情不好的。換做是我，也會這樣。我小時候也有過這樣的經歷。」

明明的父母先是復述了明明的話，然後認可了明明的心情狀態。這樣的說話方式，有幾個特點：

首先父母觀察到孩子悶悶不樂，沒有一上來就質問：你為什麼不開心？有的時候，父母並不知道孩子不開心的原因；

二，父母沒有問孩子他們已經知道的問題；不然孩子會說，你明明知道我考不好，那你還要問什麼！

三，父母與孩子分享了自己的經歷，這會讓孩子知道原來每個人都有考不好的時候。

這樣的聆聽會使孩子感受到父母的理解、同情；而且父母的關心是認真的，父母願意花時間與孩子共同面對孩子的難題。

第四，幫助孩子找到能夠表達情感的辭彙。

當明明說他考砸了，心情不好的時候，明明的父母帶著同情心聆聽孩子的訴說，然後問道：「明明，你能說出你此刻的心情是什麼樣的嗎？譬如難過，沮喪，憤怒、傷心、害怕、妒忌。」幫助孩子找到這些表達「心情不好」的辭彙可以幫助孩子將這些令他不舒服的情感，轉化成可以確認的、有一定界限的東西，孩子學到了這些是每天生活當中正常的東西，每個人都會經歷到，每個人都可以學會如何應對。高特曼博士的多年研究發現，給情感貼上正確標籤的做法起到安慰孩子神經系統的作用，可以幫助孩子迅速從難過的

事件中恢復過來。

　　幫助孩子找到情感的辭彙，不是要教孩子應該如何感受。教孩子如何感受，只能讓孩子不相信自己的情感，導致孩子懷疑自己，失去自信心。一個不懂得情感輔導的父母，可能會對那個因為考砸了而心情不好的孩子說：「有什麼好難過的？至少你考及格了。」或者完全是道德說教：當孩子對媽媽說，「媽媽偏愛弟弟。」不懂得情感輔導的媽媽會對孩子說：「弟弟還小，你比弟弟大，就應該讓著弟弟。」甚至還會像那個為了照顧殘疾哥哥而生下妹妹的媽媽回答女兒：「不是為了哥哥將來有人照顧，怎麼會生下你？所以你應該感恩才對。」懂得情感輔導的媽媽會說：「我看見你的小嘴翹起來了，好像受了委屈。」然後會幫助孩子找到表達自己情感的正確辭彙。

　　第五，在同孩子一起探索解決問題的同時，在孩子的行為上設定一些限制。

　　現在，明明的父母已經意識到他的情感；帶著同情心聆聽、認可了他的情感，讓明明感受到父母的理解，這使得明明不再緊張；而父母也識別出這是與孩子建立親密關係、教孩子處理問題的機會。然後，他的父母又幫助他找到了表達情感的確切辭彙：沮喪、害怕、妒忌。他的父母接下來要做的，就是該如何解決問題。首先要對孩子在行為上做一些限制。

　　（1）認同孩子的情感並不等於放縱孩子的不當行為。孩子從小就應該學會，情感沒有好壞，怎麼做才是重要的。孩

子可以因為某件事情不開心，或者生氣、或者憤怒等，但並不可以因此對人發脾氣、摔東西、毀壞玩具等不當行為，這是不獲允許的。明明的父母對明明說：「你沒有考好感到沮喪是可以理解的，誰都會不好受。你打算如何處理你的沮喪？」父母也可以這樣對小孩子說：「小朋友不跟你一起玩，你感到憤怒沒有問題，換做是我也會不高興的。但是你不可以動手打人。你可不可以想想其他的方式來處理你的憤怒？」父母要做的，不是要限制或者教導孩子如何感受，而是在行為上設立限制，讓孩子明白情感不是問題，不當的行為才是問題。不過，父母在行為設立限制的界限是很難劃定的，因為孩子的哪些行為可以容忍、哪些行為不能容忍，是根據父母的價值觀來決定的。

（2） 對不當行為設定限制的規定之後，父母需要讓孩子明白，破壞規矩的後果。這就好像伊甸園裡的亞當夏娃，吃了禁果就必須承受後果——被逐出家園。父母對孩子的獎罰必須分明，並且說話算數。有些父母看到孩子做一些家長不認可的事情，譬如在客廳的牆上亂寫亂畫，父母會一遍遍對孩子喊道：「不要在牆上亂畫了。」但是他們並不制止孩子的行為。懂得情感輔導的父母則不同。有一對父母認為孩子學會與人交往更重要，而不光

是懂得技術；於是跟孩子規定，如果每天放學回家跟家人打招呼和交流，之後才能玩電腦。不然父母就把電腦收起來。父母這樣做的結果，使孩子保持自己的自尊、自信與權力。孩子懂得要遵守的規則，就會感覺到自己可以控制自己的生活。這樣的孩子以後很少會有不當行為。當孩子學會了調解負面情感，父母設立的行為上的限制很少會用得上，而且孩子也會更容易接受別人解決問題的方法。

（3） 識別出解決問題的目標。懂得情感輔導的父母通過意識認可孩子的情感，幫助孩子找到表達情感的辭彙之後，孩子就能瞭解：原來我為什麼會感覺到難過，這是一種什麼樣的情感，是什麼原因造成我有這樣的情感。接下來要做的是，我該怎麼辦？明明在父母的幫助下，瞭解到自己的沮喪、難過等；然後父母問他：「你的目標是下一次如何考出好成績？還是等下一次碰運氣？」明明回答：「當然是想考出好成績。」有的時候，像失去親人、搬家、轉學等事件，目標只能有一個：就是接受損失或者找到安慰。

（4） 勾畫出可能的解決途徑。這時明明的父母拿出一張紙來，幫助孩子梳理出一個一個解決問題的途徑。「明明，想一想有多少種辦法可以通向你的目標？」明明的

父母沒有直接告訴明明該怎麼做，而是讓孩子自己試著拿出主意來，父母給些提示或者建議。這樣明明學到了結果是他自己的。父母要根據孩子的年齡階段的發育特徵，才能瞭解孩子能想出多少解決問題的途徑。譬如十歲以前的孩子不會一下子想出多種解決問題的途徑。想到一條就要立馬去試試。用玩具和孩子扮演角色和嘗試不同的辦法，也能在幫助孩子想出各種解決問題的途徑上收到很好的效果。對於大一點的孩子，便可以使用傳統的方式，讓孩子自己想辦法，告訴孩子沒有「愚笨的」和「聰明的」辦法，讓孩子盡量發揮自己能想到的辦法。

（5）評估解決問題的途徑。根據家庭的價值觀對孩子所列出的解決問題的途徑和方法逐條進行評估。這是決定使用哪一種途徑和方法來解決問題的一步。明明在父母的在幫助下，列出了幾條學習方案，然後在父母的幫助下，逐條審核。

確認想法 / 方案：

「這一條途徑或者方法合適嗎？對嗎？有用嗎？安全嗎？」

實用性問題：

「這一條途徑或者方法好嗎？能幫助我達到目標嗎？」

權威性問題：

「我的感覺會是怎樣的？」

評估解決問題途徑的練習為限制孩子的不當行為提供了另一個探索機會。

（6） 選擇解決問題的途徑和方法。在逐個探討了孩子想出的解決問題的途徑和辦法之後，鼓勵孩子從中選擇一項或者多項方法嘗試。在這期間，父母可以給孩子建議和引導。

（7） 確定使用哪一種途徑或者方法之後，幫助孩子制定實施計畫。如果計畫行不通，幫助孩子分析失敗的原因，然後再從選擇解決問題的途徑辦法開始。重要的是要告訴孩子，每一個步驟都是一個學習過程，而每一個步驟的調整都讓孩子更接近成功。

（8） 這些解決問題的步驟是：確定問題→策劃選擇→挑選選項→實行→計畫→復審選擇。如果有必要的話，回到第二項重新開始。

愛子有方的父母，知道光有愛是不夠的；注重和輔導孩子的情感成長，培養和發展孩子的「高級功能系統」，對孩子的一生至關重要。這會使得孩子更加懂得人的世界和情感的世界，懂得如何處理情感與行為，不僅能事業成功，更有力量為自己的生活做決定，有能力享受生活，有能力與朋友相處，有能力經營好幸福美滿的家庭；而且，還能將愛延續給下一代。

在科學與真理當中找到理想的父母之道，決定要做一個能夠

讓孩子預備未來的父母，客觀地審查自己是一個怎樣的父母，發現
自己與理想中的父母之道相似的方面，以及存在的差距，訂立一個
可行的學習計畫，並且按照學習的心得發展孩子的「高級功能系
統」，就是在實踐為人父母之道，不論父母是否能夠實現你理想中
的父母之道，至少這樣的父母有一個方向，並且一直在朝著這個方
向努力。這就是一個與子同行、不斷成長的父母。

後序：挑戰中國式父母之愛

　　從暴力行為到過勞死，從「二奶」現象到憂鬱症，從「剩女」到「啃老族」，從「閃婚」到「閃離」等等，中國年輕一代的自私、冷漠、我行我素、瘋狂和不可思議，展示出不同形式的病態心理及行為特徵，以至於造成個人、家庭和社會的悲劇，也阻礙了千千萬萬的人在他們的一生中，因為沒有完全開發自己的天分和潛力留下遺憾；因為沒有能力處理好婚姻、家庭和人際關係使得生活品質大打折扣。一個非常現實的問題擺在每一個做父母的眼前：中國式父母之愛把人們的情感帶往何處？中國式的父母之愛如何影響孩子的情感和心理健康？中國式父母之愛對孩子的成長，以及親子關係是健康的？還是具有毀滅性的？這些問題意味著，除了考量父母自身的素質之外，從文化的角度上講，需要重新審察並且拿出勇氣挑戰中國式父母之愛。

　　恢復傳統文化，是否能夠解決年青一代的心理和行為問題？是否能夠拯救孩子？羅洛・梅認為，心理學衡量一種傳統文化，或者宗教是否值得人們傳承的標準，是看這種文化或者宗教是否增加人保持嬰兒似的依戀？使得人繼續處在嬰兒的發展階段，可以避免獨立自由帶來的焦慮和個人的責任？還是這個人的文化，或者宗教用來幫助一個人剪斷與父母的心理臍帶，幫助他作為生活意義的基礎，認同他的尊嚴與價值，給他勇氣接受自己的能力限制和正常的焦慮，幫助他

發展自己的力量、個人的責任和愛他人的能力？羅洛·梅指出：

除非依戀的問題得到澄清，否則談論傳統是沒有意義的。即，成年作為自己，成就了一些自由；他有了從社會過去的傳統中獲取智慧，變成自己智慧的基礎。但是如果這個自由沒有了，傳統就成了阻礙而非豐富。傳統會成為一套內在的交通規則，但是對人作為人的發展沒有一點好處。**(22)**

剪斷心理臍帶，發展自己是心理學研究的目標。從這個意義上說，中國傳統文化灌輸的父母之愛，顯然存在著阻礙人成熟和發展的問題：報答父母的養育之恩，孝順父母是美德。因為要報答父母的養育之恩，父母就成了兒女的上帝，結果，兒女永遠無法確定父母究竟給予了他們什麼樣的愛？永遠也不敢疑質父母的錯誤，和這個錯誤的後果，永遠無法跟父母建立起健康的關係。把「孝順」認定為美德，結果兒女爭做「孝順」的兒女，以犧牲個人的情感，甚至個人生活為代價，無條件滿足父母的意願和期望，以為這樣做就是一個好兒女。一味地追求美德，兒女不僅失去了情感的能力，而且還失去了看清現實、選擇生活的力量。

中國的傳統文化有許多優秀的養分，譬如注重家庭、和諧、親情等，但是，中華文化非常強調外在的表現和行為，習慣性地帶給

22. May. Man』s Search for Himself. 166-167

人批評、說教和論斷；在關係當中帶著強烈的「交換」色彩，即我付出多少，也期待得到多少；其中心思想就是用假負疚感、羞恥感和懼怕感來讓人履行責任和義務。從根本上說，儒家思想的教條有著很好的目的，但是只停留在生存的狀態上，看不到人們為守倫理道德而付出的代價，只能產生「功能紊亂的家庭和社會和諧」。

一味強調傳統文化的優秀，只看到這個文化好的一面，掩蓋了事實的真相，最終把人們陷入集體性的自我欺騙當中，往往會帶來幾個後果：

第一，帶來認識上的盲點。

第二，不明白愛的力量。

第三，只知其一，不知其二。

第四，自我欺騙。

結果，人們難以看到中國傳統文化到底傳承了什麼：

第一，以負疚感為主的生活方式。

第二，少了生活的喜樂和創造力，多了生活的悲壯和無奈。

第三，集體性的缺乏信任感和自戀的性格特徵。

第四，以愛為名，助長和保護了父母對兒童的虐待；

為父母為中心畫圓的世界，不僅限制了人們的思維，而且阻止人們接受新的資訊，造成中國與世界在父母之愛方面的差距：

・西方國家對父母之愛的定義依據對孩子身心靈發育的需要；

在中華文化中，父母對孩子的愛來自父母的情感和道德教

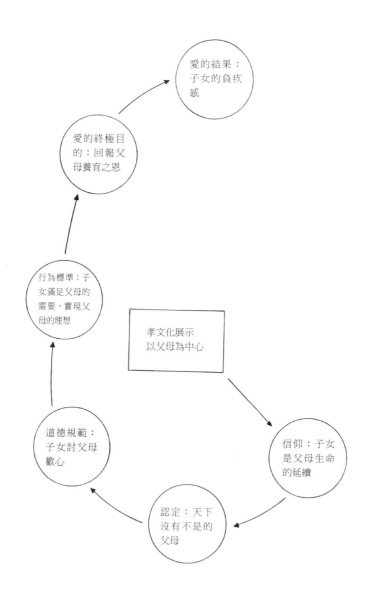

慈祥與殘酷 透視中國式父母之愛

育，並且以滿足父母的需要為中心。

· 西方人養育孩子的最終目的是有獨立性格、有道德、有責任感，對社會有貢獻，有生活樂趣的孩子；中華文化養育孩子的目的是培養一個孝順、聽話的孩子，多注重孩子事業成功。

· 兒童情感虐待在世界上每一個國家都有發生。在西方國家，父母對孩子的虐待屬於個人病態行為；在中國，許多形式的情感虐待還沒有被識別出來，甚至因為文化的因素，讓父母對孩子的虐待行為得到保護。

· 在美國，一百年前就開始建立了保護兒童的法律與社會服務機構；在中國，保護兒童的法律與服務設施基本上還處在零的位置。

· 在西方國家，父母依靠科學知識育兒，以及豐富的社會資源和服務專案；在中華文化中，父母依靠家庭經驗，以及家庭資源。

· 在西方國家，對父母的讚美是非常具體的，依據父母親對孩子身心成長的結果；在中華文化中，對父母的讚美是模糊的、空泛的，依據情感。

· 在西方國家，父母比較重視對孩子的情感培養，鼓勵和發展孩子的情感能力；在中華文化中，父母幾乎完全忽視孩子的情感需要，只停留在培養孩子的學習能力上面。

· 在香港、臺灣，有相對完善的保護受虐兒童的法律措施、社

會服務機構、父母課堂、公共教育、家庭和婚姻輔導、學校的心理輔導等等關於養育孩子的教育和專案；在中國，這些項目和設施還沒有起步。

哈佛大學在一個關於兒童早期發展的研究報告開篇提到：「一個具有蓬勃發展遠景的，有生命力和有創建性的社會，建立在孩子健康發育的基礎之上。」

但是中國傳統的「孝文化」扭曲了父母之愛，不利於孩子的健康成長，也不利於父母與孩子之間建立健康的關係；以至於讓子女內心懷著內疚感孝敬父母；但是，子女也會隱隱感覺到一股無名的怨憤甚至傷痛。難道人們不能夠誠實面對自己的內心、情感嗎？難道人們沒有勇氣承認他們的親子關係有問題嗎？難過中國的文化是要中國人對自己撒謊嗎？

一個具有活力的傳統文化，遇到新的挑戰是其自然的發展。挑戰中國的傳統文化並不是反對傳統文化，而是如何使用傳統文化。羅洛‧梅指出：

當一個人問：傳統對我的要求是什麼？他是把傳統變成了權威來使用。傳統於是不僅熄滅了他的生命力和創造的洞察力，而且還能成為一種便利的方式，逃避他自己選擇的責任。但是如果他問，傳統教會了我關於人的生活，尤其是針對我所處的時代、針對我個人的問題？他是在使用歷史的傳統積累起來的智慧的財富，來豐富自己，指導自己成為一個自由的人。**(23)**

中國人需要挑戰中國式的父母之愛。需要明白根植於心的「責任感」、「義務感」和「負疚感」成為人們的生活方式，而中國人一直被它們奴役著。人們需要看到，他們為這些「回報情結」付出的代價：扭曲的親子關係、沉重的個人生活、壓傷的婚姻、病態的人格。人們需要明白，真正的愛是尊重別人作為一個獨立生命體的權利，不以「都是為你好」為由，把自己的意願強加在別人身上的，而是給人選擇的自由；真正的愛是無條件的、不求回報的、不需要靠行為上的努力去掙得的、永不改變的。父母之愛是讓兒女成長，但卻不捆綁兒女的心。愛是去除懼怕的力量，是醫治的力量，是寬恕的力量，是戰勝死亡的力量。愛是心靈所屬。「學習愛就是學習生命的祕密」。**(24)**

「拿什麼拯救我們的孩子？」把這句話首先換成「拿什麼愛我們的孩子？」父母需要問自己：「我有沒有足夠的能力愛我的孩子？」「我如何獲取愛孩子的能力？」中國的父母在潛意識裡，總以為教育孩子的責任屬於國家、屬於社會，所以孩子出了什麼麻煩，先責備學校，再指責社會等。猶太學者、心理輔導師愛德文·弗瑞德門（Edwin Fredman）說，父母把教育孩子的重點放在社會影響上，雖然可以幫助他們避免個人的責任，實際上其作用是增加父母的焦慮。

挑戰中國式的父母之愛，會讓人們在真理裡面，獲得自由，明白

23. 同上
24. James Dillet Freeman. Be!

愛的真諦；從傳統文化的條條框框中，從各種各樣的道德說教中解放出來，不再扼殺自己的個性，不再被迫遵守責任和義務，不再糾纏在對與不對，應該與不應該的問題上，不再讓自己陷入負疚感中，不再懼怕、緊張、壓抑，不再喜歡批評和教訓別人；而是有力量成為自己，成為一個對生活有信心的、有創意的、有喜樂的人；一個敢於探索生活，勇於冒險、懂得應對環境改變的人，一個幸福的人。

挑戰中國式的父母之愛，絕不是一件容易做到的事情。這不僅僅是因為越是在情感上受過虐待的孩子，越是會將父母理想化；文化上的障礙影響了人們接受新的資訊。這就是人類學家稱作的「世界觀」問題，即一個國家或者民族看待生活和現實與其他國家的人民不同。「世界觀」是由態度、信念、假設、價值觀、觀點和概念等組成。世界觀也是宗教觀。人們通常意識不到自己的世界觀，但是世界觀卻無時不在影響著人們如何思想、如何做決定、如何行動，如何看待事情的發生。美國前總統尼克森的助理，著名作家查理・卡爾森（Charlie Carson）先生寫到：

世界觀不僅僅是理論上的哲學。它是非常實際的，影響著我們的日常生活方式，以及我們影響周圍世界的方式。如果我們採納了錯誤的世界觀，我們會不可避免地與宇宙抗衡，導致我們無法活下去的後果——正如成千上萬的美國人正在發現的事實。如果我們讓自己的生活與現實一致的話，我們不僅會發現生活的意義和目的，也會發現我們的生活更加健康，對生活更加滿足。**(25)**

只要是人們還以為生活的悲劇和問題是因為世界的快速改變，只要人們還在指責社會應該對孩子的未來負責，只要人們沒有勇氣審視現實，接受不可避免的改變，徒勞地糾結在父母之愛的誤區裡面，繼續穿著皇帝的新衣，繼續在無知和盲目當中，帶著美好的動機，懷著美好的願望，以愛的名義，損害孩子的身心發育，使孩子帶著不健康的性格長大，這樣的惡性循環就會一代一代傳下去。

　　每一位父母的決定，都影響著孩子是否健康成長。

　　還記得雷・何飛醫生用一枚導彈的發射，來比喻孩子從嬰兒到少年的發育過程嗎？導彈的有效載荷倘若從發射跳板開始就出了誤差，它通過彈道時的運行就會出現問題，最後無法順利到達天體中的目標。從孩子出生到成年的這段時間裡，學校、社會等雖然都在這段導航系統中負有責任，但是，孩子的父母才是導彈從發射跳板到天體目標的總指揮人。能夠給予孩子成熟、健康之愛的父母，不僅時刻在場，並且受過良好的訓練；他們從開始就為孩子的發射跳板營造了一個「安全的基地」。他們有能力讓孩子從跳板到天體目標的旅途愉快——在沿路欣賞了許多美麗的風景之後，安穩到達目的地。

　　用勇氣和智慧擁抱愛的父母，他們的孩子有福了！

25. Carlson Colson and Nancy Pearcey. How Now Shall We Live?

附錄：人名索引

CULTUSPEAK PUBLISHING CO., LTD

更多書籍介紹、活動訊息，請上網搜尋　拾筆客

What's Vision
父母有毒：傳統父母養成的誤區

作　　　者：楊虹
繪　　　圖：徐建國
封面設計：黃聖文
總 編 輯：許汝紘
編　　　輯：孫中文、黃暐婷
美術編輯：婁華君、楊詠棠
總　　　監：黃可家
發　　　行：許麗雪
出　　　版：信實文化行銷有限公司
地　　　址：新北市汐止區新台五路一段 99 號 15 樓之 5
電　　　話：（02）2697-1391
傳　　　真：（02）3393-0564
網　　　址：www.cultuspeak.com
信　　　箱：service@cultuspeak.com

印　　　刷：威鯨科技有限公司
總 經 銷：聯合發行股份有限公司
香港經銷商：香港聯合書刊物流有限公司

2018 年 9 月 二版
定價：新台幣 380 元

國家圖書館出版品預行編目（CIP）資料

父母有毒：傳統父母養成的誤區 / 楊虹著. --
二版. -- 新北市：信實文化行銷, 2018.09
　　面；　公分. -- (Wha's vision)
ISBN 978-986-96454-8-5(平裝)
1.父母 2.家庭倫理

193.2　　　　　　　　　　107015116